# 스타트업 웨이브
## 델리에서 상파울루까지

# 스타트업 웨이브 델리에서 상파울루까지

실리콘밸리 너머 더 나은 세상을 열망하는 스타트업들의 울림

**초판 1쇄**  2020년 11월 19일

**지은이** 알렉산드르 라자로
**옮긴이** 장진영
**발행인** 최홍석

**발행처** (주)프리렉
**출판신고** 2000년 3월 7일  제 13-634호
**주소** 경기도 부천시 길주로 77번길 19 세진프라자 201호
**전화** 032-326-7282(代)  **팩스** 032-326-5866
**URL** www.freelec.co.kr

**편  집** 고대광, 박영주
**디자인** 황인옥

**ISBN** 978-89-6540-282-4

일러두기

- 인명, 사명, 지역명은 대체로 표준국어대사전의 외래어표기법을 따르되, 널리 퍼진 용례가 있는 경우에는
이를 준용했다.
- 각주는 *로, 미주는 숫자 위첨자로 표기되어 있다.
- 별도로 '편집자 주'라고 표기되지 않은 주석은 모두 본래 미주였던 것을 독자의 편의를 위해 각주로 옮겨온 것이다.
- 그 밖의 미주는 프리렉 홈페이지(freelec.co.kr) → 자료실 → 도서자료 에서 확인할 수 있다.

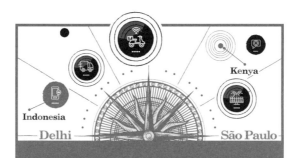

# 스타트업 웨이브

델리에서 상파울루까지

알렉산드르 라자로 지음 | 장진영 옮김

프리렉

경기장에 서 있는 모든 남자와 여자들에게

———————— 비평가는 중요하지 않습니다. 어떻게 강한 사람이 비틀거렸는지, 어떤 게 부족했고 뭘 더 잘했어야 하는지 말하는 사람들 말입니다. 모든 영광은 전장 안에서 먼지와 땀과 피를 뒤집어쓰고, 실패하고, 또 실패하는 사람, 노력에는 실패가 뒤따르기 마련임을 아는 사람, 가치 있는 목적을 위해 자신을 희생하는 사람에게 돌아가야 합니다. 그는 끝까지 노력해 결국 크나큰 승리를 쟁취할 것입니다. 설령 실패하는 최악의 경우라도 최소한 과감히 도전하다 실패한 것이므로, 승리도 패배도 모르는 냉정하고 소심한 영혼들은 끝내 그를 대신할 수 없습니다.

**_ 시어도어 루스벨트** THEODORE ROOSEVELT

———————— 우리는 누구보다 앞서 혁신하고 교육하며 창조해야 합니다.

**_ 버락 오바마** BARACK OBAMA

# 차례

## 금융을 재창조하라
**거친 생태계에 적합한 새 모델을 개발하라** · 277

## 초석을 놓아라
**차세대 기업가들을 지원하라** · 309

## 스타트업 하나를 키우는 데 온 마을이 필요하다
**모두의 역할** · 341

# 실리콘밸리를 넘어서

자비에 헬게센<sup>Xavier Helgesen</sup>은 곤란했다. 그는 실리콘밸리에서 몇 주 동안 투자자들에게 졸라<sup>Zola</sup>의 비즈니스 모델을 설명하고 탄자니아 아루샤로 돌아왔다. 2014년은 졸라가 설립된 지 2년이 되는 해였다. 당시 졸라는 수천 명에 달하는 고객과 거대한 잠재시장을 보유하고 있었다. 하지만 자비에 헬게센은 실리콘밸리에서 고작 걸음마 단계의 샌프란시스코 스타트업도 몇 개월 만에 조달했을 자본의 일부분만을 확보할 수 있었다.

자비에 헬게센은 에리카 맥키<sup>Erica Mackey</sup>, 조슈아 피어스<sup>Joshua Pierce</sup>와 함께 아프리카의 난제를 해결하고자 졸라를 설립했다. 8억 명에 달하는 아프리카 사람들은 '오프그리드<sup>offgrid</sup>*'에 살면서, 전력 부족에 따른 각종 구조적인 불이익에 시달리고 있었다.[1] 이들은 등유 램프로 생활하기 때문에 호흡기 질환에 무방비하게 노출됐다. 밤을 밝힐 광원이 부족해 교육 수준도 낮았으며, 휴대전화의 코드를 꽂을 수 없어 디지털 세상에 존재하는 기회

---

\* 외부에서 전기나 가스 등의 에너지를 제공받지 않고 직접 에너지를 생산해 사용하는 생활 방식, 또는 그런 환경. - 편집자 주

에 접근하지 못했다.

자비에 헬게센은 700만 달러 규모의 시리즈 A에서 자금을 조달하고자 했다. 이는 개발도상국에서 급성장하는 독립형 에너지 시장을 대상으로 진행된 첫 번째 대규모 투자 라운드였다. 그의 목표액은 탄자니아 현지에서 조달할 수 있는 규모를 훨씬 넘어섰고, 아프리카 대륙 전역에서도 조달하기 어려운 규모였다. 그래서 그는 실리콘밸리로 눈을 돌렸던 것이다.

하지만 실리콘밸리 투자자들은 그에게 엇갈린 피드백을 쏟아냈다. "테크 스타트업이네요. 그런데 간접비가 왜 이렇게 많이 들죠? 영업사원을 대상으로 교육 프로그램을 운영하고 있군요. 게다가 사내 납부 플랫폼까지? 조직을 좀 더 가볍게 할 순 없나요?" "작년에 탄자니아 실링의 가치가 급격하게 평가절하 된 바 있습니다. 이런 환위험을 어떻게 헤지할 겁니까?" "현재 시리즈 A인데, 시리즈 B는 누가 이끄나요? 그리고 어느 주식 시장에 상장할 생각인가요?"

표면적으로 그들이 틀린 질문을 한 것은 아니다. 그들은 '스타트업은 이렇게 설립해야 한다'라는 실리콘밸리만의 독특한 믿음에 깊게 뿌리를 두고 질문을 했다. 당연히 이런 믿음이 탄자니아 시장에 항상 잘 녹아들지는 않는다.

자비에 헬게센은 인내심을 갖고 잠재 투자자들에게 자신의 상황을 설명했다. 신규 인력에게 기본적인 비즈니스 지식을 가르쳐야 할 뿐 아니라, 현금 기반 경제에서 요금을 징수해야 하는 상황에서 조직을 간소화하는 것은 어려웠다. 그리고 미국 달러와 달리, 탄자니아 실링은 변동성이 커서 환위험 헤지에 엄두를 못 낼 만큼 큰 비용이 소모됐다. 탄자니아 스타트업들에게 출자 약속을 받아내기 위해 예산을 편성한다거나 경기를 정확하게 예측하는 것은 꿈도 못 꿀 일이었다. 그리고 설상가상으로 탄자니아에는 자금을 조달할 만한 벤처캐피털 생태계가 전무하다시피 했으며, 스타트업이 성공적으로 엑시트Exit*할 시장도 없는 것이나 마찬가지였다.

대다수 투자자가 실리콘밸리 패러다임에서 상당히 벗어나 있는 이 스타트업이 성공할 수 있다고 생각하지 않았고, 끝내 졸라에 투자하지 않았다. 하지만 그들은 자비에 헬게센에게 '스타트업은 이래야만 한다'고 설교하는 대신에 '탄자니아 스타트업은 이렇다'는 그의 말에 귀를 기울였어야 했다.

나는 자비에 헬게센을 2014년에 처음 만났다. 당시는 내가 샌프란시스코의 벤처캐피털 회사에 합류한 지 얼마 지나지 않은 때였다. 나는 실리콘밸리 스타트업에 주력하면서 그곳에서 수천 마일 떨어진 아시아, 아프리카, 유럽, 라틴 아메리카의 스타트업에도 투자를 진행했다.

기술과 신흥시장의 세계는 나에게 낯설지 않다. 나의 외조부는 말 그대로 컴퓨터 엔지니어였다. 그는 초기 IBM 슈퍼컴퓨터의 진공관을 교체했고, 후에 IBM이 아프리카에 지사를 설립하는 데 일조했다. 외조부가 후덥지근한 콩고에 컴퓨터를 설치하려고 했던 이야기는 우리 집안에선 전설이다. 나 역시 혁신적인 아이디어가 넘쳐나는 분야에서 일하고 있지만, 외조부와 비교하면 한참 못 미친다. 나는 오랫동안 투자자, 규제자, 컨설턴트 혹은 투자은행가로서 전 세계의 CEO들과 기업가들에게 자문하고, 창업을 꿈꾸는 MBA 학생들에게 강연해 왔다.

자비에 헬게센이 처한 역설적인 상황이 나의 가슴에 와 닿았다. 나는

---

* 투자후 출구전략. 투자자의 입장에서 자금을 회수하는 방안을 의미한다. 예를 들어 벤처기업의 엑시트 전략으로는 매각, 증권거래소 상장, 인수합병, 기업청산 등이 있을 수 있다. -편집자 주

졸라에 투자할지 말지를 결정하기 위해서 신흥시장에서 생겨난 혁신적인 스타트업들을 공부해야만 했다. 우리는 오랜 궁리 끝에 졸라에 투자를 단행했다. 나는 자비에 헬게센과 그의 동료들과 함께 실리콘밸리가 아닌 탄자니아에서 스타트업을 키워나가며 독특한 도전과 기회를 경험했다. 그것은 놀랄 만한 여정이었다.

## "스타트업이 세상을 바꿀 수 있다!"

전 세계가 이 슬로건을 목이 터져라 외친다. 심지어 그 외침에서 종교적인 열기마저 느껴진다.

이 슬로건이 근거 없는 소리는 아니다. 미국에는 애플<sup>Apple</sup>, 아마존<sup>Amazon</sup>, 페이스북<sup>Facebook</sup>, 제넨테크<sup>Genentech</sup>처럼 이름만 대면 누구나 아는 스타트업들이 있다. 이들의 특징은 기업가들이 혁신적인 아이디어로 설립했고, 주로 벤처캐피털 회사들을 통해 자금을 조달한다는 것이다. 실제로 1979년 이후 상장된 미국의 공개 기업 중 40% 이상이 한때 스타트업이었다.[2]

기업가 정신은 고용을 견인한다. 미국에서는 1977년 이후 7년을 제외하고 지난 수십 년 동안 기업가 정신 덕분에 수많은 신규 일자리가 창출됐다.[3]

스타트업은 아이폰의 등장부터 드론과 무인자동차의 상용화에 이르기까지 미국에서 생겨난 혁신의 주요 동인이었다. 연구에 따르면, 스타트업에 1달러 투자하면 기존 기업의 연구개발 활동에 투자하는 것보다 3~4배 혁신적인 결과물이 쏟아진다.[4]

스타트업의 경제적 가치는 1992년 이후 전 세계 GDP의 1%로 2배 증가했으며, 향후 15년 동안 또다시 2배 증가할 것으로 예측된다. 이 시대가 '혁신의 시대'라 불리는 것이 그리 놀랍지 않다.[5]

이렇듯 우리가 혁신의 시대를 살고 있다면, 이 시대의 경제적, 철학적, 영적 중심은 실리콘밸리다.

실리콘밸리는 부인할 수 없을 정도로 놀라운 성과를 달성했다. 실리콘밸리가 독립된 국가였다면, GDP 7,500억 달러 규모의 세계 20위 경제 대국이었을 것이다. 이는 스위스, 아르헨티나 또는 대만의 GDP보다 크다.[6] 전 세계 시가총액 상위 5개 기업 중에 3개 -알파벳Alphabet(구글), 애플, 페이스북- 가 한때 스타트업이었다. 이들에게 실리콘밸리는 고향이다. 실리콘밸리에는 약 4만 개의 스타트업과 1,000여 개의 벤처캐피털 회사 그리고 32만 명 이상의 기술 종사자들이 있다.[7] 심지어 '실리콘밸리 대사'라고 불리는 각국에서 파견된 IT 대사들도 있다.[8]

실리콘밸리는 혁신을 독점했었다. 불과 25년 전에는 전 세계 창업 활동의 95%가 미국에서 일어났다. 그리고 그 대부분은 면적 10만 제곱킬로미터의 샌프란시스코와 산호세에 집중됐다.[9]

하지만 이제는 아니다.

기술이 발전하면서 혁신이 전 세계 어디서든 뿌리내릴 수 있게 되었다. 클라우드 컴퓨팅은 회사 설립 비용을 낮췄고, 이제는 전용 서버를 구매하고 관리할 필요가 없어졌다. 누구나 클라우드 컴퓨팅을 통해 시간 단위로 구글의 막대한 연산력을 이용할 수 있다. 협업 소프트웨어의 출현과 함께, 전자통신 기반시설의 조성비용이 급감하면서 차질 없는 원격근무가 가능해졌다. 세계 시장은 스타트업에 그 어느 때보다 매력적인 곳이 됐다. 전 세계 50억 명 이상의 사람들이 휴대전화를 사용하고 있고, 스타트업은 기술 혁신으로 언제 어디서든지 그들에게 상품과 서비스를 제공할 수 있게 되었다.[10] 20억 명 이상의 사람들이 온라인 아이디를 갖고 있으며 소셜미디어를 통해 서로 소통하고 디지털 발자국(사람들이 인터넷을 사용하면서 웹 상에 남겨 놓는 여러 디지털 기록)을 남긴다.[11] 이런 트렌드는 전 세계에 막대한 영향을 미치고 있으며, 계속 진화할 것이다.

과거에는 벤처 투자가 거의 미국에 집중되어 있었지만, 현재는 그 비중이 절반 이하로 떨어졌다.[12] 지난 수십 년 동안 더 발전된 주요 경제 중심지들이 나머지 절반을 차지했다. 그 결과 런던과 베를린, 탈린, 텔아비브 같은 도시들이 세계적인 스타트업 중심지로 자리 잡았다.

특히 중국은 혁신 열풍의 중심지로 급부상했다. 선전과 베이징, 상하이에는 10만 개 이상의 스타트업(실리콘밸리 스타트업 수의 2배)과 9,000개 이상의 벤처캐피털 회사(실리콘밸리 벤처캐피털 회사 수의 10배)가 분포한다.[13] 현재 세계 유니콘 기업(기업 가치 10억 달러 이상의 스타트업)의 35%가 중국에 둥지를 틀고 있다. 2014년에는 불과 4%였다.[14]

하지만 가장 흥미로운 일은 이러한 경제 대국들을 제외한 나머지 지역에서 벌어지고 있다. 혁신가들이 속속 등장하고 있는 것이다. 현재 전 세계적으로 130만 개 이상의 테크 스타트업이 존재한다.[15] 그리고 그들을 지원하기 위해서 세계 도처에서 스타트업 생태계가 생겨나고 있다. 디트로이트부터 벵갈루루와 푸에르토리코, 나이로비와 상파울루에 이르기까지 전 세계에 존재하는 스타트업 허브는 480곳 이상이다.[16] 새롭게 형성된 스타트업 생태계에서 기업가 정신이 발현될 가능성은 선진국의 2배다.[17]

이미 전 세계 유니콘 기업의 대략 10%가 실리콘밸리 및 유럽과 아시아의 주요 경제중심지 이외의 지역에서 탄생했다.[18] 그리고 이런 지역에서 활동하는 기업가들이 실리콘밸리 경쟁자들을 빠르게 앞지르고 있다. 우버$^{Uber}$ 이용자는 전 세계적으로 7,500만 명에 달하고 중국의 디디$^{DiDi}$ 이용자는 5억 5,000만 명에 이른다. 하지만 그랩$^{Grab}$과 고젝$^{Gojek}$, 99, 캐비파이$^{Cabify}$가 남미와 동남아시아에서 우버와 디디의 뒤를 바짝 추격하는 중이다. 이들은 각각 3,600만 명, 2,500만 명, 1,400만 명, 1,300만 명의 이용자를 보유하고 있다.[19] 페이팔$^{PayPal}$과 페이티엠$^{Paytm}$도 유사한 사례다. 1998년 설립된 페이팔의 이용자는 2억 6,700만 명인 데 비해, 10년 뒤에 인도에 설립된 페이티엠의 이용자는 무려 3억 명에 이른다.[20]

그러나 기술의 세계화는 이루어졌는데 스타트업 설립에 대한 우리의 이해는 정체되어 있으며 근시안적이다. 특정한 시간과 장소에 있는 특정한 유형의 기업, 즉 실리콘밸리 소프트웨어 스타트업에 맞춘 전략만이 존재할 뿐이다.


## 실리콘밸리의 절대 진리에 의문을 제기하다

실리콘밸리는 스타트업의 형태를 성문화했고 설립 방식을 정립했으며 스타트업의 문화를 정의했다. 서적, 블로그, 팟캐스트, 졸업 연설, 트위터, 레딧$^{Reddit}$ 추천에 이르기까지 많은 채널을 통해 실리콘밸리는 스타트업에 대한 정형화된 모델을 성공적으로 전 세계에 퍼뜨렸다.

실리콘밸리 기업가들이 의도적으로 혹은 협업해서 정형화된 성공 모델을 만들진 않았을 것이다. 하지만 그들의 견해는 스타트업은 이렇게 설립

스타트업 웨이브 델리에서 상파울루까지

해야 한다는 일종의 철학으로 변모했다. 스타트업에 대한 실리콘밸리의 절대 진리는 스타트업의 존재 이유(새로운 기술, 더 효율적인 프로세스와 새로운 아이디어로 기존 산업을 '와해하는 것')부터 성공의 척도(유니콘 기업이 되길 바라며 최대한 빠르게 성장하는 것)와 리스크에 대한 민감도(빠른 사업 확장을 바라며 '재빨리 움직이고 방해물을 제거하는 것')에 이르기까지 스타트업에 관한 모든 것에 영향을 미쳤다.

지금까지 이런 원칙들이 담긴 실리콘밸리의 규정집은 숙지해야 하는 유일하게 검증된 패러다임이었다. 실리콘밸리에서 생겨난 것이라면 무엇이든지 권위 있는 혁신의 성공 사례로 여겨졌다.

그래서 전 세계의 혁신가들은 실리콘밸리가 제시한 스타트업 설립 원칙을 따르지 않을 수 없었다. 전 세계 예비 창업자들은 혁신적인 도전 방법을 실리콘밸리에서 찾았다. 정치인들은 혁신의 성공 비결을 얻고자 유력 인사들과 사상가들을 만나러 샌프란시스코로 순례를 떠났다. 전 세계의 기업들은 샌프란시스코에 혁신의 전초기지를 구축했다. 전 세계 벤처 캐피털리스트들은 스탠퍼드 대학교나 현지 교육기관에서 MBA 학위를 취득하기 위해서 샌프란시스코로 몰려들었고 소위 혁신 권위자들의 생각이 담긴 책을 탐독했다.

실리콘밸리를 중심으로 목격되는 이런 현상들은 세계의 경제 발전에 대한 강박관념과 워싱턴 컨센서스<sup>Washington Consensus</sup>를 생각나게 한다. 워싱턴 컨센서스는 1960년대 전 세계 국가들의 경제 발전과 민주화를 위해 미국이 대외적으로 확산시키려 했던 경제 모델이다. 과거 워싱턴 컨센서스는 최고의 시스템이었고, 미국은 이 시스템을 전 세계에 이식하려고 노력했다. 물론 이기적인 목적도 있었다. 하지만 선의를 지닌 많은 사람들이 미국의 자유 민주주의와 자본주의가 뒤섞인 이 독특한 경제 모델이 전 세계가 안고 있는 문제를 해결할 것이라 믿었다. 하지만 우리는 지난 세기를 통해 미국의 경제 모델을 다른 나라에 그대로 전파하는 것이 불가능하다는 것을 배웠다. 스칸디나비아의 민주사회주의부터 중국의 공산주의에 이르기까지, 나라마다 현지 실정에 맞는 다양한 경제 시스템이 존재한다.

마찬가지로 실리콘밸리도 전 세계로 일종의 혁신 모델을 수출했다. 하지만 워싱턴 컨센서스가 그랬듯, 실리콘밸리 모델이 모든 곳에서 효과적이진 않았다. 벤처캐피털이 부족하고 거시경제의 불확실성이 크고 리스크에 대한 내성이 낮고 기업가 정신을 하나의 경력으로 인정하지 않는 데다 스타트업을 위한 기반시설이 제한적인 시장에서 실리콘밸리 모델이 어떻게 효과적일 수 있겠는가?

세계로 수출된 실리콘밸리 모델도 균열이 생기기 시작했다. 2017년은 '세계가 실리콘밸리에 반기를 든 해'로 기억된다. 사람들은 치솟는 생활비, 우버와 같은 스타트업들의 의심스러운 윤리의식, 에어비앤비airbnb와 같은 플랫폼들의 이웃에 대한 영향, 만연한 차별과 괴롭힘의 폭로, 소셜미디어 플랫폼에 의해 증가하는 좌절과 2016년 미국 대선에서의 논란에 반응하기 시작했다.[21] 이런 경향은 갈수록 심화됐다. 결과적으로 전 세계적으로 실리콘밸리의 혁신 산업에 대한 반발이 갈수록 거세지고 현상을 재점검하자는 목소리가 커지고 있다.[22]

게다가 실리콘밸리는 더는 우리가 찾는 혁신을 제시하지 못하고 있다. 투자자이자 기업가인 피터 틸Peter Thiel은 "우리는 날아다니는 자동차를 원했다. [하지만] 그 대신 140자만 얻었다."라고 재치 있게 말한 바 있다.[23] 실리콘밸리에서 계속해서 기술 진보가 일어나고 풍부한 가치를 지닌 기업들이 탄생하고 있음에도, 많은 사람이 최근의 혁신은 세계의 변화보다는 점진적이라고 주장한다. 주요 언론들은 실리콘밸리가 자신들의 라이프스타일에 어울리는 제품과 서비스를 만들어내는, 종종 자기 자신의 부양에 익숙하지 않거나 준비가 되어 있지 않은 '테크 브로 tech bro *'의 비위를 맞추기에 급급하다고 비난한다. 그들의 관심사는 빨래나 저녁식사나 집 청소 따위를 대신해 주는, 미시적인 것에 불과하다.[24]

## 디트로이트에서 얻은 교훈

실리콘밸리는 디트로이트와 같은 길을 걷게 될지도 모른다. 1950년대 '오늘의 기술'은 컴퓨터가 아닌 자동차였다. 당시 디트로이트는 세계에 군림했다. 세계 상위 3개 자동차 제조업체의 본사는 디트로이트에 있었다. 전 세계 기업가들이 인재와 자본, 문화를 쫓아 디트로이트로 몰려들었다. 그 당시 자동차 기술은 우리가 도시를 건설하고 사회를 조직하고 삶을 살아가는 방식을 재창조할 것이라는 어떤 약속이었다. 그리고 디트로이트는 그것을 선도하고 있었다. 모든 엔지니어가 디트로이트에 가길 꿈꿨다. 또한 수많은 자동차 스타트업들이 생겨났다. 디트로이트가 전성기였을 때, 디트로이트에 둥지를 튼 자동차 스타트업들은 100여 개에 달했고, 수많은 혁신가가 급성장하는 자동차 산업에 뛰어들어 그곳에서 자

---

* 기술 산업에 종사하는 부유한 청년. 대개 다음과 같은 이미지로 묘사된다. 미국 태생의 대학 교육을 받은 파타고니아 티셔츠를 입은 남성이며, FAANG(페이스북, 애플, 아마존, 넷플릭스, 구글) 중 한 곳에서 최소 12만 5천 달러 이상의 초봉을 받는다. —편집자 주

신만의 회사를 세웠다.[25] 드와이트 D. 아이젠하워<sup>Dwight David Eisenhower</sup> 대통령의 국방부 장관이었던 찰스 윌슨<sup>Charles Wilson</sup>이 하원 위원회에 "제너럴모터스<sup>General Motors</sup>에게 좋은 것이 미국에게 좋은 것"이라고 말한 유명한 일화가 있다.[26]

그러나 영광은 온데간데없이, 이제 디트로이트는 영광스러운 과거의 그림자에 갇혀 있다. 디트로이트 최대 자동차 제조업체인 제너럴모터스는 더 이상 세계 상위 3개 자동차 제조업체 중 하나가 아니다. 현재 세계 자동차 산업은 일본 기업(도요타<sup>Toyota</sup>), 독일 기업(폭스바겐<sup>Volkswagen</sup>), 한국 기업(현대<sup>Hyundai</sup>)이 이끌고 있다. 심지어 제너럴모터스가 생산하는 자동차와 트럭 약 20만 대 중에서 겨우 40%만이 미국에서 만들어진다.[27]

도대체 무슨 일이 있었던 것일까?

혁신이 디트로이트를 넘어 전 세계에서 뿌리를 내리기 시작했다. 프랑스, 이탈리아, 독일, 폴란드, 스웨덴, 일본에 자동차 기업들이 생겨났다. 이 과정에서 특정 지역이 자동차 산업에 특화해서 발전했고, 몇몇은 디트로이트를 제치고 자동차 산업의 중심지로 부상했다. 이탈리아는 최고급 스포츠카 생산의 중심지가 됐고, 독일은 원자재 공학의 중심지가 됐다. 자동차 생산방식도 디트로이트가 아닌 곳에서 다시 쓰였다. 예를 들어, 도요타는 '적기 생산 방식'*을 고안하여 자동차 산업을 완전히 바꿔놓았다.

디트로이트처럼 두꺼운 거품을 걷어내고 그 너머를 보는 데 실패한다면, 실리콘밸리에서도 같은 일이 일어날지 모른다. 요즘은 실리콘밸리로

---

* 공정에서 발생하는 모든 낭비 요인을 제거하거나 최소화함으로써 원가를 절감하고 생산성 및 품질 향상을 목표로 하는 생산 방식으로, 부품업체로부터 필요한 시기에 필요한 수량만큼만 부품을 공급받아 재고가 없도록 하는 재고 관리 시스템이기도 하다. 영어로는 JIT(Just In Time)이라고 불린다. -편집자 주

가려는 사람들보다 떠나려는 사람들이 더 많은 탓에 유홀<sup>U-Haul</sup> 트럭 비용이 오르고 있다.[28] 많은 사람이 좀 더 저렴한 혁신의 중심지로 떠나고 있기 때문이다.

혁신의 세계는 재충전이 필요하다. 나는 실리콘밸리와 그에 상응하는 지역에서 벗어난 혁신 중심지들을 통틀어 **프런티어**<sup>Frontier</sup>라고 부른다. 혁신의 세계는 이미 이 프런티어에서 재충전되고 있다.

스타트업에 있어 프런티어는 까다롭고, 자원이 부족하며, 제대로 규제되지 않는 열악한 환경이다. 그런데도 실리콘밸리 밖의 기업가들은 혁신에서 실리콘밸리 기업가들을 앞서고 있다. 그들은 성공하기 위해 자신만의 규칙을 만들어 길을 개척해 나가고 있다. 그 과정에서 프런티어 기업가들은 전 세계와 실리콘밸리에 '무엇이 혁신 모델이어야 하는지'에 대해 다시 생각해볼 것을 요구한다. 실리콘밸리 밖의 프런티어에서 태어난 그들은 세계가 찾고 있는 경제적·사회적 변혁을 이뤄내며 차세대 혁신 모델을 마련하고 있다.

도대체 프런티어는 무엇이고 프런티어 혁신가들은 누구일까?

## 프런티어 혁신가: 우리 이야기의 주인공

'프런티어'는 신흥시장뿐만 아니라, 미국과 유럽의 도시와 시골에서 이제 막 생겨난 스타트업 생태계를 말한다.[29]

후자의 스타트업 생태계는 실리콘밸리와 주요 경제중심지의 스타트업 생태계와는 완전히 다른 사업 환경을 제공하는 이질적인 생태계다. 대부분의 프런티어는 개발도상국에 있다. 프런티어 혁신가들은 정치적이거나 거시경제적인 불안정성부터 제 기능을 못하거나 존재하지 않는 기반시설과 정부 지원, 최신 기기를 살 경제력이 없거나 과하게 리스크를 회피하는 고객에 이르기까지 독특한 제약들을 해결해야 한다. 심지어 선진국의 프런티어에도 엔젤 투자자, 인큐베이터, 벤처캐피털리스트, 숙련 노동자, 리스크와 실패를 용인하는 문화, 호기심 많은 소비자와 대중시장이 부족하다.

세계는 단순히 이분법적으로 '실리콘밸리'와 '실리콘밸리가 아닌 지역'으로 나눌 수 없다. 프런티어는 단순히 실리콘밸리가 아닌 지역이 아니다. 이보다 훨씬 더 미묘한 의미가 담겨 있다. 단순하게 설명하면, 나는 2가지 요소를 기준으로 혁신 발생지를 구분한다.

첫 번째는 전반적으로 얼마나 안정된 사업 환경이 조성되었는지를 보여주는 스타트업 생태계와 직접적인 관련이 없는 경제적 요소들이다. 통화가 안정적인가? 정부가 안정적인 사업 환경을 제공하나? 부패 수치가 높은가? 1인당 GDP는 얼마인가? 각각의 요소가 생태계에 미치는 영향은 다르겠지만, 이런 요소들이 합쳐지면 전반적인 사업 환경에 지대한 영향을 주게 된다. 전반적으로 제대로 조성되지 않은 사업 환경에서 스타트업들은 훨씬 더 많은 난관에 부딪힌다.

두 번째는 현지 스타트업 생태계의 내구성이다. 자본은 충분한가? 소프트웨어 엔지니어 같은 경험이 많은 기술 인재나 온라인 마케팅 전문가 등 디지털 인재가 존재하는가? 파산을 합법화하는 등 스타트업에 우호적인 법인법이 존재하나?[30] 나는 이것을 **생태계 강도** ecosystem intensity라 부른다. 생태계 강도가 높을수록, 현지 스타트업 생태계는 견고하다.

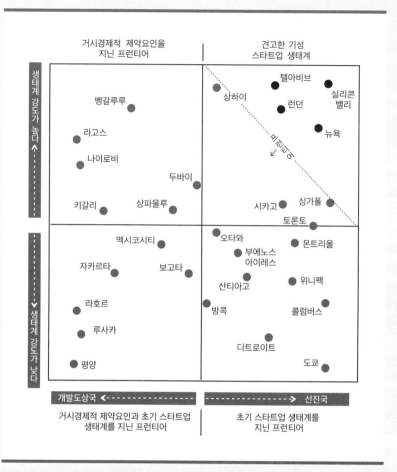

거시경제적 제약요인을<br>지닌 프런티어

견고한 기성<br>스타트업 생태계

생태계 강도가 높다 ↕

텔아비브

상하이

실리콘<br>밸리

벵갈루루

런던

뉴욕

라고스

비급매상

나이로비

두바이

키갈리

상파울루

시카고

싱가포르

토론토

생태계 강도가 낮다 ↕

오타와

멕시코시티

부에노스<br>아이레스

몬트리올

자카르타

보고타

산티아고

위니펙

라호르

방콕

콜럼버스

루사카

디트로이트

평양

도쿄

개발도상국 ◀------------------        -----------------▶ 선진국

거시경제적 제약요인과 초기 스타트업<br>생태계를 지닌 프런티어

초기 스타트업 생태계를<br>지닌 프런티어

◆ 그림 0-1 프런티어의 다양한 양상

　이 2가지 요소를 축으로 그래프를 그리면, 단순한 경험적 모델이 나온다. 그림 0-1에서 '실리콘밸리와 유사한 지역들'은 그래프 오른쪽 상단에 위치한다. 이들은 거시경제적 여건이 안정적이고 스타트업 생태계도 견고하다. 그런데 그래프의 오른쪽 상단에는 실리콘밸리만 있지 않다. 텔아비브와 뉴욕, 런던은 그래프에서 실리콘밸리 가까이에 위치한다. 이런 스

타트업 생태계는 따라야 할 모범 사례라기보다 예외적인 것들이다.*

프런티어가 전 세계에 분포된 만큼, 이 책이 다루는 지역도 광범위하다. 앞으로 우리는 시카고, 두바이, 자카르타, 멕시코시티, 뭄바이, 나이로비, 상파울루, 위니펙, 심지어 평양에서 활동하는 혁신가들을 만나게 될 것이다. 각 지역의 정치적, 경제적, 사회적 여건들은 독특하고 생태계 강도도 다르다. 이렇게 처한 환경이 다르지만, 실리콘밸리 혁신가들과 그다지 공통점이 없는 프런티어 혁신가들은 서로 간에는 많은 공통점을 공유한다.

실리콘밸리와 프런티어의 차이를 비교하기 위해서, 이 책은 그림 1-1 그래프의 왼쪽 하단에 위치한 가장 열악한 스타트업 생태계에서 활동하는 프런티어 혁신가들을 소개할 것이다. 그리고 프런티어의 미묘한 의미를 탐구하기 위해서 거시경제적 여건이 더 안정적이거나 스타트업 생태계가 더 견고한 지역(혹은 두 조건을 모두 갖춘 지역)을 살펴볼 것이다.

이 책의 등장인물들은 모두 혁신가다. 이 혁신가란 단어도 모호한 측면이 있긴 하다. 몇몇 연구에 따르면 전 세계적으로 기업가들이 4억 명 이상이라거나, 남녀노소를 불문하고 세계 인구의 6%가 기업가라고 한다.[31] 하지만 이 책은 그 4억 명의 기업가 중에서 혁신 활동을 이끄는 핵심적인 인물, 즉 혁신가들만 집중적으로 다룰 것이다.

---

* 중국은 독자적인 스타트업 생태계를 개발했다. 중국의 스타트업 생태계는 실리콘밸리와 많은 유사점을 공유하고 있지만, 여러 가지 중요한 면에서 다르다. 중국 정부는 생태계를 활성화시키기 위해서 생태계, 물리적 공간, 벤처캐피털 등에 대한 투자 등 다양한 자원을 동원했다. 중국 내 규제가 외국 기술 기업들이 시장에 접근하는 것을 더 어렵게 만들었고, 어떤 경우에는 불가능하게 했다. 이렇게 해서 중국 정부는 자국 기업들이 번성할 여지를 만들었다. 미국 시장을 제외하고 다른 나라의 시장은 중국 시장에 비교하면 왜소하다. 이것은 대기업들에게 단일 시장에서 사업을 확장할 수 있는 여지를 제공한다. 비록 중국의 모델이 독특하고 다른 시장에서 복제하기가 어려워 많은 부분이 논의의 대상에서 벗어나기는 하지만, 이 책은 중국 스타트업 생태계의 일부분을 다룬다.

**프런티어 혁신가**<sup>Frontier Innovator</sup>에게는 구체적으로 다음의 3가지 특징이 나타난다.

1. 그들은 기회의 기업가다. 많은 지역에서 사람들은 먹고 살기 위해 궁여지책으로 기업가가 된다. 그들은 과일 노점상, 해안가 안마사, 행상 등이고 **필요의 기업가**<sup>entrepreneurs of necessity</sup>다. 실리콘밸리 통신업체들은 밀레니얼 세대의 절반이 새로운 사업에 도전한다는 낙관적인 전망을 내놨다. 하지만 이 수치는 잘못됐다. 그들 중 대다수는 우버 운전자와 온디맨드 배달업자와 같은 계약직 노동자들일 뿐이다. 그들은 엄청나게 노력하고 진지하게 도전하지만, 그들이 처한 상황은 나의 관심분야가 아니다. **기회의 기업가**<sup>entrepreneurs of opportunity</sup>는 시장 실패\*를 파악하고 해결하기 위해서 안정적인 직장을 자발적으로 떠나 새로운 일에 도전하는 혁신가다.

2. 프런티어 혁신가는 혁신을 일종의 지렛대로 활용한다. 분명히 말하지만, 이 책은 소프트웨어 분야만을 다루지 않는다. 이 책은 프런티어 혁신가들이 혁신의 기회를 잡고자 비즈니스 모델과 기술적 혁신을 결합시키고 활용하는 방식을 집중적으로 조명할 것이다.

3. 나는 사업을 확장시키길 바라는 기업가들에게 집중할 것이다. 자발적으로 사업을 시작하고 비즈니스 모델에서 혁신을 만들어내는 수백만 명의 기회의 기업가들이 존재한다. 그들에게서 첫 번째 특징과 두 번째 특징이

---

\* 민간의 자유로운 의사 결정으로 경제 활동이 이루어질 때, 시장이 효율적인 자원 배분을 이루어 내지 못하는 현상을 이른다. -편집자 주

나타나지만, 결정적으로 그들은 사업 확장에는 관심이 없다. 예를 들어 모던한 인테리어와 메뉴로 레스토랑을 열거나 독특한 헤어스타일을 제 안하는 미용실을 연 사람을 생각해 보자. 물론 이런 현상은 기술 기업에 도 존재한다. 나이로비의 600개 이상의 소프트웨어 기업을 분석했더니, 겉으로 봤을 때는 스타트업이었지만 절반 이상이 소규모 기술 컨설팅 업 체로 '생산성이 낮은 영세업자'였다.[32]

이 책을 쓰기 시작했을 때, 나는 자연스럽게 혁신가는 회사를 설립하고 소수 팀원과 함께 사업을 하는 전통적인 기업가일 거라고 생각했다. 하지 만 나는 이 책을 쓰면서 인습에 얽매이지 않는 프런티어 혁신가들을 발견 했다. 그들은 새로운 벤처 투자 모델을 시도한 벤처캐피털리스트, 현지인 들의 니즈를 충족시키기 위해 직접 기업을 세운 생태계 개발자, 또는 가 업이나 대기업에서 활동하지만 유사한 방법론들을 활용하는 사내 기업가 였다. 그들 중 대다수는 실리콘밸리가 제시한 원칙에 도전했고, 이 책은 그런 그들의 노력을 탐구하고자 한다.

나는 이런 관점을 기준으로 프런티어 혁신가를 **개발 수준이 아주 높은 스타트업 생태계 밖에서 활동하고 기술이나 비즈니스 모델에서 혁신을 일으켜 자신의 사업을 확장시키고자 하는 기회의 기업가**로 정의한다.

프런티어 혁신가의 사고방식과 원칙, 관행은 혁신에 대한 실리콘밸리 의 절대 진리로부터의 일탈이자 대안이다.

## 프런티어에서 등장한 새로운 혁신 모델

프런티어 혁신가들은 자신들만의 혁신에 관한 전술집을 써내려가고 있다. 실질적인 필요에 의해서 나왔지만, 그들의 방법은 혁신에 관한 원칙을 재창조할 뿐만 아니라 혁신의 정의마저 다시 쓰고 있다. 이 책은 이러한 새로운 혁신 모델에서 발견되는 10가지 요소들을 면밀히 살펴볼 것이다.

첫째, 프런티어 혁신가들은 **창조자**<sup>Créators</sup>다. 실리콘밸리는 기존 산업을 와해시키는 데 집중한다. 하지만 대부분의 프런티어에는 혁신가들이 와해시킬 기존 산업이란 것이 존재하지 않는다. 그래서 그들은 반드시 새로운 산업을 창조해 내야 한다. 그들은 교육, 헬스케어, 금융 서비스, 에너지 등, 실리콘밸리는 당연하게 여기는 다양한 상품과 서비스를 고객에게 제공하기 위해서 완전히 새로운 산업을 창조해 내야 한다.

스타트업에 필요한 기반시설이 전무한 곳에서 실리콘밸리처럼 한 분야에 고도로 집중하는, 경량화된 스타트업만을 고집하는 것은 타당하지 않다. 각종 산업이 생겨나고 있는 지역이 대체로 이렇다. 프런티어 혁신가들은 혁신 활동에 필요한 모든 조건을 갖춘 환경, 즉 '풀스택'을 스스로 만들어야 한다. 여기에는 자신들의 비즈니스 모델과 상품에 필요한 기반시설도 포함된다.

실리콘밸리가 유니콘 기업을 키워내려 애쓰는 동안, 프런티어는 기회를 활용하고 척박한 환경에서 생존할 수 있는 **낙타 기업**을 키워낸다. 프런티어 혁신가들은 오직 성장만을 추구하지 않고 지속 가능성과 회복 탄력성도 함께 추구한다.

프런티어 혁신가들은 **타가수분**도 한다. 그들은 스타트업을 세우려고 다양한 인생 경험을 활용하고 다양한 지역, 산업군, 영역을 넘나들며 아이디어를 결합시킨다. 그들은 자본과 자원을 얻고자 세계 네트워크를 활용한다. 만일 실리콘밸리 스타트업이라면 샌프란시스코만 지역에 뿌리를 내려 18조 달러의 미국 내수 시장만을 공략할지도 모른다. 하지만 프런티어 스타트업에는 분명하게 정해진 길이 없다. 실제로 많은 프런티어 스타트업은 '**본 글로벌**'이다. 그들은 설립되는 순간부터 전략적으로 전 세계 시장을 공략한다.

그렇다고 프런티어 혁신가들이 전 세계 소비자들에게 단순히 상품과 서비스만을 파는 것은 아니다. 그들은 자신들의 기업을 구조적으로 전 세계 시장에 적합하게 만든다. 출신 지역에 상관없이 최고의 인재를 영입하고 기술을 활용하여 조직 내 통합된 문화를 조성한다.

실리콘밸리에는 인재가 풍부하다. 그래서 실리콘밸리 기업가들은 필요하면 언제든지 최고의 인재를 영입할 수 있다. 그래서 그들은 높은 이직률을 용인한다. 하지만 프런티어는 사정이 다르다. 그래서 프런티어 혁신가들은 직원 개인의 성장을 중요하게 생각하고 장기적인 관점에서 **최정예 팀**을 조직한다.

프런티어 혁신가들은 **종합격투기 선수**다. 그들은 수익성과 영향력을 비즈니스 모델의 핵심 요소로 여긴다. 그래서 수익성과 영향력을 동시에 고려하여 비즈니스 목표를 설정한다.

실리콘밸리 혁신가들은 재빨리 움직여 낡은 틀을 부수는 리스크에 대해서 무감각하다. 이런 리스크를 너무나도 많이 경험했기 때문이다. 하지만 리스크 수용도가 낮고 실패로 말미암아 감내해야 할 대가가 클 때, 이런 태도는 용납되지 않는다.[33] 프런티어 혁신가들은 리스크를 관리하고 고객 신뢰를 형성하고 자신들의 산업을 공식화한다.

벤처캐피털 회사와 테크 스타트업 사이에는 공생 관계가 존재한다. 이 둘은 생존을 위해 서로가 반드시 필요하다. 하지만 벤처캐피털 회사의 벤처 투자 모델은 실리콘밸리의 유니콘 기업들을 위한 것이다. 그래서 다른 세계의 벤처캐피털에 대한 니즈를 충족시키지 못한다. 프런티어의 벤처캐피털리스트들도 그들 나름대로 혁신가다. 왜냐하면 그들은 도전적인 환경에 맞게 투자 모델을 진화시키고 있기 때문이다.

실리콘밸리에는 스타트업을 지원하는 생태계가 촘촘하게 잘 짜여 있다. 실리콘밸리에는 혁신 부서가 있는 대기업들과 지원팀을 보유한 벤처캐피털 회사들, 무수한 분야에 특화된 액셀러레이터*들, 심지어 혁신가들과 더 많이 소통하길 바라는 규제 기관들이 있다. 하지만 이와 비교하면 프런티어 혁신가들은 고립되어 있다. 그래서 프런티어 혁신가들은 자기 사업을 확장하는 데만 몰두하지 않는다. 그들은 기업가 문화의 초석을 놓고 멘토와 후원자 집단을 만들고 스타트업 생태계에 필수적인 기반시설을 조성하는 데도 적극적인 역할을 한다.

물론 프런티어 혁신가들만이 홀로 프런티어에 스타트업 생태계를 조성하고 있는 것은 아니다. 정부나 규제 기관, 투자자, 대기업, 자선단체, 재단 등 여러 이해관계자가 실리콘밸리를 모방하지 않고 프런티어에서 얻은 교훈을 바탕으로 프런티어 스타트업 생태계를 조성하는 데 크게 기여할 수 있다.

이 책의 각 장에서는 이런 주제와 관련된 교훈들을 탐구한다. 이 책은

---

* 단기간에 신생 스타트업의 활성화를 돕는 개인이나 단체를 가리킨다. 주로 실리콘밸리에서 활동하며, 신생 스타트업에 아이디어와 비즈니스 계획을 자문하고 자금과 인력을 지원한다. -편집자 주

프런티어 혁신가들이 어떤 환경에서 사업을 하는지를 살펴보고, 이해관계자 모두가 스타트업 생태계를 조성하는 데 도움이 될 실질적인 조언을 제공할 것이다. 각 장에는 내가 보유한 데이터를 비롯해 200여 건의 인터뷰, 업계 출판물, 주요 학술 연구가 활용됐다.

## 이 책은 누구를 위한 것이며 왜 중요한가?

나는 이 책을 통해 다음의 기본적인 질문에 답을 구하고자 한다. 프런티어 혁신가들이 활용하는 혁신 전략은 무엇일까? 프런티어에서 나머지 이해관계자들은 이러한 그들의 혁신 전략을 어떻게 활용할 수 있을까? 실리콘밸리는 프런티어의 새로운 혁신 모델로부터 어떤 교훈을 얻을 수 있을까? 전 세계에 활기차고 성공적인 혁신 생태계를 조성하려면 우리는 프런티어에서 얻은 교훈을 어떻게 이용해야 할까?

이 책은 다수의 독자에게 의의가 있다. 첫 번째는 프런티어 혁신가들이다. 실리콘밸리는 지나치게 오랫동안 혁신에 관한 지혜를 얻을 수 있는 유일한 원천으로 여겨졌다. 나는 이 책이 실리콘밸리를 제외한 나머지 세계에서 혁신의 의미에 대한 대화의 방아쇠가 되길 바란다. 정상에 머무르길 바란다면 실리콘밸리도 프런티어 혁신가들이 주는 교훈에 주목해야 한다. 실리콘밸리 기업가들은 혁신에 대한 자신들의 통념과 철학에 이의를 제기하고 프런티어에서 혁신을 위해 격전을 벌이는 혁신가들을 보고 배워야 한다.

이 책은 일반 대중과 특정 사회 계층에게도 흥미롭고 쉽게 읽히도록 쓰였다. 점점 많은 국가가 기업가 정신을 촉진하고 스타트업 생태계를 조성하고 지원하는 일을 주요 국가 의제로 삼고 있다. 정책 입안가들은 일자리 창출을 위한 수단으로 기업가 정신에 주목한다. 비영리 기구는 혁신이 사회적, 환경적, 경제적 변화를 촉진하리라 기대한다. 이렇듯 이 책의 교훈은 모두에게 유익할 것이다.

한편 보잉<sup>Boeing</sup>과 뱅크오브아메리카<sup>Bank of America</sup>부터 제너럴일렉트릭<sup>General Electric</sup>과 제너럴모터스에 이르기까지 세계적인 상장기업을 이끄는 사람들은 자신들이 속한 산업이 빠르게 진화하고 있다는 사실을 알고 비즈니스 모델을 업데이트하고 싶어 한다. 그들은 혁신부서와 기업 인수 전략, 투자 회사를 통해 그 어느 때보다 혁신에 주목하고 있다. 글로벌 기업들은 혁신이 어떻게, 어디서, 왜 일어나는지를 세계적인 관점에서 바라봐야 한다. 그런 의미에서 이 책이 훌륭한 출발점이 될 것이다.

혁신 스펙트럼의 다른 한 쪽 끝에서는 사회적 기업이 속속 등장하고 있다. 어느 연구의 추산에 의하면, 세계 인구의 3%가 소셜 벤처에 참여하고 있으며(미국 인구의 5.8%가 소셜 벤처에 참여하고 있다), 이런 소셜 벤처의 90%가 지난 10년 동안 설립됐다.[34] 사회적 기업들이 다음 단계로 진화하려고 하는 시점에 스타트업 접근법이 효과적일 것이다.

흥미진진하게도 프런티어에서 일어난 기업 활동의 첫 번째 물결이 이제 최고조에 달하기 시작했다. 전 세계적으로 혁신가들이 매일 증가한다. 미국만 봐도, 매달 50만 명 이상의 기업가가 등장한다. 하지만 이들 중 대부분은 실리콘밸리식 소프트웨어 스타트업을 시작하지 않는다.[35]

비판 없이 실리콘밸리의 원칙을 따르고 사업 환경이 전혀 다른 곳에 적용하는 것은 실패로 가는 지름길이다. 신생 기업가와 기술 노동자, 예비 기업가는 반드시 성공한 프런티어 혁신가들을 보고 배워야 한다.

친구들에게 인류에 긍정적인 영향력을 행사할 현존하는 실리콘밸리 기업가가 누구라고 생각하느냐고 물으면, 그들은 자주 일론 머스크<sup>Elon Musk</sup>를 언급한다. 몇 명 더 이야기해 보라고 하면, 그들은 아주 곤란해한다. 프런티어라면 나는 일론 머스크와 같은 혁신가들의 이름을 십여 개는 댈 수 있다. 그들은 다양한 방법으로 다양한 유형의 기업을 세우고 세상을 바꿀 혁신을 이끌고 있다. 이 책은 그들의 이야기를 우리에게 들려준다. 그리고 바라건대 나의 실리콘밸리 친구들이 이 책을 통해 프런티어 혁신가들로부터 교훈을 얻을 수 있기를 바란다.

한때 윌리엄 깁슨<sup>William Gibson</sup>은 "미래는 이미 우리 곁에 와 있다. 단지 널리 퍼져 있지 않을 뿐이다."라고 말했다. 지금 전 세계의 프런티어 혁신가들이 우리 곁에 있는 미래를 널리 퍼트리고자 앞장서고 있다. 그들은 혁신과 기업가 정신의 미래를 일견할 기회를 전 세계에 제공하고 있다. 아마도 그들이 주는 교훈이 결국 세상을 바꿀 혁신과 스타트업에 대한 중요한 열쇠가 될 것이다.

# 01

## 창조하라

**와해하기보다 창조하라**

# 오케이하이OkHi

놀랍게도, 전 세계 인구 중 무려 40억 명이 공식 주소 없이 살고 있다.
주소는 공공과 민간 서비스를 가능케 하는 필수적인 공공재다. 케냐의
스타트업 오케이하이는 주소의 부재로 불이익을 받고 있는 사람들에게
GPS 좌표와 실제 사진, 부가적인 설명을 결합하여 '주소'를 부여한다.
오케이하이가 있어 많은 사람들이 길에서 헤매지 않고 귀한 시간과 자
원을 아낄 수 있다.

땀방울이 이마에서 눈으로 흘러내려 팀보 드레이슨<sup>Timbo Drayson</sup>의 눈이 따끔거렸다. 작열하는 나이로비의 태양 아래서 주변을 꼼꼼히 촬영한 지도 나흘째였다. 그는 이 촬영 사진에 GPS 좌표를 붙이고 초기 테스트용 데이터세트를 만들었다. 스타트업 오케이하이<sup>OkHi</sup>의 CEO인 팀보 드레이슨은 나이로비 시내에 세상이 주소라 부르는 것을 제공하기 위해서 좌표와 시각 단서, 나이로비 사람들이 길 안내에 사용하는 친숙한 표지물 등 다양한 데이터를 수집했다.

서구 선진국에선 정부가 주소를 부여하고, 공공 서비스와 민간 서비스를 제공할 때 최소한의 요건으로 삼는다.

- 운전면허를 등록할 건가요? 주소가 어떻게 되나요?

- 아마존 배송을 받을 건가요? 주소가 어떻게 되나요?

- 구급차가 필요하세요? 주소가 어떻게 되나요?

그래서 2014년 팀보 드레이슨을 만났을 때, 나는 전 세계 인구의 절반 이상이 주소 없이 살고 있다는 사실을 알고 충격을 받았다. 팀보 드레이슨이 스타트업을 설립한 케냐에는 주소가 있는 건물이 고작 2%에 불과하다.[1]

주소 없는 도시라고 해서 길 안내가 불가능하다는 뜻은 아니다. 그저 현재 시스템이 매우 비효율적임을 뜻할 뿐이다. 그래서 나이로비에서 배달을 시키려면, "조구의 첫 번째 길에 도착하면 빨간 집이 보일 거예요. 거기서 좌회전해서 녹색 판잣집까지 내려가면 개 3마리가 자고 있는 길이 나올 겁니다. 그 길을 30초 정도 쭉 올라가면 나오는 흙길로 다시 내려가다가 보이는 오른쪽 4번째 집으로 배달해 주시면 됩니다. 파란 집이에요."라고 말해야 한다. 이렇게 듣고서는 벌건 대낮이라도 집을 찾기가 쉽지 않다. 더욱이 깜깜한 밤에는 불가능하다.

전 세계 인구의 절반 이상이 슬럼, 빈민 지역, 판자촌 또는 재산권이 인정되지 않고 공식적인 거리 명이나 지번이 지정되지 않은 지역에서 산다. 전 세계적으로 대략 40억 명이 주소 없이 살고 있으며, 이 수치는 2050년이 되면 2배 증가할 것으로 예상된다.[2]

주소는 수많은 공공 서비스와 민간 서비스를 가능케 하는 거대한 공공재다. 나이로비에서는 구급차가 현장에 도착하는 데 평균 2시간 이상이 걸리지만, 뉴욕에선 6분 10초가 걸린다.[3] 이런 차이가 발생하는 가장 큰 이유는 주소가 없어서 정확한 위치 파악이 불가능하기 때문이다. 구급차는 정확한 위치를 찾으려고 주변을 뱅글뱅글 돌면서 귀한 시간을 모두 허비하게 된다. 주소가 없으면 상업 활동도 저해된다. 예를 들어, KFC 햄버거를 배달하는 데 통화를 평균 3.1번 해야 하고, 우버를 부르는 데 통화를 평균 1.4번 해야 한다.[4]

팀보 드레이슨은 이런 문제들을 해결하기 위해서 오케이하이를 설립했다. 오케이하이는 주소를 제공하는 테크 스타트업이다. 오케이하이의 강령은 '포함돼자'다.[5]

팀보 드레이슨은 더 이상 땡볕 아래서 필요한 정보를 수집하지 않는다. 진화와 성장을 지속하는 오케이하이의 크라우드소스 디지털 주소가 있기 때문이다. 이것은 GPS 좌표와 위치 사진, 부가 설명의 독특한 결합체다. 오케이하이 파트너들은 저렴하게 데이터베이스를 이용할 수 있다. 파트너들은 주소를 찾을 때, GPS 좌표를 기준으로 턴-바이-턴 방식으로 경로 안내를 받고 주변 환경 묘사와 사진을 기반으로 도착지를 알 수 있다.

설립 이후 오케이하이는 괄목할 만한 성장을 이뤄냈다. 오케이하이는 케냐 전역을 돌아다니는 우버, 나이로비의 아마존이라 불리는 전자상거래 업체 쥬미아Jumia와 제휴를 맺어 방대한 데이터베이스를 제작하는 데 필요한 GPS 좌표를 확보했다. 이후 팀보 드레이슨은 식당 체인점부터 가전제품 소매점과 공공 서비스 제공업체에 이르기까지 다양한 경제활동 주체들과 파트너를 맺었다.[6]

## 스타트업이란 무엇인가?

대부분의 사람은 오케이하이가 흔히 알려진 전형적인 스타트업과는 다르다고 생각할 것이다. 보통 주소라고 하면, 따분한 정부 기반시설이나 아기자기한 거리 이름이 떠오른다. 또한 오케이하이 이야기에는 후드를 뒤집어쓴 채로 식사대용 셰이크를 후루룩 마시며 밤늦도록 코드를 짜고 기존 산업을 와해하는 기술 전문가가 등장하지 않는다.[7]

'산업을 와해하는'이란 부분을 잠깐 짚고 넘어가자. 대부분의 실리콘밸리 스타트업은 기존 산업을 와해하는 데 집중한다. 신화에나 등장할 것처럼 신비로운 분위기를 풍기는 **와해**disruption란 단어는 스타트업의 존재 이유다. 자고로 스타트업은 새로운 기술과 새로운 프로세스, 새로운 사고방식으로 따분하고 비효율적인 산업을 뒤집어엎어야 한다. 실리콘밸리 전역에 소위 '와해 칙령'이 기술 산업을 중심으로 널리 울려 퍼졌다. 실리콘밸리에선 모두가 헬스케어부터 무인 자동차, 교육, 심지어 정치에 이르기까지 모든 것을 와해한다.[8] 심지어 스타트업계의 올림픽이라 불릴 정도로 실리콘밸리에서 가장 유명한 피칭* 대회인 테크크런치 디스럽트TechCrunch Disrupt의 대회명에도 '와해하다'를 뜻하는 '디스럽트disrupt'가 들어간다. 오직 기업가만이 기존 산업을 와해하는 것이 아니다. 벤처캐피털이나 엔젤 투자자, 액셀러레이터 중에도 와해자가 존재한다.[9]

HBO 드라마 <실리콘밸리Silicon Valley>에는 와해에 대한 기술 업계의 집착이 얼마나 부조리한지를 보여주는 장면이 등장한다. 실리콘밸리 시즌 1, 주인공은 테크크런치 디스럽트에서 자신의 스타트업인 파이드 파이퍼Pied Piper를 피칭한다. 그의 경쟁자는 '모바일 플랫폼에서 버그 보고 방식을 혁신적으로 바꾸고자 설립된' 이매다버그Immeadabug, '위치기반 모바일 뉴스 집적 플랫폼을 혁신하고자 설립된' 태픈Tappen, '컨센서스 프로토콜을 위해 팍소스 알고리즘을 활용하여 이 세상을 보다 살기 좋은 세상으로 만들고

---

* 투자를 유치하기 위해서 사업가가 자신의 사업 계획 등을 설명하는 프레젠테이션을 이른다. -편집자 주

자 설립된' 시스토베이스<sup>Systobase</sup>다.<sup>10</sup>

스타트업계를 풍자하는 이 드라마에 등장하는 스타트업들은 너무나 현실적이다. 만약 이런 기술이 와해라면, 사람들은 와해의 뜻을 잊은 건지도 모른다.


## 와해의 기원

와해의 현대적 개념은 하버드 경영대학원 경영전략 교수인 클레이튼 크리스텐슨<sup>Clayton Christensen</sup>의 연구에서 나왔다. 클레이튼 크리스텐슨은 저서 《혁신기업의 딜레마<sup>The Innovator's Dilemma</sup>》와 파괴적 혁신을 주제로 한 후속 연구에서 와해에 대한 새로운 개념을 최초로 제시했다. 다음은 클레이튼 크리스텐슨과 그의 동료들이 쓴 논문에서 발췌한 내용이다.

> '와해'는 일종의 프로세스다. 이 프로세스를 이용하면 상대적으로 적은 자원을 지닌 소형 기업이 기성 기업이 형성한 기존 시장에 성공적으로 도전할 수 있다. … [시장 신규 진입자는 기성 기업이 눈여겨보지 않는 영역을 발판으로 시장에 진입한다.] 그들은 더욱 적합한 기능을 저렴하게 제공한다. 기존 시장 참가자는 시장 수요가 더 많은 분야에서 더 큰 수익을 좇느라 시장 신규 진입자에게 격렬히 대응하지 않는다. 시장 신규 진입자는 초기 성공을 이끈 우위를 유지한 채로 기존 시장의 주류 고객들이 요구하는 성능을 보유한 제품이나 서비스를 제공하면서 고급 시장으로 이동한다. 주류 고객들이

시장 신규 진입자의 제품이나 서비스를 대량으로 소비하기 시작하면, 와해가 일어난다.[11]

클레이튼 크리스텐슨은 실리콘밸리를 중심에 두고 와해 이론을 펼쳤지만, 사례로 디지털 테크 스타트업을 언급하진 않았다. 그의 이론은 철강산업에 뿌리를 두고 있다. 통합 프로세스를 갖춘 대형 철강업체들은 소규모 철강업체들이 저가 시장을 공략한다는 사실을 알고 있었지만, 저가 시장에 관심이 없었다. 소규모 철강업체들은 저가 시장에서 기반을 마련했고, 서서히 기반시설을 개선하면서 철강 산업의 효율성과 프로세스 유연성을 높였다. 그 결과 그들은 대형 철강업체들을 제치고 철강 산업을 지배하게 됐다.[12]

이처럼 파괴적 혁신은 매력적인 개념이다. 와해에 관한 이야기는 다윗과 골리앗 이야기와 닮았다. 약자가 시장 주변을 야금야금 먹어 들어가다가 결국 시장의 승리자로 우뚝 선다. 그들이 시장의 승리자가 되는 것은 당연할지도 모른다. 강자는 시장 주변을 무시했고 혁신에 힘쓰지 않았으며 궁극적으로 사람들의 니즈를 충족시키지 못했다.

결과적으로 클레이튼 크리스텐슨이 펼친 혁신에 대한 이론은 실리콘밸리와 기술 업계의 철학적 토대가 됐다. 질 레포레Jill Lepore가 <뉴요커New Yorker>에 기고했듯이, "《혁신기업의 딜레마》가 출간된 이후, 모두가 와해하거나 와해되고 있다. 심지어 와해 컨설턴트, 와해 컨퍼런스 그리고 와해 세미나까지 등장했다. … 우리는 지금 《혁신기업의 딜레마》가 드리운 그늘 속에서 살고 있다."[13] 이처럼 와해가 찬송가가 됐다면, 스타트업은 마칭 밴드가 됐다. 스타트업은 기술을 활용하여 저렴한 솔루션이나 보다 효율적인 프로세스를 내놓고 외부자의 사고방식을 기술에 접목하여 자신들이 생각하는 대로 산업을 다시 만들겠다고 약속한다.


## 창조자들

오케이하이 이야기는 와해와 거리가 먼 듯하다. 주변부로부터 서서히 와해되어 가는 비효율적인 산업 구조가 어디 있는가? 저가 시장에서 시작된, 고급 시장으로의 무자비한 진격은 또 어디 있는가? 모두 오케이하이 이야기에는 없는 것들이다. 이런 관점에서 오케이하이는 와해자의 정의에 들어맞지 않는다. 단잠을 방해받은 개 3마리 말고, 오케이하이가 와해한 산업은 없다.

팀보 드레이슨은 프런티어에서 활동하는 **창조자**다. 프런티어는 실리콘밸리와 유사하지만, 혁신의 중심은 아닌 지역이다. 창조자인 프런티어 혁신가는 대체로 필요에 의해서 새로운 산업과 새로운 비즈니스 모델을 창조하고 궁극적으로 현지 시장을 위해 새로운 상품과 서비스를 만들어 낸다.

창조자는 근간이 되는 일 3가지를 동시에 한다. 첫 번째, 그들은 공식 경제의 심각한 골칫거리를 해결할 상품이나 서비스를 사람들에게 제공한다. 또 비공식적이거나 인가와 공인을 받지 못한 대안을 합법적이고 공식적으로 만든다.

두 번째, 창조자는 대중을 위한 혁신적인 솔루션을 제시한다. 고급 시장에서 버진 갤럭틱<sup>Virgin Galactic</sup>의 우주여행 상품처럼 상류층을 위한 새로운 상품이나 서비스가 만들어진다면, 이 책에 등장하는 창조자들은 상류층 뿐만이 아니라 모두를 위한 혁신적인 상품과 서비스를 창조하는 데 집중한다.

마지막으로 창조자는 게임의 판도를 바꿀 혁신에 몰두한다. 그들이 이뤄낸 혁신은 시장과 산업의 개념을 근본적으로 바꿔놓는다. 주로 기술이 창조자가 혁신할 수 있게 허락한다. 대체로 시장을 재편하거나 고객과의 소통 방식을 쇄신하거나 새로운 영업 방식을 고안해 내려는 노력에서 혁신을 가능케 하는 기술이 나온다. 이런 면에서 창조자는 자신의 사촌이라 할 수 있는 와해자와 닮았다.

실리콘밸리보다 프런티어에 창조자라 불릴 스타트업이 훨씬 많다. 프런티어에서 활동하는 스타트업의 63%가 새로운 산업을 창조해 내는 창조자다. 리비고[Livigo]는 인도에서 트럭 물류 산업을 공식화하고 확장하고 있다. 닥터 컨설타[Dr. Consulta]는 브라질 전역에 있는 의료센터를 활용하여 저렴하게 의료 서비스를 제공한다. 엠코파[M-KOPA]는 아프리카에서 가정용 태양 에너지 시스템을 공급한다. 반면 실리콘밸리에서는 성공한 스타트업의 33%만이 창조자다.[*]

다만 창조자와 와해자가 흑과 백으로 완전히 구분되는 경우는 드물다. 그리고 창조자와 와해자에 대한 분명한 정의나 완벽한 분석은 존재하지

[*] 이를 분석하기 위해서 나는 동료들과 함께 가장 거대한 신흥시장 스타트업들을 확인했다. 그들은 업계 관계자들에 따르면 가장 빠르게 확장하거나 가장 많은 자금을 조달하고 주요 투자자들과 파트너십을 맺은 스타트업이었다. 실리콘밸리 표본은 공개된 유니콘 기업 명단에 근거했다.

않으며 애초에 분명한 정의나 분석 자체가 불가능하다.[*] 이 때문에 어떤 스타트업을 창조자로 분류할지, 아니면 와해자로 분류할지를 두고 이견이 있을 수 있다. 그렇지만, 실리콘밸리보다 프런티어에서 훨씬 더 많은 창조자가 등장하고 있다는 것만은 분명하다.

물론 이것은 필요에 의한 자연스러운 결과다. 프런티어 혁신가들, 특히 개발도상국에서 활동하는 혁신가들은 창조자다. 개발도상국에는 채워지지 않은 거대한 니즈가 존재하기 때문이다. 바로 이곳에서 혁신가들은 교육과 헬스케어, 교통과 금융 서비스 분야에 이르기까지 대중의 니즈를 충족시킬 플랫폼을 제공한다.

내가 팀보 드레이슨에게 사하라 사막 이남 아프리카에서 가장 중요한 창조자가 누구냐고 물었을 때, 그는 한 치의 망설임 없이 엠페사라 답했다.

---

[*] 우선 실리콘밸리에서 와해의 정의는 혁신 기술이 사용되거나 현존 기술이 흔들리는 모든 경우를 대변할 수 있게끔 확장 및 변형되고 있다. 창조자에 대한 나의 정의 또한 이와 마찬가지로 확장되거나 다시 규정될 수 있다. 우리의 목적을 위해, 나는 해당 스타트업이 극심한 골칫거리를 해소하기 위해서 공식적인 상품이나 서비스를 만들어내는지 여부에 집중했다. 이 정의는 대체로 상당한 개발도상국들로 구성된 비공식 경제를 제외한다. 나는 새로운 시장의 창조나 비공식 시장의 형성에 집중했고 제대로 기능하지 않더라도 제품과 서비스가 존재하는 경우는 제외했다. 예를 들어, 브리지 인터내셔널 아카데미는 동아프리카 전역에 분포하는 저비용 사립학교들의 네트워크를 관리하는 스타트업이다. 그들의 서비스는 더 좋고, 더 저렴하며, 어떤 경우에는 사람의 인생을 바꿔놓기까지 하지만, 그럼에도 내가 정의한 바에 따르면 창조자로 분류되지 않을 것이다.

둘째, 앞서 언급한 정의를 완성한 후에도 혁신을 창조자나 와해자로 특징짓는 것은 여전히 과학보다는 예술에 가깝다. 누군가는 내가 창조자라고 생각하는 페처가(나중에 이 책에서 만나게 될, 중동의 라스트 마일 딜리버리 스타트업), 새로운 산업을 창조하지 않고 전자상거래의 니즈를 충족시키지 못하는 단편적이고 비공식적인 산업만을 와해하고 있다고 주장할 수 있다. 반대로, 누군가는 창조자 명단에서 제외된 위워크가 (기존의 부동산 업계를 와해하는 대신에) 상업용 부동산에서 완전히 새로운 영역을 구축했다고 주장할 수도 있다. 그리고 어떤 경우에는, 같은 기업이 한 시장에서는 창조자가, 다른 시장에서는 와해자가 되는 일도 가능하다(예를 들면, 우버는 우버풀을 통한 공유 택시로 미국에 새로운 교통 부문을 창조했지만, 우버X로 택시 산업을 와해하고 있다).

이 문제에 관련된 더 많은 정보는, 크리스텐슨, 레이너, 맥도날드의 공저 논문 〈What Is Disruptive Innovation〉을 참조하라.

# 실물화폐 송금부터
# 전자화폐 송금까지

신흥시장에서, 거의 20억 명의 사람들은 '금융소외층'에 속한다. 다시 말해 그들에겐 공식적인 금융 서비스에 대한 접근성이 없다.[14] 그들은 은행계좌나 수표, 직불카드, 공식적으로 대출을 받을 기회, 주식 거래 계좌, 보험 등이 없으며, 사람이 돈다발을 직접 전달하는 것 말고는 송금할 방법도 없다. 게다가 20억~30억 명이 은행 서비스가 잘 갖추어지지 않아서 필수적인 금융 서비스를 제대로 이용하지 못한다.[15] 세계 인구의 절반에 달하는 사람들이 은행을 전혀 또는 거의 이용하지 않는다.

개발도상국의 은행이 모든 사람에게 금융 서비스를 제공하기 싫어서 이런 일이 생긴 게 아니다. 그렇게 할 수가 없다. 개발도상국의 은행은 현지에 지점을 열고, 현금 지급기를 설치하고, 오래된 기술을 활용하는 전통적인 비즈니스 모델을 갖고 있다. 그래서 예금 잔액이 아주 적고 은행 이용 빈도가 매우 낮은 개발도상국의 외딴 지역에 사는 고객에게 효율적으로 금융 서비스를 제공할 수가 없는 것이다.[16] 그러니 개발도상국에서 이런 전통적인 비즈니스 모델은 의미가 없었다.

그때 케냐의 최대 모바일 금융 플랫폼인 엠페사[M-PESA]가 등장했다. 엠페사는 상점을 하나로 연결하여 네트워크를 만들었다. 케냐 전역에 형성된 인간 ATM 네트워크를 생각하면 이해가 쉬울 것이다. 이 네트워크를 이용하면 누구나 자신의 계좌에 돈을 예금하거나 다른 사람의 휴대전화나 상점으로 송금할 수 있다. 엠페사 플랫폼을 이용하는 데 은행직불카드, 음성통화나 와츠앱과 같은 스마트폰 앱은 필요 없다. 문자를 보낼 수 있는 최저가 휴대전화만 있으면 된다. 이것은 2007년 기준 평균 1인당 GDP가 840달러인 나라에서 엄청난 혁신이었다.[17]

엠페사는 대담한 프로젝트였고 전통적인 스타트업도 아니었다. 엠페사는 케냐 정부와 글로벌 이동통신업체 보다콤<sup>Vodacom</sup>이 함께 소유한 케냐 통신사 사파리콤<sup>Safaricom</sup>에서 탄생했다.[18] 사파리콤은 엠페사 플랫폼을 개발하기 위해 기업가 정신팀을 만들고 외부에서 초기 투자금을 조달했다. 이것은 스타트업이 조달하는 전형적인 초기 투자금이 아니었고, 영국의 국제 개발 기구인 국제개발부<sup>Department for International Development, DFID</sup>의 보조금이었다.[19]

엠페사의 새로운 SMS 기반 뱅킹 툴은 전통적이고 비효율적인 결제 네트워크를 와해하지 않았다. 케냐에는 널리 사용되는 결제 네트워크가 존재하지 않았다. 엠페사의 최대 경쟁자는 하왈라 시스템이었다. 사람들은 현금이 가득 든 돈 봉투를 버스 기사에게 주고 몇 정거장 떨어진 곳에 살고 있는 친구나 친척에게 전달해 달라고 부탁했다. 버스 기사는 돈 봉투를 전달해 주는 대가로 수수료를 받았다. 이 방식은 매우 비효율적일 뿐만 아니라 분실, 도난, 사기의 위험이 컸다.

오늘날 1,800만 명의 케냐 사람들이 엠페사를 이용하고 10만 명 이상의 에이전트들이 1억 건 이상의 송금 거래를 처리한다. 그 규모는 케냐 GDP의 40%에 달한다.[20] 엠페사는 전 세계적으로 모바일 뱅킹 산업을 창조하는 기반이 됐다. 연구에 따르면, 거의 20만 가구(케냐 가구의 2%)가 엠페사의 모바일 뱅킹 서비스 덕분에 가난에서 벗어날 수 있었다.[21]

나는 세계 이동통신사업자 연합회<sup>GSMA</sup>의 모바일 금융 그룹 운영위원회 일원으로서 전 세계적으로 모바일 뱅킹 산업이 급성장하는 것을 코앞에서 지켜봤다. 엠페사의 성공에 편승하여 모바일 뱅킹 산업은 폭발적으로 성장했고, 전 세계에서 엠페사와 유사한 업체들이 속속 등장했다. 전 세계적으로 8억 5,000만 명 이상의 사람들에게 모바일 송금 서비스를 제공하는 업체가 무려 250여 개에 이른다.[22]

## 퍼스트 무버에게
## 불리한 점

엠페사의 이야기는 감격스럽기까지 하다. 엠페사가 하룻밤 사이에 성공한 것은 아니었다. 이렇게 성공하기까지 수많은 난관을 극복해야 했다. 엠페사의 창립자 중 한 명인 닉 휴즈 Nick Hughes는 그 여정을 다음과 같이 설명했다.

엠페사는 재정적, 사회적, 문화적, 정치적, 기술적, 규제적 난관에 부딪혔습니다. … 엠페사를 실현시키기 위해서 보다콤은 글로벌 이동통신사와 은행, 소액금융기관의 놀라울 정도로 상이한 문화를 하나로 통합해야 했고 그들이 요구하는 엄청난 규제 조건들을 충족해야 했어요. 규제 조건들은 모순되는 경우가 많았습니다. 마지막으로 엠페사는 은행 서비스와 통신 서비스를 이용하지 않고 거의 문맹이나 다름없는 고객들을 빨리 교육하고 지원하고 니즈를 충족시켜야 했습니다. 물리적 보안과 금융 보안에서 정례적으로 문제가 발생했지만, 우리에겐 로드맵이 없었어요.[23]

이것이 바로 '퍼스트 무버의 불리점'이다.[*][24] 사람들이 흔히 생각하는 것과 달리, 퍼스트 무버가 항상 유리하진 않다. 퍼스트 무버가 내놓은 기술이 산업을 와해하는 상황이라면 유리하지만, 기술이 산업을 창조하거나 시장 변화를 이끈다면 불리하다.[25] 팀보 드레이슨과 닉 휴즈와 같은 창조자는 완전히 새로운 산업을 창조할 뿐만 아니라 고객들의 사고방식까지도 새롭게 바꾸는 길고 고된 길을 필연적으로 걸어야만 했다.

엠페사 고객들에게 현금이 아닌 다른 형태로 돈을 저장한다는 것은 완전히 신개념이었다. 그들에게 휴대전화로 수령인에게 송금해 준다는 약속을 받고 낯선 사람에게 돈을 맡기는 것은 상상할 수 없는 일이었다. 그들의 생각을 바꾸려고 엠페사는 차근차근 고객들을 교육했다. 초기에 엠페사에서 금융 상품을 관리했던 어느 직원은 "초기에 에이전트들은 현금 인출을 꺼렸습니다. 이것이 우리가 마주한 첫 번째 난관이었죠. ... 현금을 인출해 주라는 문자 메시지를 받은 어느 용감한 점원이 계산대를 열고 현금을 인출해 줬어요."라고 회상했다.[26]

규제 기관도 난감하기는 마찬가지였다. 그들은 모바일 뱅킹 플랫폼을 관리해 본 적이 없었다. 과연 은행 이외의 기관이 운용하는 금융 시스템이 그들로서는 달갑지 않았을 것이다. 그리고 통신 규제 기관이나 중앙은행 중 어느 규제 기관이 모바일 뱅킹 플랫폼을 관리해야 할지 그 누구도 결정하지 못했다.

어느 규제 기관 담당자는 엠페사를 두고 다음과 같이 말했다. "엠페사는 일종의 도박이었습니다. ... 엠페사는 혁신이 정치를 앞서 나간 전형적

---

[*] 연구진은 350개 이상의 소비자 기업과 850개 산업 기업을 대상으로 설문조사를 실시했다. 그들은 개척자들이 종종 판매상의 이점을 누리긴 했어도, 장기적으로는 비용 불이익에 직면했다고 결론지었다.

인 사례입니다. 이런 경우 앞서 나간 혁신을 따라잡고 지원하기 위해서 정책 입안자들은 위험을 무릅쓰고 시스템에 대한 자문을 받으면서 지원 정책들을 적극적으로 추진하게 됩니다."[27]

기존 산업을 와해하는 퍼스트 무버보다 하나의 산업을 창조하는 퍼스트 무버가 성공하는 데 훨씬 더 오래 걸릴 수밖에 없다. 그들은 더 많은 것들을 감내해야 한다. 하지만, 이렇게 불리한 상황에도 프런티어 혁신가들은 보란 듯이 성공한다. 바로 창조자가 누리는 이점 때문이다.

## 창조자의 이점을 잡아라

창조자가 되는 것은 어렵지만, 창조자는 4가지 관점에서 유리하다. 지금부터 창조자가 어떤 점에서 유리한지 차례대로 하나씩 살펴보도록 하자.

### 거대한 시장을 창조하라

첫 번째, 새로운 산업을 창조하면 거대한 시장이 생겨날 수도 있다. 벤처캐피털리스트들은 투자 결정에 앞서 제일 먼저 스타트업에 진입하려는 시장이 얼마나 큰지를 묻는다. 창조자의 시장은 그야말로 무한하다. 엠페사는 금융 서비스를 마음껏 사용하지 못하는 20억 명의 금융소외계층을 공략했다. 언젠가 오케이하이는 주소 없이 살아가는 수십억 명의 사람들에게 서비스를 제공할 수 있을 것이다.

피터 틸은 저서 《제로 투 원<sup>Zero to One</sup>》에서 이와 유사한 주장을 했다. 그는 최고의 기업은 기존의 샌드박스에서 놀기보다 새로운 산업을 창조해 낸다고 주장한다. '0에서 1'이 되려면 이전에는 시도하지 않았던 무언가를 해내야 한다.[28] 이것은 이미 효과가 있는 무언가를 성장시키거나 복제하여 '1에서 n'이 되는 확장 지향의 수평적 진보와는 다르다.[29]

창조자는 대체로 자신이 중요한 시장을 만들고 있다는 것을 직감적으로 알지만, 그 시장이 어떻게 진화할지는 모른다. 음성 신호를 전선을 통해 전달하는 기술을 발명하고 특허를 받았을 때, 과연 알렉산더 그레이엄 벨은 휴대전화 혁명을 예측하고 있었을까?

## 경쟁을 활용하라

창조자에게 경쟁이 항상 나쁜 것은 아니다. 하지만 피터 틸은 이에 동의하지 않을 것이다. 그는 "경쟁은 패배자를 위한 것"이라고 자주 말한다. 이것은 창조자가 새로운 시장을 공략하고 독점하면 자연스럽게 그 누구보다 더 많은 기회를 얻게 된다는 뜻이기도 하다.[30] 일리가 있다. 하지만, 스스로 시장을 창조하는 스타트업은 이미 형성된 시장에서도 유리하다.

케냐에서 엠페사가 성공하자, 사파리콤의 모기업인 보다콤은 탄자니아에도 엠페사와 유사한 금융 상품을 출시했다. 사파리콤은 케냐 시장을 독점했지만, 탄자니아에는 이미 2개의 통신업체가 통신 시장을 상당히 장악하고 있었고 서로 비슷한 상품을 제공하고 있었다. 사파리콤은 케냐에서 1,800만 명의 이용자를 확보하는 데 6년 이상이 걸렸지만, 케냐보다 인구가 훨씬 적은 탄자니아에 자리를 잡는 데엔 불과 5년도 채 걸리지 않았다.[31] 다른 서아프리카 국가에서 사파리콤은 훨씬 빠르게 성장했다. 많은 시장 참가자들이 함께 고객 교육에 대규모로 투자하고 기반시설을 조성하는 데 힘썼다. 이런 노력의 과실을 모든 시장 참가자들이 공유했고, 여러 통신업체가 모바일 뱅킹 서비스를 제공하자 대중에게 해당 서비스가 보다 합법적인 것으로 다가왔다.

## 생태계 지원을 활용하라

창조자는 주변 생태계의 지원을 받는다. 아마도 우버는 미국에서 기존 택시 산업을 와해시킨 대표적인 기업으로 분류될 것이다. 하지만 개발도상국에서 우버는 여타 승차 공유 플랫폼과 마찬가지로 비공식적인 경제를 합법적으로 만드는 창조자로 환영받았다. 이는 개발도상국과 미국의 산업 생태계가 다르기 때문이었다. 대체로 개발도상국의 비공식적인 택시 기사들은 우버를 열렬히 환영했고 우버 플랫폼에 참여했다. 개발도상국에서는 규제 기관들도 우버에 우호적이었다. 우버가 금지된 12개 지역은 모두 유럽, 호주, 중국, 일본과 미국 등 선진국에 있다.[32]

창조자는 주변 생태계로부터 다양한 지원을 받는다. 특히 다양한 출처로부터 자금을 조달할 수 있다. 예를 들어, 모바일 금융 부문에서 기업들은 임팩트 투자자와 재단, 개발기구, 기업이 사회적 책임을 실천하기 위해 진행하는 투자 프로젝트로부터 자금을 조달해 왔다. 이는 다른 혁신가가 창조한 산업에서도 마찬가지다.

## 인재풀을 확대하라

창조자는 확장된 인재풀을 활용할 수 있다. 스타트업의 성공과 실패는 조직 구성원들의 역량에 의해 결정된다. 하지만 스타트업이 우수한 인재를 영입한다는 것이 쉽지는 않다. 스타트업은 임금 수준이 낮고 리스크가 크고 근무시간이 길다. 그럼에도 큰 야심을 품은 스타트업을 이끄는 기업가, 즉 창조자는 조직원들에게 평범한 스타트업보다 높은 소명의식을 심어준다. 창조자는 조직원에게 세상을 바꿀 실질적인 기회를 제공한다. 새로운 산업을 창조해 내는 스타트업의 조직원은 돈을 덜 받고 더 오래, 더 열심히 일한다. 스타트업은 비영리 기구나 정부기관처럼 전혀 다른 분야에서 인재를 영입하기도 한다. 우리는 6장과 7장에서 인적 자본에 대해 자세히 살펴보고, 8장에서 프런티어 혁신가의 사회적 영향력을 탐구할 것이다.

## 밟고 설 어깨를 내주는 거인

창조자는 단순히 회사를 설립하는 데서 그치지 않는다. 그들은 산업을 창조해낸다. 그들은 자신의 뒤를 따르는 이들이 딛고 설 어깨를 내주는 거인이다.

엠페사는 사파리콤의 가장 크고 가장 빨리 성장하는 수입원(사파리콤 전체 매출의 1/3 이상)일 뿐 아니라, 다양한 산업을 탄생시켰다.[33] 닉 휴즈가 이를 몸소 증명했다. 엠페사 이후에 그는 졸라와 유사한 에너지 관련 스타트업 엠코파M-KOPA를 세웠다. 엠코파의 태양광 조명시스템을 이용하는 가정은 엠페사의 결제 플랫폼을 이용해서 매일 또는 매주 요금을 결제한다. 엠페사가 없었다면 엠코파의 비즈니스 모델은 실현 불가능했을 것이다. 일일요금이나 주간요금을 현금으로 받았다면, 관리 비용이 엄청났을 것이기 때문이다. 엠페사의 플랫폼을 활용하는 서비스를 만들어내면서 엠코파와 엠페사 사이에 공생관계가 형성됐다. 엠코파 고객은 엠페사에게 다른 고객보다 더 훌륭한 고객이다. 그들은 엠페사의 결제 플랫폼을 정기적으로 사용하고, 이웃에게 사용방법을 전수하고, 엠페사를 기반으로 하는 새로운 상품을 기꺼이 시도한다.

모바일 금융으로 재해석된 또 다른 산업이 바로 마이크로파이낸스다. 금융소외계층에게 주로 무담보 소액대출을 해주는 마이크로파이낸스는 가난한 사람들도 신용대출을 받을 자격이 있다는 생각에서 출발했다. 마이크로파이낸스 업체들은 대출자들을 그룹으로 묶어 사회적 책임감과 연대책임의식을 갖게 하여 대출금을 상환토록 했다. 그랬더니 대출금 상환율이 증가했다.

하지만 이 비즈니스 모델에도 큰 문제가 있었다. 사람들을 그룹으로 묶고 주기적으로 약속한 장소로 가서 수금하고 고객 참여도를 높게 유지하는 데 상당한 비용이 들었다. 탈라[Tala]와 브랜치 인터내셔널[Branch International], 사파리콤의 엠사와리[M-Shwari] 같은 기업들은 이제 모바일 금융 플랫폼을 통해 소비자 대출 서비스를 제공한다. 마이크로파이낸스 업체들처럼 이 모바일 금융 플랫폼들도 신용대출을 받을 자격이 있는 사람을 파악하기 위해서 사회적 신호에 주목했다. 차이가 있다면, 그들은 모든 것을 디지털화했다. 음성통화 패턴과 소비패턴 등 빅데이터를 이용하여, 디지털 금융 플랫폼들은 현장 직원을 고용하여 직접 수금하는 등 시대에 뒤처진 기술을 사용해서 발생하는 간접비를 걱정하지 않고 고객의 신용도를 파악할 수 있었다. 이런 혁명은 엠페사처럼 모바일 금융 플랫폼을 제공한 창조자들

덕분에 가능했다.*

팀보 드레이슨이 오케이하이를 설립한 지 얼마 지나지 않았지만, 벌써 오케이하이 덕분에 새로운 산업들이 생겨나고 있다. 팀보 드레이슨은 구급차 운전자들을 인터뷰했고 응급상황에 대한 대응시간이 느리다는 문제점을 파악했다. 여기서 아이디어를 얻은 그는 나이로비에서 플레어<sup>Flare</sup>를 세웠다. 플레어는 오케이하이가 제공하는 주소를 이용해 구급차가 응급 현장에 빠르게 도착할 수 있도록 한다.[34]

## 나의 하늘을 나는 자동차는 어디에 있나요?

나는 경영대학원에서 신흥시장의 기업가 정신을 가르친다. 학생들은 내게 자신들의 비즈니스 아이디어를 들려주고 조언을 구한다. 학생들은 "이게 정말 가능하기나 할까요?" 또는 "한 번도 시도된 적 없는 새로운 아이디어를 실현하기 위해서 제가 자신을 너무 몰아세우고 있는 걸까요?"라고 의구심을 표한다.

그럼 나는 "이걸 왜 하고 있는 거니?"라고 묻는다. 열에 아홉은 이 세상을 더 살기 좋은 곳으로 만들고 싶기 때문이라고 대답한다. 분야에 상관없이 스타트업을 세운다는 것 자체가 극도로 어렵고 시간도 오래 걸리는

---

* 물론 데이터 프라이버시와 개인정보의 공정한 이용이 핵심 고려사항이다. 현장에서는 이에 대해 신속하고 심도 있는 논의가 이루어지고 있으며, 기준이 빠르게 자리 잡고 있다. 책임감 있게 실행하면, 이러한 모델은 이전에 금융 서비스의 혜택을 누리지 않았던 사람들이 합리적인 비용으로 서비스에 접근하는 데 강력한 순기능을 발휘할 것이라고 생각한다.

일이다. 많은 시간을 투자하고 정말 열심히 노력한다면, 의미 있는 무언가를 해낼 수 있을지도 모른다. 적어도 의미 있는 무언가를 해내려고 시도는 할 수 있다.

나는 프런티어에서 새로운 산업을 창조해 내는 기업가들을 많이 찾을수 있어서 흥분된다. 팀보 드레이슨과 닉 휴즈만 있는 것이 아니다. 이 두사람과 같은 사람들이 프런티어에 많이 있다.

나는 학생들에게 창조자가 되어야 한다고 말한다. 그리고 그 누구보다앞서서 새로운 산업을 만들고 있는 사람들이 있고, 그들을 본받으라고 조언한다. 실리콘밸리 스타트업도 다음 사업에 대한 아이디어를 얻고 자신들이 애당초 이 게임에 왜 뛰어들었는지, 그 이유를 상기하기 위해서 그들에게 주목해야 한다.

# 02

# 풀스택을 조성하라

## 소프트웨어 하나만 고집하지 마라

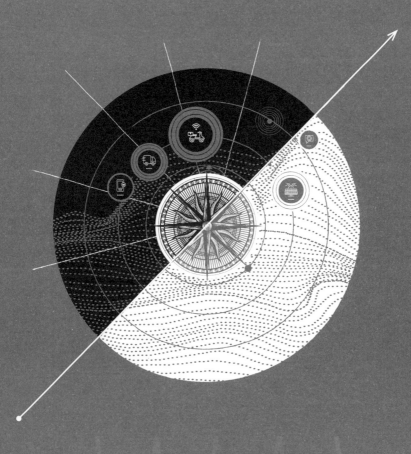

# 고젝Gojek

인도네시아 자카르타의 심각한 교통체증을 피하는 데는 오토바이 만한 것이 없다. 그러나 저가 오토바이택시 오젝은 비공식적 수단이어서 플랫폼은 물론, 규제나 최소한의 안전기준조차 없었다. 이용자는 여러 위험에 노출되었고, 운전기사는 좀처럼 손님을 찾지 못했다. 고젝은 이 문제를 해결했다. 시장에 규제를 만들었고, 승객과 기사를 연결해 안정적인 수입을 창출했다. 고젝은 여기서 만족하지 않고 여러 분야로 사업을 확장하고 있다.

실리콘밸리에선 스타트업에게 '자산 경량화 전략'을 강요한다. 실리콘밸리에서 스타트업들은 가치 사슬의 어느 한 영역에서 혁신적인 상품이나 서비스를 제공하여 문제를 해결한다. 자본이나 하드웨어를 제한적으로 사용하여 상대적으로 단순하면서 혁신적인 상품이나 솔루션을 제공하는 비즈니스 모델이 이상적으로 여겨진다.

　여기 대담하게도 세상을 바꾸겠다는 포부로 혁신적인 사진 공유 플랫폼을 출시하려는 기업가가 있다. 그에게 자산 경량화 전략은 효과적일 것이다. 이용할 수 있는 기술과 인프라가 풍부하여 오직 사용자 인터페이스에만 집중할 수 있다. 사진 저장이나 사용자 인증, 소셜미디어 통합 등 여러 가지 문제를 다른 기업들과 제휴를 맺어 충분히 해결할 수 있다. 상대적으로 복잡한 수요 기반 물류 플랫폼의 경우에는 주소 시스템, 현지 지도, 경로 최적화 프로그램, 물류 지원 플랫폼 등 다양한 기술이 필요하다. 하지만 이런 기술들은 이미 존재하거나 다른 기업과의 제휴를 통해 쉽게 확보할 수 있다.

실리콘밸리처럼 기존 산업을 와해하려는 혁신적인 기업가들을 지원할 인프라가 잘 구축된 스타트업 생태계에서 자산 경량화 전략은 효과적인 비즈니스 전략이다. 자산 경량화 말고 실리콘밸리가 고집스럽게 고수하는 개념이 또 있다. 바로 린스타트업*이다. 실리콘밸리의 벤처캐피털리스트들은 린스타트업을 선호한다. 그래서 실리콘밸리 스타트업들은 가치사슬의 어느 한 영역에만 집중하고 단 하나의 상품만을 시장에 내놓는다. 린스타트업은 혁신에 필요한 요소들을 생태계를 통해 조달하고 어느 한 분야에서 최고가 된다.

하지만 프런티어 혁신가들, 즉 창조자들에게 자산 경량화나 린스타트업은 비현실적이다. 프런티어에는 혁신을 가능케 할 기술이 부족하거나 대체로 전무하다. 그래서 일부 프런티어 혁신가들은 자신들의 혁신을 실현하는 데 필요한 주변 기술이나 인프라를 직접 개발하고 통합한다. 다시 말해, 최종 상품이나 서비스를 개발할 뿐만 아니라, 그것들이 제대로 기능하는 데 반드시 필요한 기술이나 인프라도 직접 만든다. 이것인 바로 수직적 스택 전략이다.

수평적 스택 전략도 있다. 프런티어 스타트업들은 대체로 실리콘밸리 스타트업들보다 다양한 상품과 서비스를 제공한다. 이렇게 어느 한 영역에서 다양한 상품이나 서비스를 동시에 제공하는 것이 수평적 스택 전략이다. 수직적이든 수평적이든 풀스택 전략을 활용하는 스타트업은 '풀스택 스타트업'이다.

---

* 짧은 시간 동안 제품을 만들고 성과를 측정해 다음 제품 개선에 반영하는 것을 반복해 성공 확률을 높이는 경영 방법론의 일종. 일본 도요타의 린 제조(lean manufacturing) 방식을 본뜬 것으로, 실리콘밸리의 벤처기업가 에릭 리스(Eric Ries)가 개발했다. "만들기 — 측정 — 학습"의 과정을 반복하면서 꾸준히 혁신해 나가는 것을 주요 내용으로 한다. -편집자 주

# 수직적 스택을
세워라

벤 글리슨Ben Gleason과 티아고 알바레스Thiago Alvarez는 2012년 브라질의 금융포용성을 확대하기로 결심했다. 이를 위해 그들이 선택한 전략은 수직적 스택을 세우는 것이었다. 브라질은 세계에서 금리와 대출이율이 가장 높은 국가들 중 하나다. 브라질의 평균 은행 대출이율은 50%를 훨씬 웃돈다(참고로 미국의 대출이율은 5.5%이고 영국의 대출이율은 1.75%다).[1] 게다가 단기 신용 카드빚의 규모도 크다.[2] 브라질에서 자신의 재정상태를 제대로 파악하고 있는 사람들은 거의 없고 개인이 재정건전성을 개선할 방법도 많지 않다.

하지만 미국은 다르다. 민트Mint는 직접 개발한 개인자산관리 플랫폼으로 사람들이 재정건전성을 개선할 수 있도록 돕는다. 민트는 서비스 이용자가 150만 명이 넘는 기업으로 단숨에 성장했고 금융 소프트웨어 개발업체인 인튜이트Intuit에 매각됐다.[3] 현재 미국에는 스마트폰 앱부터 은행이 제공하는 무료 서비스에 이르기까지 다양한 개인자산관리 서비스가 존재한다. 그리고 신용등급 관리 서비스를 제공하는 크레딧 카르마Credit Karma와 같은 핀테크들도 사람들의 금융생활을 개선하는 솔루션을 제공하는 데 힘쓰고 있다.

하지만 브라질에는 이렇게 다양한 상품이나 서비스가 존재하지 않는다. 2012년 벤 글리슨과 티아고 알바레스는 브라질의 금융소외를 없애기 위해서 개인자산관리 플랫폼인 구아볼소Guiabolso를 출시했다. 나는 구아볼소가 빠르게 사업을 확장하고 있는 미국의 민트나 크레딧 카르마와 같은 전형적인 핀테크라고 생각했다. 하지만 그 내막은 완전히 달랐다.

처음에 구아볼소는 단순한 예산편성 툴이었다. 구아볼소에 소비습관을 입력하면, 이용자는 그동안 돈을 얼마나 썼고 이달 말에 돈이 얼마나 남을지를 파악할 수 있었다. 이용자가 직접 데이터를 입력하는 수많은 금융 앱들처럼 구아볼소도 GIGO<sup>Garbage In, Garbage Out</sup>* 문제에 부딪혔다. 즉, 이용자들이 입력하는 데이터는 대체로 부정확했고 이 때문에 결괏값도 부정확했다. 그래서 구아볼소의 금융 분석 보고서는 의미가 없었다.

실리콘밸리였다면, GIGO 문제는 쉽게 해결할 수 있었을 것이다. 가령, 민트는 고객들의 은행계좌와 플랫폼을 연동시켜 그들의 실제 금융 데이터를 확보하여 GIGO 문제를 해소한다. 금융 데이터를 은행계좌에서 직접 확보하기 때문에 민트 이용자들은 일일이 데이터를 입력할 필요가 없다. 요들리<sup>Yodlee</sup>와 같은 기존의 디지털 금융 플랫폼이 개인자산관리 플랫폼과 은행 시스템을 연동해 주기 때문에 가능하다.

하지만 2012년 브라질에는 요들리와 같은 플랫폼이 없었다. 그래서 벤 글리슨과 티아고 알바레스는 불완전한 예산편성 툴에 만족할지, 아니면 은행 시스템과 연동할 플랫폼을 그들 스스로 만드는 데 스타트업의 망가지기 쉬운 미래를 걸지 결정해야 했다.

결국 두 사람은 플랫폼을 직접 개발하기로 했다. 쉬운 일이 아니었다. 브라질의 은행들이 도입한 보안 정책이 너무나 다양해서 이들을 하나로 연결하는 것이 고통스러울 지경이었다. 벤 글리슨과 티아고 알바레스가 확실하게 은행 데이터에 접속할 수 있는 안정적인 플랫폼을 구축하는 데

---

\* "불필요한 정보를 입력(input)하면, 불필요한 정보밖에 출력(output)되지 않는다"라는 의미로, 컴퓨터 시스템과 데이터를 상호 교환하는 데 작용하는 자료 처리의 원리 중 하나이다. -편집자 주

1년 이상이 걸렸다. 구아볼소와 은행 시스템을 연결할 플랫폼을 개발하는 것은, 복잡한 금융 데이터를 분석하여 정확한 분석 보고서를 도출하고 사용자 인터페이스를 개선하고 더 많은 이용자를 확보하기 위해서 가장 먼저 해야 할 일이었다.

은행 데이터에 대한 접근성 문제는 해결했지만, 다음 난관이 벤 글리슨과 티아고 알바레스를 기다리고 있었다.

바로 낮은 신용도였다. 구아볼소는 서비스 이용자들이 자신의 신용도를 개선하는 데 관심을 두도록 만들어야 했다. 그래서 서비스 이용자들의 개인 신용도를 분석하고 저금리 신용대출을 연결해 줘야만 했다. 하지만 브라질에는 피코 점수$^{FICO\ score*}$가 없었다. 대부분 브라질 사람들의 신용 점수는 이진수로, 채무 불이행 상태이거나, 그렇지 않거나 둘 중 하나였다.[4] 이런 정보는 그리 유익하지 않다. 은행들은 개인의 채무 불이행 여부만으로 자신들의 고객이 아닌 사람에게 신용대출을 해줄지 말지를 결정할 수 없었다.

그래서 구아볼소는 금융건강지수를 개발했다. 구아볼소 이용자들은 이 금융건강지수로 자신이 금융권 블랙 리스트에 포함됐는지를 확인할 수 있었다. 나아가 구아볼소는 이용자들이 자신의 재정건전성을 명확하게 파악하고 개선할 수 있도록 돕는 시스템도 개발했다.

사람들은 구아볼소를 통해 자신들의 재정건전성을 파악하고 신용등급을 개선했다. 사람들은 여기서 만족하지 않았다. 그들은 얻은 지식과 정보를 활용할 수 있기를 바랐다. 민트와 크레딧 카르마는 서비스 이용자들을

---

\* 미국 신용평가사인 페어 아이작(Fair Issac Corportation, FIC)이 내놓는 개인의 신용지표. 300~850 사이의 점수로 표현되며, 특히 모기지(주택담보대출) 심사에 가장 많이 사용된다. -편집자 주

미국 전역에 있는 대출업체와 연결해 저금리 대출을 받을 수 있도록 돕고 있었다. 벤 글리슨과 티아고 알바레스는 자신들도 이와 유사한 서비스를 브라질에 도입할 수 있다고 생각했다.

하지만 그들은 또다시 난관에 봉착했다. 브라질의 대출업체들은 구아볼소 플랫폼을 통해 고객 맞춤형 대출 서비스를 제공하길 꺼렸다. 대다수가 온라인에서 확보한 고객에게 온라인 대출을 해주는 새로운 비즈니스 모델을 불편하게 여겼다. 무엇보다 그들은 직접 거래 내역이 없는 개인에게 단지 신용등급만 보고 저금리 대출을 해주는 비즈니스 모델을 낯설어했다. 미국에는 대출 서비스를 제공하는 핀테크들이 많았지만, 브라질에는 단 하나도 없었다.

이번에도 벤 글리슨과 티아고 알바레스는 직접 필요한 인프라를 구축해야 했다. 구아볼소는 브라질에 자사 플랫폼을 통해 대출 서비스를 제공하는 대출 상품을 출시했다. 그리고 대출 거래를 늘리고 신규 고객을 확보하고 싶지만 빠르게 변하는 디지털 환경에서 서비스를 제공할 준비가 되지 않은 신규 업체들과 은행들이 해당 플랫폼을 이용할 수 있도록 했다. 구아볼소는 브라질 사람들이 오프라인 시장에서 보다 더 저렴한 비용으로 신용대출을 받을 수 있는 완전한 생태계를 조성했고 브라질의 신용대출 시장을 완전히 바꿔놓았다.

구아볼소 개인자산관리 플랫폼 이용자는 500만 명 이상이고, 대출 규모는 2억 달러 이상이다. 또한 구아볼소는 벤처 자금으로 8,000만 달러 이상을 조달했다(오미디야르 네트워크Omidyar Network에 있었을 때 나 역시 구아볼소에 투자했다).[5]

구아볼소는 핵심 상품인 개인자산관리 플랫폼을 위해 4개의 개별 플랫폼을 개발했고 눈부시게 성장했다. 구아볼소는 은행 연계 플랫폼을 개발했고, 고객에게 의미 있는 금융 분석 보고서를 제공하는 앱을 출시했고, 금융건강지수와 신용평가 플랫폼을 개발했으며, 신용등급을 기준으로 온라인 대출 서비스를 제공하는 디지털 대출 플랫폼도 출시했다. 어느 시장이든지 이 정도의 성과를 달성하기란 쉽지 않다. 특히 브라질에선 훨씬 어렵다.[6]

구아볼소가 예외적인 사례로 보일 수 있지만, 대다수의 프런티어 혁신가들이 처한 환경은 벤 글리슨과 티아고 알바레스와 크게 다르지 않다. 차이가 있다면, 벤 글리슨과 티아고 알바레스는 스스로 필요한 기술을 개발하여 성공적으로 난관을 극복해 냈다는 것이다. 많은 프런티어 혁신가들은 핵심 상품이나 서비스를 위해 물리적인 인프라까지 만들어야 한다. 예를 들어, 앞서 소개한 졸라는 저렴한 가정용 에너지 시스템을 설계하기 위해 직접 R&D 시설을 만들고 시골지역을 전담하는 영업 조직을 편성했다. 그리고 중앙집중식 콜센터를 운영했고 영업 조직을 위해 맞춤형 소프트웨어 솔루션을 개발했으며, 고객에게 종량제 서비스를 제공하기 위해서 내부적으로 금융 조직까지 만들었다. 엠페사는 완전한 디지털 결제 네트워크를 구축할 수 없었지만, 영세사업자들을 에이전트로 지정하여 네트워크를 만들었고 고객들에게 엠페사 플랫폼을 이용해서 예금과 송금 서비스를 제공하도록 했다.

동남아시아의 최대 전자상거래 플랫폼인 라자다 그룹Lazada Group의 공동 창립자인 이난크 발키Inanc Balci 는 이런 상황을 다음과 같이 요약했다. "전자상거래 플랫폼을 개발하려고 직접 물류 사업에 뛰어드는 것은 완전히 직관에 어긋난 결정이었죠. 하지만 우리에게는 생존에 필요한 중요한 결정이었습니다."[7]

구아볼소와 졸라, 라자다 그룹은 대표적인 풀스택 스타트업이라 할 수 있다. 그렇다면 언제 풀스택 스타트업을 세워야 할까? 그리고 어떤 순서로 귀중한 자원을 활용하여 필요한 기술이나 인프라를 구축해야 할까? 지금부터 이 궁금증들을 해결해 보도록 하자.

## 언제 풀스택을 조성할까?

풀스택 전략을 활용할지 말지는 결코 가벼운 마음으로 결정해선 안 된다. 풀스택 전략을 추구하려면 귀하디 귀한 자본과 시간을 투자해야 한다. 그리고 풀스택을 구성하는 모든 요소가 서로 맞물려 유기적으로 돌아가기 때문에, 어느 하나가 잘못되었을 때 전체가 무너질 수 있다.

그러므로 필요한 기술이나 인프라가 무엇이고, 언제 어떻게 통합할지를 결정하려면 고민해 봐야 할 것들이 몇 가지 있다.

### 생태계에서 필요한 기술이나 인프라를 구할 수 있을까?

우선, 자신이 추구하는 혁신을 실현하기 위해서 반드시 필요한 기술이나 인프라가 무엇인지를 파악하고 생태계에서 해당 기술이나 인프라를 충분히 구할 수 있는지를 확인해야 한다.

벤 글리슨과 티아고 알바레스가 구아볼소를 성공시키기 위해 필요했던 핵심 요소는 크게 2가지였다. 먼저 사람들의 소비습관을 이해하고 개선점을 파악하기 위해서 금융 데이터를 확보할 수 있는 앱이나 웹사이트가 필요했다. 이것은 그들이 추구하는 혁신에 없어서는 안 될 핵심 요소였고, 직접 해결할 수 있는 부분이었다. 두 번째 핵심 요소는 은행 데이터에 접근하여 고객의 금융 데이터를 구아볼소 플랫폼으로 자동 전송하는 것이었다. 처음에 벤 글리슨과 티아고 알바레스는 은행 연계 플랫폼을 직접 개발할 생각이 없었다. 그래서 두 사람은 생태계에서 해당 플랫폼을 구할 수 있는지 파악하고자 시장 조사를 했다. 하지만 적당한 솔루션이 브라질에 존재하지 않는다는 사실을 확인하고, 직접 은행 연계 플랫폼을 개발했다.

경쟁 우위가 되리라 판단하고 필요 이상으로 기술이나 인프라를 직접 개발하고 수직적으로 통합하는 기업도 있다(예를 들어, 애플과 테슬라는 제품 디자인, 유통망과 공급망을 수직적으로 통합했다). 하지만 프런티어 혁신가들은 자신들의 혁신 모델이 제대로 구현되는 데 필요한 기술이나 인프라가 존재하지 않아서 직접 개발하고 수직적으로 통합한다. 즉 필요에 의한 어쩔 수 없는 선택인 것이다.

하지만 직접 기술이나 인프라를 개발하기 전에 프런티어 혁신가들은 시장에 존재하는 모든 대안을 검토해야 한다. 현지 시장에 존재하는 기술이나 인프라는 지역과 산업에 따라 다를 것이다. 실리콘밸리 이외의 지역이라도 미국이라면, 가령 디트로이트나 밀워키의 스타트업들은 미국의 풍부한 기술 인프라를 활용할 수 있다. 디트로이트에 라자다 그룹을 세웠다면, 이미 존재하는 결제 시스템과 배송 시스템을 활용할 수 있었을 것이다. 마찬가지로 유럽의 개인자산관리 스타트업은 새로운 신용등급 평가 시스템을 개발할 필요가 없다.

결국, 필요한 기술이나 인프라를 빌리거나 돈을 주고 사용할 수 있다면, 귀중한 자원을 낭비해 가면서 기술이나 인프라를 개발할 필요가 없다. 하지만 그렇지 않다면 어떻게 해야 할까? 그때는 다음 질문에 대해 고민해야 한다.

### 누군가 대신 스택을 제공해 줄 수 있지 않을까?

필요한 기술이나 인프라가 없다고 해서 구할 수 없는 것은 아니다. 프런티어 혁신가들은 기술을 이용해서 다른 누군가가 필요한 기술이나 인프라를 제공하도록 할 수 있다. 사샤 포이뉴넥Sacha Poignonnec은 케냐의 대표적인 전자상거래 플랫폼이자 뉴욕증시에 상장된 첫 아프리카 기업인 쥬미아Jumia의 공동 CEO다. 사샤 포이뉴넥은 올바른 실행 툴만 제공된다면 특정 인프라를 아웃소싱할 수 있다고 주장한다. 쥬미아가 성장하기 시작했을 때, 케냐의 물류 시스템은 매우 열악했다. 서구 세계에는 배송 추적 시스템, 배송시간 예상 시스템 등 전자상거래와 관련된 기타 플랫폼들이 잘 갖춰져 있다. 하지만 아프리카 시골까지 물품을 배송하기 위해서 쥬미아는 배송 상태를 추적하고 배송 경로를 최적화하고 배송료를 결제하는 시스템을 개발해야 했다. 쥬미아는 직접 이러한 기술을 개발할 수도 있었지만, 다른 기업들이 개발한 기술을 활용하여 그 간극을 메우기로 했다. 현재 쥬미아는 이집트, 모로코, 우간다, 나이지리아를 포함하여 14개의 아프리카 국가에서 8만 1천 개 이상의 파트너들과 협업한다.[8]

여기서 중요한 점은 확장성이 있는 기업들과 협업해야 한다는 것이다. 누뱅크Nubank의 CEO 데이비드 벨레즈David Vélez는 이 교훈을 얻기까지 톡톡히 수업료를 지불해야만 했다. 누뱅크는 아르헨티나와 브라질, 멕시코에서 활동하는 인터넷 은행이다. 데이비드 벨레즈는 자신의 경험에 대하여 다음과 같이 말했다.

사업 초기에는 제3의 신용카드 결제기관들의 시스템을 활용했습니다. 하지만 그들의 기술은 확장성이 충분하지 않았죠. 처음에는 라이선스가 없었기 때문에 어느 은행과 파트너십을 맺었지만 외부 은행의 시스템을 활용하는 것은 리스크가 너무 컸습니다. 그래서 직접 뱅킹 시스템을 소유해야 했습니다. 고객 서비스 부문에서도 같은 문제가 생겼습니다. 우리는 제3의 기관에 의존하는 대신 처음부터 고객 서비스 플랫폼을 직접 개발했죠. 이것이 고객 서비스의 수준을 유지할 수 있는 유일한 방법이었습니다.[9]

누뱅크가 이용할 수 있는 현지 솔루션들이 존재했지만, 확장성이 턱없이 부족했다. 그래서 데이비드 벨레즈는 차례대로 플랫폼을 개발했다. 누뱅크는 8억 달러 이상의 자금을 조달했고 기업 가치가 100억 달러가 넘는 남미 최대 핀테크로 성장했다.[10]

### 단계별로 스택을 보유할 수 있지 않을까?

스타트업을 설립한다는 것 자체가 대단한 도전이다. 그러니 스타트업 설립과 함께 필요한 기술이나 인프라를 개발하고 수직적으로 통합하는 것은 거의 불가능에 가까운 도전일 수 있다. 이것은 동시에 여러 개의 스타트업을 설립하는 것과 같다. 필요한 기술이나 인프라 중에는 동시에 개발해서 수직적으로 통합해야 하는 것들이 있다. 하지만, 그렇다고 필요한 모든 기술이나 인프라를 동시에 개발해서 수직적으로 통합할 필요는 없다. 단계적으로 개발하고 수직적으로 통합할 수 있는 것들도 분명히 존재한다.

벤 글리슨과 티아고 알바레스에게 개인자산관리 플랫폼인 구아볼소는 핵심 상품이었고 은행 연계 플랫폼이 당장 필요했다. 하지만 나머지 플랫폼들은 나중에 차차 개발해도 무방했다. 만약 고객들이 개인자산관리 분석보고서에 관심이 없다거나 은행 연계 플랫폼이 제대로 작동하지 않는다면, 온라인 대출 플랫폼을 개발할 수 있느냐 없느냐는 그리 중요치 않았다. 그래서 벤 글리슨과 티아고 알바레스는 몇 년의 시차를 두고 신용등급 플랫폼과 대출 플랫폼을 개발했던 것이다.

다음 기술이나 인프라를 개발할 시점이 되기까지 다른 누군가가 해당 인프라를 개발할 수도 있다. 시장은 역동적이다. 누군가는 가치 사슬의 허약한 고리를 메우기 위해 노력하고 있다. 오케이하이와 같은 기업이 주소 플랫폼과 물류 플랫폼 등 자신의 영역에서 필요한 인프라를 만들어 나가고 있다. 그리고 엠페사와 여타 디지털 금융 플랫폼들이 필요한 기술과 인프라를 개발하면서 온라인 결제 생태계를 완성해 나가고 있다. 그러므로 필요한 기술이나 인프라를 만들고 수직적으로 통합하기 전에 그것이 가치 있는 행위인가부터 판단해야 한다. 시간을 두고 기다리면 다른 누군가가 필요한 요소를 만들어낼지도 모른다.

궁극적으로 프런티어 혁신가에게 풀스택 스타트업을 설립하는 것은 전략적 선택이 아니라 생존에 필요한 현실적인 결정이다. 이 책에는 풀스택 스타트업을 세우는 프런티어 혁신가들의 사례가 많이 등장한다. 그들은 적은 자원으로 더 많은 일을 해낸다. 하지만 파트너를 찾거나 다른 누군가가 필요한 기술이나 인프라를 제공하게끔 하는 방법에 대해서도 생각해 봐야 한다.

풀스택 스타트업을 세워야 한다는 것이 위협적으로 다가올 수 있다. 하지만 풀스택 스타트업이 되면 경쟁에서 우위를 차지할 수 있다.

## 풀스택 해자

풀스택 스타트업은 양날의 검이다. 눈앞에 올라야 할 산이 너무 높게 느껴지겠지만, 정상에 도달하면 후발주자들이 풀스택 스타트업의 비즈니스 모델을 모방하는 것이 더 어려워진다. 풀스택 스타트업을 세우는 프런티어 혁신가에게는 3가지 유형의 풀스택 해자가 부여된다. 풀스택 해자는 천혜의 요새로 풀스택 스타트업이 오랫동안 경쟁 우위를 유지할 수 있게 돕는다. 그것은 바로 경쟁 해자, 자본 해자, 기술 해자다.

### 경쟁 해자

경쟁 해자는 가장 분명한 풀스택 해자다. 브라질에서 구아볼소의 경쟁업체들이 경쟁력 있는 개인자산관리 플랫폼과 신용대출 플랫폼을 개발하려면 구아볼소가 개발한 인프라 대부분을 다시 만들어야 할 것이다. 그러니 설립된 지 5년이 지났음에도 구아볼소에 맞설 경쟁업체가 그리 많지 않은 것은 당연한 일이다. 제일 먼저 움직여서 기선제압을 한 혁신가들은 경쟁에서 상당히 유리해진다. 왜냐하면, 경쟁업체들이 기회를 알아차리고 해당 시장에 뛰어들었을 때는 이미 선발주자와의 격차가 몇 년이나 크게 벌어져 있기 때문이다.

## 자본 해자

자본 해자도 마찬가지다. 구아볼소는 8,000만 달러의 자금을 조달했다.[11] 후발주자들이 구아볼소를 따라잡으려면 비슷한 규모의 자본이 필요하다. 이것은 후발주자들의 경쟁의지를 꺾어놓는다. 그리고 어떤 분야의 후발주자는 투자자에게 매력적인 투자 대상도 아니다. 벤처캐피털리스트들은 선발주자와 몇 년의 격차가 벌어진 후발주자에게 투자하는 것은 지는 게임이라고 생각한다(특히 네트워크 효과가 지배하고 한 명의 승자가 등장한 시장이라면 더욱 그렇다). 자본이 부족한 팔레스타인에 투자하는 사다라 벤처스Sadara Ventures의 공동 창립자인 사에드 나셰프Saed Nachef는 이것을 다음과 같이 설명한다. "자본은 강력한 이점일 수 있습니다. 그래서 경쟁자들보다 앞서 상당한 자금을 조달한 기업이 그 시장의 승자가 될 가능성이 커지죠."[12]

자본 해자는 경쟁 해자와는 달리 좀 더 미묘하게 작동한다. 예를 들어, 브라질에는 기업가들이 대규모 자금을 조달할 투자자가 제한되어 있다. 세 번째로 자금을 조달할 시기에 구아볼소는 카스텍 벤처스Kastek Ventures(11장에서 만날 초기단계 스타트업에 투자하는 남미의 주요 밴처캐피털)와 국제금융공사IFC(세계은행 산하 금융기관), 오미디야르 네트워크(나의 전 직장으로 글로벌 자선투자사), 리빗 캐피털Ribbit Capital(글로벌 핀테크 전문 투자사), 발로르 캐피털Valor Capital(브라질 벤처캐피털 회사) 등 주요 투자사로부터 이미 자금을 받은 상태였다. 구아볼소는 경쟁자가 등장하기 전에 상당한 자금을 이들로부터 조달할 수 있었다.[13]

투자자들은 같은 시장에서 서로 경쟁하는 2개의 회사에 투자하길 꺼린다. 풀스택 스타트업이 되려면 주요 투자사로부터 상당한 자금을 조달해야만 한다. 그래서 풀스택 스타트업이 존재하는 시장에서 후발주자들이 성장하기 더 어려운 것이다.

## 기술 해자

풀스택 스타트업이 되면 기술 우위도 갖게 된다. 구아볼소는 은행 연계 플랫폼을 구축하려고 할 때 숱한 방해공작을 이겨내야 했다. 읽기 전용 인터넷 뱅킹 인증서를 공유하는 것은 고객의 권리이고, 은행 연계 플랫폼을 통해 구아볼소는 고객의 계좌 정보에 접근할 수 있다. 하지만 그것이 자신들과 고객의 관계를 약화시킬 것이라 믿은 많은 은행이 저항했다. 이렇게 생각하는 것은 당연했다. 은행들은 고객 데이터에 접근하려는 구아볼소를 아주 교묘하게 방해했다. 그렇지만 구아볼소는 능수능란하게 은행들의 방해공작을 피해 목표를 이뤄냈다. 후발주자들은 구아볼소는 이미 끝낸 은행과의 기술적이고 전략적인 신경전을 처음부터 다시 벌여야만 할 것이다.

4장에서 만날 중동의 페처Fetcher는 상품을 최종 소비자에게 직접 배송하는 라스트 마일 딜리버리 회사다. 페처는 자사 플랫폼을 다양한 전자상거래 플랫폼에 통합시켜야 했다. 통합 과정에서 페처는 고객에게 매끄러운 배송 경험을 제공할 수 있도록 버그를 빠르게 수정하려면 어떤 기술을 개발해야 하는지를 알게 됐다. 이런 전문 기술을 개발하기 위해 페처는 수많은 반복 작업을 견뎌야 했지만, 업체들이 '다른 배송업체를 한번 써볼까?' 하는 생각조차 하지 않게 만들 수 있었다.

이것이 풀스택 해자다. 프런티어 혁신가들은 실리콘밸리 혁신가들보다 훨씬 구조적으로 복잡한 생태계에서 활동한다. 하지만 바로 이런 환경이 장기적으로 그들로 하여금 난관을 견딜 수 있게 하고 시장에서 성공하도록 준비시킨다.

## 수평적 스택을 세워라

지금까지 우리는 기술이나 인프라를 직접 개발하여 수직적으로 통합하는 스타트업을 주로 살펴봤다. 테크 스타트업은 핵심적인 비즈니스 모델의 성공을 위해 필요한 기술이나 인프라를 직접 개발하고 수직적으로 통합할 필요가 있다. 하지만 프런티어의 기업가들은 여기서 한 발짝 더 나아가야 한다. 고객을 플랫폼으로 끌어들이기 위해서 그들은 실리콘밸리의 기업가들보다 더 다양한 상품을 직접 또는 파트너십을 통해 제공해야 한다. 프런티어 혁신가들은 일반적으로 권고하는 것보다 훨씬 이른 시기에 이런 시도를 한다. 다시 말해, 그들은 수평적 스택 전략을 시도한다.

### 인도네시아의 우버, 고젝

자카르타의 교통체증은 세계 최악이다. 도시 끝에서 끝으로 이동하는 데 족히 2시간이 넘게 걸린다. 자카르타의 교통체증은 날이 갈수록 심각해지고 있다. 지난 10년 동안 자카르타는 인구 3,000만 명 이상인 거대 도시로 성장했고, 자동차 500만 대와 오토바이 1,500만 대가 거리를 가득 메운다.[14] 자동차 소유율이 매년 거의 9%씩 증가하고 있다.[15] 인도네시아 인구의 25% 남짓만이 대중교통을 이용한다.[16]

저가 오토바이택시인 오젝[Ojek]은 자카르타의 심각한 교통체증을 피할 수 있는 대표적인 교통수단이다. 오토바이는 자동차보다 승차감이 좋진 않다. 오토바이택시 탑승자는 비를 맞고 매연을 그대로 마시고 소음에 노출되며 교통사고 위험도 크다. 하지만 오토바이는 자동차는 할 수 없는 일을 해낸다. 오토바이택시는 도로를 가득 메운 자동차 사이를 요리조리 빠져나간다. 자카르타에서 멀쩡하게 목적지에 도착하고 싶다면, 자동차를 이용해라. 하지만 제시간에 (그리고 저렴하게) 목적지에 도착하고 싶다면, 오젝을 이용해라.

2010년 오젝 시장은 비공식적이었고 규제도 없었다. 많은 오젝 운전자들이 영업허가증을 발급받지 않고 이렇다 할 안전기준 없이 도로 위를 달렸다. 그들은 손님을 찾느라 애를 먹었다. 그들은 손님을 태우기 위해서 도심을 돌아다녔고 (도로에서 기다리거나) 고작 서너 명의 손님을 태우고 나서 집으로 돌아가기 일쑤였다.[17] 공급은 수요를 찾을 수 없었고 시장은 성장할 수 없었다.

나디엠 마카림[Nadiem Makarim]은 이 문제를 해결하기 위해서 뭔가 하고 싶었다. 2011년 하버드 경영대학원을 졸업한 그는 콜센터를 세워 오젝 운전기사와 손님을 연결하여 오젝 택시 서비스를 통합했다. 나디엠 마카림은 전화기 6대와 오젝 운전기사 20명, 개인적인 인맥으로 사업을 시작했다. 그는 이 사업으로 많은 돈을 벌었지만, 사업은 몇 년이 지나도 지속 가능한 사업으로 성장하지 않았다.[18]

2015년 1월 나디엠 마카림은 마침내 투자를 받아서 콜센터에 기술을 도입했고 고젝<sup>Gojek</sup>을 출시했다. 그는 중앙집중식 기술 플랫폼으로 오젝의 비공식적인 경제를 공식적으로 만들고자 했다. 고젝의 작동방식은 우버 앱과 유사하다. 고젝 사용자는 언제 어디서든 고젝으로 오젝을 부를 수 있었다.

오젝 운전기사들에게 고젝의 가치 사슬은 분명했다. 그들은 오랫동안 거리를 누볐지만 실제로 오토바이에 태우는 손님은 몇 명 되지 않았다. 하지만 고젝으로 그들은 손님 수를 2배로 늘릴 수 있었다. 요금은 저렴하지만, 운전기사는 고젝을 통해 손님을 꾸준히 확보할 수 있기 때문에 더 많은 돈을 (보다 정기적으로) 벌 수 있었다. 게다가 고젝은 플랫폼에 등록된 모든 오젝 운전기사들에게 헬멧(최초 안전수단)과 유니폼, 튼튼한 오토바이를 제공했다.

고젝은 고객에게도 유용했다. 고객들은 필요할 때 바로 오젝을 불러서 목적지에 빨리 도착할 수 있었다(특히 우기에 대기시간을 피하는 것이 관건이다). 고객들도 비공식적으로 운영되는 오젝에 대한 보다 안전한 대안으로 고젝을 반겼다. 나디엠 마카림은 이것이 고젝 탑승자 대다수가 여성인 이유라고 말한다.[19] 여타 차량 호출 플랫폼과 마찬가지로 고젝은 정액요금을 부과하기 때문에 탑승자와 운전기사가 요금으로 승강이를 벌일 일도 없어졌다.[20]

고젝의 첫 번째 달이 끝날 무렵, 1,000명의 오젝 운전기사들이 플랫폼에 등록했다. 그해 말에는 5개 도시에 20만 명의 오젝 운전기사들이 플랫폼에 등록했고, 다운로드 수는 40만 건 이상이었다. 고젝의 인기는 하늘 높이 치솟았고, 녹색 헬멧을 쓰고 고젝 유니폼을 입은 오젝 운전기사들이 도시를 달리면서 고젝 브랜드 이미지도 상승했다.[21]

## 상품과 서비스의 다양화

하지만 본격적으로 사업을 확장하기 위해 나디엠 마카림은 고객들에게 교통수단 이상의 무언가를 제공해야만 했다. 다수의 고젝 이용자들은 은행 서비스를 이용하지 못했고 신용카드나 디지털 결제 수단도 없었다. 그래서 그들은 현금으로 요금을 지불했다. 인도네시아 인구의 48%가 스마트폰이 없고, 33%만이 단순한 피처폰을 사용한다.[22] 많은 고젝 이용자들에게 고젝은 처음 경험하는 온라인 상품이었다. 그래서 고젝은 다양한 서비스를 제공할 이상적인 플랫폼이기도 했다. 게다가 오젝 운전기사들은 수요가 급증하는 출퇴근 시간이 지나면 한가했다. 더 많은 이용자를 (최초의) 온라인 플랫폼으로 끌어들이고 오젝 운전기사들의 충성도를 높이고자 고젝은 상품과 서비스가 소비되는 생태계를 완전히 창조해 내야 했다.

첫 번째로 고젝은 디지털 결제 서비스를 도입했다. 대부분의 인도네시아 사람들은 은행을 전혀 또는 거의 이용하지 않았다. 하지만 나디엠 마카림은 디지털 결제 시스템이 고젝 이용자 수를 높이고 고객 경험을 대폭 개선할 것임을 알았다.* 게다가 디지털 결제는 훨씬 넓은 생태계를 조성할 기회이기도 했다.

텐센트^Tencent의 위챗^WeChat과 알리바바^Alibaba의 알리페이^Alipay와 같은 디지털 플랫폼의 성공에서 영감을 얻어, 나디엠 마카림은 고젝을 인도네시아의 대표적인 디지털 결제 플랫폼으로 만들기로 결심했다. 고젝은 현금을 시스템에 입출금하는 에이전트 네트워크(오젝 운전기사)와 즉시 금융거래

---

\* 제품 또는 서비스로 지불 수단을 추가하는 것은 수직적 스택 통합으로 보일 수도 있다. 그러나 나디엠 마카림은 플랫폼을 구축할 때, 저축 상품과 대출 상품도 제공하겠다는 야심을 갖고 단순 지불 수단 이상의 금융 서비스를 제공했다. 따라서 이는 수평적 스택의 일부로 간주하는 것이 더 적절하다.

가 발생할 수 있는 환경(오젝 탑승)이라는 핵심 요소 2개를 이미 보유하고 있었다.[23] 후자는 습관적인 행동으로 사람들이 고젝을 반복적으로 이용하게 하기 때문에 특히 중요한 요소다. 2017년 고젝은 네트워크를 확장하기 위해서 지역사회에 예·적금과 대출 서비스를 제공하는 마판[Mapan]과 오프라인 결제 서비스 기업인 카투쿠[Kartuku], 결제 게이트웨이 업체인 미드트랜스[Midtrans]를 인수했다.[24]

이제 고젝 운전기사들은 금융 상품과 서비스도 제공한다. 이는 전통적인 차량 호출 플랫폼에서 진일보한 것이다. 고젝 운전기사들은 인간 ATM 역할을 한다. 탑승객은 고젝 운전기사를 통해 직접 고젝의 모바일 결제 시스템인 고페이[GoPay]에 돈을 예금하거나 출금한다. 탑승객은 고페이로 대금을 납부하거나 다른 고젝 사용자에게 송금하고 고페이 계좌에 적금도 할 수 있다. 시간이 흐르면 보험과 대출을 포함해서 훨씬 다양한 금융 상품이 제공될 것이다.

고젝은 여기서 멈추지 않았다. 한 장소에서 보다 다양한 상품을 이용하고 싶은 고객의 니즈에 응답하고 고젝 운전기사들이 지속적으로 고객을 확보할 수 있도록 돕기 위해, 고젝은 음식 배달(고푸드[GoFood]), 상거래(고마트[GoMart], 고숍[GoShop]), 마사지(고마사지[GoMassage]), 배송(고센드[GoSend]), 휴대전화 사용 시간(고펄사[GoPulsa])을 제공한다. 나디엠 마카림은 고객들이 고젝의 단일 플랫폼에서 필요한 모든 것을 구할 수 있는 날이 오기를 바란다.

나디엠 마카림은 완전한 생태계를 만들려고 한다. 그는 "아침에는 사람들을 출근시키고, 점심에는 사무실로 점심식사를 배달합니다. 늦은 오후에는 사람들을 집으로 퇴근시키죠. 저녁이 되면 식재료나 저녁식사를 그들의 집으로 배달합니다. 이 사이사이에 전자상거래와 금융 서비스, 기타

다양한 서비스를 사람들에게 제공하는 거죠."라고 자신이 만들려고 하는 생태계에 대해 설명했다.[25]

이 전략은 효과를 내고 있다. 2019년 중반에 고젝은 오젝 운전기사 200만 명과 상인 30만 명을 확보했고, 고젝 플랫폼에서 매달 1억 건의 금융거래가 이뤄졌다.[26] 텐센트와 제이디닷컴, KKR, 세쿼이아 캐피털과 같은 주요 업체들이 고젝의 비즈니스 모델을 뒷받침한다. 2018년 2월 고젝은 시리즈 E에서 15억 달러를 투자받았다. 텐센트가 고젝의 시리즈 E를 주도했고 미국, 중국, 유럽, 인도네시아의 투자사들이 참여했다.[27]

하지만 나디엠 마카림은 다른 성과에서 가장 큰 자부심을 느낀다. 고젝은 인도네시아의 최대 소득원이 됐다. 수백만 명의 인도네시아 사람들이 고젝을 통해 소득을 올린다. 나디엠 마카림은 고젝의 성공에서 가장 중요한 부분은 "운전기사들의 소득 기회를 높인" 것이라고 강조했다.[28]

## 수평적
## 스택 전략

수평적 스택 스타트업은 수직적 스택 스타트업과는 다른 단계로 설립된다. 벤 글리슨과 티아고 알바레스는 오직 자신들의 최종 상품을 제공하기 위해, 필요한 기술과 인프라를 구축해야만 했다. 하지만 나디엠 마카림은 상호 간에 핵심 상품을 보강하는 연관된 비즈니스 모델을 제공하며 수평적으로 기술과 인프라를 개발했다.

많은 프런티어 혁신가에게 활동을 촉진할 생태계를 조성하는 것은 실행 가능한 사업을 만들기 위한 전략이다. 수직적 스택 스타트업을 설립할 때처럼 수평적 스택 스타트업을 설립할 때도 무엇이 필요한지 파악하고 어떤 순서로 확보할지부터 정해야 한다. 고젝은 핵심 상품인 차량 호출 플랫폼부터 만들었고 빠르게 다른 영역으로 확장했다. 가치가 150억 달러에 이르는 인도에서 존경받는 테크 기업인 페이티엠[Paytm]의 창립자 비제이 셰카르 샤르마[Vijay Shekhar Sharma]는 "결국에 사업이 모여 적당한 규모의 생태계가 형성됩니다. 신흥시장에서 주어진 고객층을 활용하여 수익을 얻으려면 보다 빨리 사업을 시작해야 합니다. 페이티엠의 생태계에는 물론 디지털 결제가 포함되지만 전자상거래, 온라인 여행 에이전시, (그리고) 무엇보다 자산관리 서비스도 있습니다."라고 설명한다.[29]

군이 인프라를 수평적으로 통합할 필요가 없는 경우도 있다. 하지만 수평 통합은 기존 고객층을 이용하여 발생 초기에 시장에서 입지를 넓히고 사업의 개연성을 만들면서 동시에 경쟁 우위를 확보할 기회를 제공한다. 인도네시아의 고젝에는 선진시장의 차량 호출 앱보다 다양한 사업을 할 기회가 있었다. 예를 들어, 우버와 리프트[Lyft]가 차량 호출 서비스에만 집중하고 인스타카트[Instacart]가 배송 서비스만을 제공하는 것처럼 좁은 사업영역에 묶이는 대신에, 고젝은 여러 분야를 지배할 수 있는 '슈퍼 앱'을 개발할 기회를 인도네시아 시장에서 얻었다. 중국에서 위챗도 유사한 전략을 썼고 많은 중국 소비자들이 인터넷에서 상품과 서비스를 구입하는 강력한 디지털 플랫폼이 됐다.[30]

프런티어 혁신가들은 다른 누군가가 자신들에게 수평적으로 통합할 인프라를 제공하게 할 수 있다. 고젝은 자사 디지털 플랫폼에서 사람들이 상품 대부분과 서비스를 소비할 수 있도록 식당과 상인, 마사지사 등 다양한 시장 참가자들과 제휴를 맺었다. 이와 유사하게 엠페사는 보험과 예·적금, 대출 등 다양한 금융 서비스를 제공하는 금융기관을 포함해서 누구나 엠페사 결제 플랫폼을 이용할 수 있도록 한다.

하지만 때때로 혁신가는 직접 생태계를 구성하는 첫 번째 인프라를 만들어서 발생 초기 생태계가 움직이도록 시동을 걸어야 한다. 중국 여행 업체인 시트립$^{Ctrip}$은 트립어드바이저$^{TripAdvisor}$와 유사한 여행 리뷰 커뮤니티 서비스로 시작했다. 온라인 포털이 존재했지만, 온라인으로 호텔을 예약하거나 비행기표를 예매하는 것은 어려웠다. 먼저 시트립은 방법론적으로 상하이와 주요 도시에 있는 기존 호텔과 항공사와 제휴를 맺고 자사 플랫폼에 등록했다. 하지만 중국 내륙으로 가는 항공편은 제한적이었고, 관광객들이 도착하면 머무를 호텔과 이용할 현지 관광 프로그램은 전무했다. 시트립은 직접 중국의 여행 생태계를 조성하는 역할을 했다. 선별된 지역으로 전세기를 제공하는 휴가 상품을 출시하고 호텔을 짓고 관광 프로그램을 구상했다.[31] 서서히 여행 생태계는 번성했다. 지금 시트립의 시가총액은 240억 달러이고 이용자는 2억 5,000만 명이다.[32]

생태계에는 강력한 네트워크 효과가 존재한다. 누군가가 생태계에서 서비스를 제공하면 생태계에서 구심점 역할을 하는 혁신가는 점점 강력해진다. 더 많은 기업이 엠페사를 이용해 금융 상품을 제공하는 것처럼 더 많은 사람이 고젝 플랫폼을 이용해서 자신들의 서비스를 판매하게 되면, 고젝은 사실상 고객들에게 디지털 플랫폼의 표준이 된다. 엠페사와 고젝, 시트립처럼 이런 네트워크 효과를 주도하는 혁신가들은 지속적인 경쟁 우위를 누린다.

# 모든 것을
# 통합하라

실리콘밸리에서 스타트업의 모범 사례는 자산 경량화 전략을 쓰는 소프트웨어 기반의 상품이나 서비스를 제공하는 스타트업이다. 실리콘밸리는 스타트업에 경쟁에 참여하여 장악하길 바라는 좁은 영역인 '쐐기'에만 집중하라고 말한다. 스타트업이 처음부터 끝까지 모든 경험을 소비자에게 제공하는 것은 대담하고 비싸며 무모한 전략이라 여긴다.

풀스택 스타트업을 운영한다는 것이 위협적으로 다가올 수 있다. 운영의 복잡성과 리스크가 커지고 규모의 경제에 도달하는 시간이 늘어난다. 하지만 풀스택 전략은 경쟁 해자와 자본 해자, 기술 해자를 제공하므로 분명히 장점을 지닌다. 이와 유사하게 인프라를 수평적으로 통합한 풀스택 스타트업을 세워서 프런티어 혁신가들은 시장의 상당 부분을 점유할 수 있고 고객과의 관련성을 높이고 장기적으로 경쟁 우위를 유지할 수 있다.

풀스택 전략은 새로운 전략이 아니다. 프런티어에 생겨나는 풀스택 스타트업은 20년 전 실리콘밸리를 연상시킨다. 당시 많은 스타트업들이 사업을 하려면 각자 서버를 설치해야 했고 새로운 상품을 개발하기 위해서 데이터를 쉽게 변경할 수 없게 기록해야 했다. 혁신가들은 상품이나 서비스를 개발할 뿐만 아니라 필요한 인프라와 생태계까지도 직접 만들었다.

넷스케이프Netscape의 창립자이자 현재 실리콘밸리에서 벤처캐피털리스트로 활동하는 마크 앤드리슨Marc Andreessen은 "소프트웨어가 세상을 먹어 들어가고 있다."라고 선언했다.[33] 이는 실리콘밸리의 시대정신을 정확하게 담아낸 말이다. 이 말은 실리콘밸리에선 진실일지 모르나, 이제 막 생겨난 생태계에서 활동하는 기업가들, 특히 창조자들은 단 하나의 소프트웨어만으로 복잡한 문제를 해결하거나 새로운 산업을 만들어낼 수 없다. 그러니 아마도 "필요한 인프라를 조성하고 통합하여 개발한 소프트웨어 기반 솔루션이 세상을 먹어 들어가고 있다."가 길어서 외우기는 어렵지만, 보다 정확한 프런티어의 슬로건이지 않을까?

# 03

# 낙타를 길러라

## 지속 가능성과 회복 탄력성을 추구하라

# 주나 Zoona

오랜 기간 아프리카 대륙의 많은 사람들은 송금이나 저축 등 기본적인 금융 서비스조차 이용하지 못해 큰 불편을 겪었다. 이에 주나는 길거리 곳곳에 라임 색 부스를 설치해 창구로 삼고, 영세업자들을 에이전트로 고용해 스마트폰 없이도 가능한 금융 시스템을 구축했다. 현재 주나는 100만 명에 이르는 금융소외계층에게 금융 혜택을 제공하고 있다.

주나^Zoona CFO 키스 데이비스^Keith Davies는 곤란한 처지였다.

주나를 상징하는 라임 색의 부스가 아프리카 전역에 흩어져 있었다. 주나는 지역을 선별하여 부스를 설치하고 영세업자들을 에이전트로 고용하여 부스를 운영했다. 에이전트들은 고객들에게 송금과 공과금 납부, 저축, 대출 등 기본적인 금융 서비스를 제공했다. 키스 데이비스는 3명의 동업자와 함께 아프리카 금융 소외 계층에 양질의 믿을 수 있는 금융 서비스를 제공하여 금융포용성을 높이고자 주나를 설립했다.

겉으로 봤을 때, 주나는 나쁘지 않은 성과를 올리고 있었다. 아프리카 전역에 1,000개 이상의 부스가 설치됐고 100만 명의 사람들에게 소액금융 서비스를 제공했다.[1] 주나는 잠비아에서 주로 활동했지만, 말라위와 모잠비크로 시장을 확대했다. 주나는 핀테크 업체에 주로 투자하는 쿠오나 캐피털^Quona Capital과 비영리 단체에 자금을 제공하는 오미디야르 네트워크 등 세계적인 투자자들과 파트너십을 맺었다.[2] 주나는 심지어 지난달에 수익을 냈다.

하지만 2015년 8월의 어느 날 아침에 키스 데이비스는 주나가 곤경에 처했음을 알았다. 중국 증시가 거시경제의 불확실성으로 악화됐고, 구리와 같은 산업 광물자원에 대한 수요가 대폭 감소했다.[3] 중국은 잠비아산 구리 80%가 수출되는 주요 시장이었다. 이 탓에 잠비아 화폐인 콰차 가치가 폭락했다.[4]

이는 주나에 재앙이었다. 수익은 콰차를 기준으로 산정됐지만, 비용은 란드(남아프리카공화국 화폐 단위)와 미국 달러를 기준으로 지불됐고, 대부분 투자자들은 투자 수익금을 미국 달러로 받기를 바랐다. 채무자들도 마찬가지였다. 그러므로 주나의 준비금에 맞먹는 환위험을 헤지할 효과적인 수단이 없는 상황에서 콰차 가치가 하락한다는 것은 주나 수익이 하락한다는 뜻이었다. 설상가상으로 이에 상응하는 규모로 비용이 감소하지 않는다면, 이제 수익이 발생하기는커녕 역 성장할 것이 불 보듯 뻔했다.

콰차와 달러의 교환비율은 5:1로 하락했고, 이어서 심리적 저항선으로 여겨졌던 8:1 아래로 떨어졌다. 하락세는 여기서 멈추지 않았다. 두 통화의 교환비율은 10:1까지 떨어졌고 속절없이 12:1로 하락했으며 마침내 14:1에 이르렀다. 이것은 잠비아 역사상 최악의 평가절하였고, 결국 콰차는 그해 전 세계 통화 중에서 최악의 실적을 낸 통화가 됐다. 3개월 동안 콰차 가치는 거의 80% 평가절하됐고 달러와의 교환비율은 15:1이 됐다. 2015년 말에 이르러서 무려 115% 하락했다.[5]

주나가 처한 상황은 극단적인 상황이다. 하지만 프런티어에선 이런 일들이 빈번히 일어난다.

## 나의 또 다른 투자대상은 유니콘 기업이다

내 노트북에는 "나의 또 다른 투자대상은 유니콘 기업이다"란 문구가 적힌 스티커가 붙어 있다. 아마 어느 스타트업 컨퍼런스나 스타트업 행사에 갔다가 받은 스티커일 거다. 유니콘은 이마에 한 개의 뿔이 달린 상상의 생물이다. 하지만 실리콘밸리에는 유니콘은 존재한다는 근거 없는 믿음이 구석구석 깃들어 있다. 실리콘밸리에서 열리는 데모데이*에서는 유니콘 복장을 한 벤처캐피털리스트들을 종종 볼 수 있다.[6]

왜 하필 실리콘밸리의 마스코트는 유니콘일까? 이 상상의 생물은 무엇을 의미할까? 2013년 실리콘밸리 벤처캐피털리스트 에일린 리Aileen Lee가 이 용어를 처음 사용했다. 그녀는 기업 가치 10억 달러 이상인 스타트업을 유니콘 기업이라 불렀다. 상장하기도 전에 기업 가치가 10억 달러 이상이 되는 스타트업은 유니콘처럼 상상 속에서나 존재할 수 있다고 생각했기 때문이다.[7]

한때는 실리콘밸리에서도 유니콘 기업을 보기 힘들었다. 2003년과 2013년 사이에 실리콘밸리 스타트업들 중에서 오직 39개만이 유니콘 기업으로 성장했다.[8] 역사적으로 우수한 팀과 혁신적인 비즈니스 모델, 수익성, 절묘한 타이밍이라는 4박자를 고루 갖춘 몇 안 되는 스타트업들만이 10억 달러의 기업 가치를 보유한 것으로 평가받았다.[9]

최근에는 유니콘 기업들이 세계 도처에서 출몰하고 있다. 2019년 3월

---

* 스타트업이 개발한 데모 제품, 사업 모델 등을 투자를 유치를 목적으로 투자자에게 공개하는 행사. 본래는 어떤 일의 예정일(D-Day) 이전에 먼저 행사를 진행하는 날이란 뜻이다. -편집자 주

을 기준으로 전 세계에 326개의 유니콘 기업이 존재한다. 그 결과 '데카콘 Decacorn'이란 신종어가 등장했고 20개의 유니콘 기업들이 데카콘으로 분류됐다. 데카콘은 기업 가치가 100억 달러 이상인 비상장 스타트업을 뜻한다.[10]

유니콘 기업은 스타트업이 지향하는 최종 도착점이 아니다. 그보다 스타트업을 세우고 성장시키는 철학이자 정신이고 하나의 프로세스다. 뉴질랜드 럭비팀 올 블랙스All Blacks는 경기 시작 전에 마오리족 전통춤 하카를 춘다. 팀원들을 결속시키고 자신들의 용맹함을 보여 상대 선수들의 기를 죽이기 위함이다. 스타트업이 유니콘 기업으로 성장하는 것은 하카를 추는 것과 유사한 효과를 낸다. 공동 목표를 중심으로 구성원들을 결속시키고 기성 기업들에게 공포심을 심어준다.*

유니콘 기업이 되는 것이 목표라면, 고속 성장은 그 목표를 달성할 효과적인 방법이다. 실리콘밸리 권위자들은 이러한 목표와 방법을 명쾌하게 정의했다. 폴 그레이엄Paul Graham은 신망이 두터운 스타트업 액셀러레이터 와이콤비네이터Y Combinator를 만들고 이끌었다. 그는 스타트업을 '빠르게 성장하기 위해 설계된 기업'이라고 정의한 것으로 유명하다.[11] 그리고 스타트업의 임무를 모기의 임무에 비유했다. "곰은 공격을 받아도 견딜 수 있고, 게는 딱딱한 껍데기로 자신을 보호할 수 있다. 하지만 모기는 단 한 가지만 할 수 있도록 설계됐다. 바로 공격이다. 모기는 그 어떤 에너지도

---

* 하카는 마오리족의 도전으로 간주되는 전통적인 구호와 춤이고 부족의 조상과 역사적 사건을 묘사한다. 시합이 시작되기 전에 국가 대표팀이 추는 이 춤은 발 구르기, 몸에 손 부딪히기, 혀와 눈 등 다양한 안면 근육을 구기는 동작으로 구성된다. 일반적으로 "Ka mate! Ka mate! Ka ora! Ka ora!"라는 외침으로 시작되는데, 이는 "난 죽는다! 난 죽는다! 난 산다! 난 산다!"라는 의미이다. 하카는 전국적으로 장례식, 결혼식, 그리고 학교 공연과 기념식에서도 공연된다(조단 데이비스, 샘 스트리트, 〈Who Leads the Haka, Is It Always the Same Song, and Why Do New Zealand Rugby Perform It Before Every Match?〉).

방어에 쓰지 않는다. ... 모기처럼 스타트업은 단 한 가지만 할 수 있도록 설계됐다." 이 단 한 가지는 바로 성장이다.[12]

리드 호프먼[Reid Hoffman]과 크리스 예[Chris Yeh]는 저서 《블리츠스케일링 Blitzscaling》에서 이 접근법을 완전히 구현해 냈다. 기습 공격을 뜻하는 독일 어 '블리츠크리그[Blitzkrieg]'에서 모티브를 따온 '블리츠스케일링'은 불확실 한 상황에서도 기업을 성장시키기 위해 효율보다 속도를 우선시하는 고 도성장 전략이다.[13] 블리츠스케일링이 적용되면, 성장이 지속 가능한 단 위 경제성(단위별로 표시되는 비즈니스 모델의 관련 수익 및 비용)과 수익성을 능가한다.

하지만 주나처럼 가용 자본이 부족하고 충격이 빈번히 발생하는 생태 계에서 활동하는 대다수 스타트업에 있어 성장만을 추구하는 전략은 비 현실적일 뿐만 아니라 정당성이 없다. 그래서 주나와 같은 프런티어 혁신 기업들은 대안 모델을 개척하고 있다.

## 프런티어에는 낙타가 산다

성장지향 비즈니스 모델은 프런티어의 현실에 적합하지 않다. 나는 유니콘보다 낙타가 프런티어의 마스코트로 보다 적합하다고 생각한다. 낙타는 다양한 기후대에 살고 적응한다. 그리고 몇 달 동안 음식을 먹거 나 물을 마시지 않고 생존할 수 있다. 등에 난 혹은 지방으로 채워져 있고 사막의 타는 듯한 열기로부터 낙타를 보호한다. 물을 발견하면, 낙타는 그 어느 동물보다 빠르게 수분을 체내로 흡수할 수 있다.[14] 낙타는 허구의 땅에 사는 상상 속 동물이 아니다. 낙타는 회복력이 강하며, 지구에서 가장 척박한 환경에서 생존할 수 있다.

이번 장에선 어떻게 낙타 기업이 지속 가능성을 우선적으로 추구하고 처음부터 성장과 현금 유동성 사이에서 균형을 잡으며 생존하는지를 살펴볼 것이다. 하지만, 그 전에 먼저 실리콘밸리가 제시하는 스타트업의 성공전략부터 살펴보자.


## 실리콘밸리, 죽음의 계곡을 탈출하라

스타트업은 기업이 아니다. 초기단계의 스타트업은 새로운 상품이나 서비스를 개발하는 데 몰두한다. 그런 그들에게는 고객이 없다. 이 시기에는 버는 것보다 쓰는 것이 더 많을 수밖에 없다. 그러다가 고객에게 상품이나 서비스를 팔기 시작하는 단계가 온다. 몇몇 스타트업은 불과 몇 달만에 이 과정을 소화해 버린다. 하지만 몇 년이 걸리는 스타트업도 있다. 예를 들어, 매직 리프Magic Leap는 상품을 출시하기 위해서 무려 8년 동안 19억 달러를 투자받았다.[15]

성공적으로 고객에게 상품을 팔아 수익을 올리기 시작한 뒤에도 스타트업은 계속 적자를 기록한다. 대체로 고정비용이 많이 들기 때문이다. 고객이 한 명이든 천여 명이든, 필요한 기술적 인프라를 조성하려면 투자를 해야 한다. 초반 매출액은 이러한 운영비를 충당하기에는 너무 적다. 게다가 스타트업은 자금을 활용해서 새로운 고객도 유치해야 한다(이렇게 해서 수익이 발생하는 데 몇 달이 걸린다).

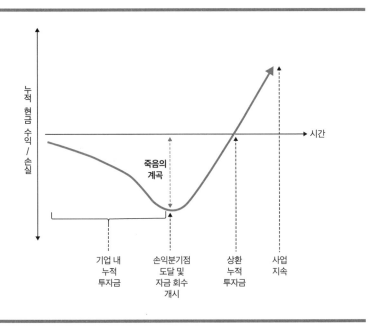

◆ 그림 3-1 전형적인 죽음의 계곡

그림 3-1의 전형적인 '죽음의 계곡'으로 이런 현상이 설명된다. 스타트업은 훌륭한 비즈니스 모델을 가지고 있지만 운영비를 감당할 정도로 충분한 매출을 올릴 때까지 마이너스 현금 흐름을 감수해야 한다. 이것은 죽음의 계곡의 아이러니다. 스타트업은 실적이 좋을 수 있다. 하지만 죽음의 계곡을 빠져나와 수익분기점에 도달할 때까지 생존을 위해 여전히 투자를 받아야만 한다.

실리콘밸리에선 스타트업을 세울 때 수익성보다 성장에 우선순위를 두

라고 말한다. 이에 따라 실리콘밸리 스타트업은 아주 깊은 죽음의 계곡을 경험하게 되고, 생존을 위해 벤처캐피털이 절대적으로 필요해진다. 그 결과는 모 아니면 도다. 스타트업은 대성공을 이루거나 흔적도 없이 사라진다. 그림 3-2를 보면, 이 말이 금방 이해될 것이다.

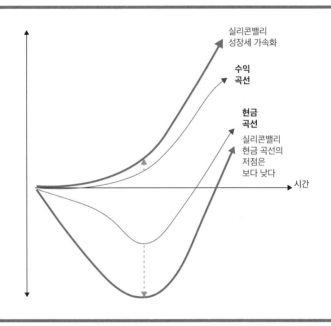

◆ 그림 3-2 실리콘밸리의 죽음의 계곡

실리콘밸리 스타트업은 성장을 도모하고, 때로는 운영비를 보조하기 위해 막대한 자금을 조달하고 재투자한다(그래프에서 아래 곡선의 저점은 매우 낮다). 그리고 수익 곡선이 상향 이동하여 캐나다인들이 익히 아는 하키 스틱처럼 기하급수적으로 증가하길 바란다.

수익은 증가하고 비용은 수익의 증가세에 상응하게 증가하지 않는다는 가정하에, 수익 곡선은 서서히 0을 지나쳐(현금 곡선의 아랫부분) 그 이상으로 급격하게 성장한다. 이것은 성공적으로 죽음의 계곡을 건넌 스타트업에겐 효과적인 전략일 수 있다. 이용자 수가 빠르게 증가하기 시작하면, 스타트업은 매우 빠르게 성장할 수 있다.

이런 구조에서 성공하려면 스타트업은 끈질기게 성장만을 추구해야 한다. 그래서 실리콘밸리 스타트업은 투자를 받으려고 연일 강행군을 이어간다. 투자 라운드는 시리즈 A, 시리즈 B, 시리즈 C 등으로 불린다. 다음 단계로 성장하기 위해 투자 라운드가 진행될 때마다 '시리즈' 뒤에 다음 순서의 알파벳이 붙는다.

성장을 거듭할수록 스타트업은 자본이 절실해진다(곡선의 저점에서 벗어나기 위해 자금이 필요하다). 그래서 자금 조달 규모는 갈수록 커진다. 스타트업의 자금 조달 규모는 끊임없는 매출 성장세와 미래 수익성을 근거로 결정된다. 모든 것이 계획대로 진행되면, 평가가치는 커지고 기업은 계속 성장한다. 하지만 그렇다고 항상 수익이 따라오진 않는다. 리프트와 우버는 최근에 기업 공개를 했지만, 어느 기업도 손익분기점에 도달하지 못했다. 기업 공개 이후 첫 분기와 운영된 지 10년이 지난 시점에 우버는 10억 달러의 손실을 기록했다.[16]

성장이 목표라면, 벤처캐피털은 스타트업에게 행운의 부적이자 심복이다. 벤처캐피털을 조달한 스타트업은 성장에 터보엔진을 달게 된다. 퍼스트 라운드 캐피털First Round Capital의 조시 코펠만Josh Kopelman은 이를 두고 "전 제트연료를 팔죠."라고 설명했다.[17]

벤처캐피털은 또한 중독적이기도 하다. 벤처캐피털이라는 제트연료에 익숙해진 스타트업은 디젤에 적응하지 못한다. 스타트업은 성장세를 가속할 때, 직원을 고용하고, 새로운 인프라에 투자하고, 사무실을 확장하고, 마케팅에 더 많은 투자를 해야 한다. 이 모든 일이 새로운 수익이 현실화되기 전에 이뤄진다. 그래서 실리콘밸리에서 죽음의 계곡은 훨씬 더 깊어진다. 어느 시점에 스타트업이 자금 조달을 멈추고 싶어도 그럴 수가 없다. 심지어 매출이 증가하고 있어도 수익이 나지 않는 때도 있다. 벤처캐피털이라는 회전목마를 타고 더 많은 자금을 조달하지 않으면, 스타트업은 실패할 것이다.

성장은 벤처캐피털리스트의 투자 열정에 불을 붙인다. 그래서 실리콘밸리 기업가들은 성장을 위해 조달한 벤처캐피털을 활활 불태운다. 이렇게 가속화된 성장세는 더 많은 벤처캐피털을 끌어들인다. 그래서 현금 곡선은 더욱 깊이 구부러지고 수익 곡선이 하키 스틱처럼 곧게 뻗어 올라간다.

이렇게 해서 스타트업은 죽음의 계곡을 건널 수 있기를 바란다. 죽음의 계곡을 벗어나면, 스타트업은 성공 가도에 놓이게 될 것이고 유니콘 기업으로 성장할 수도 있다. 스타트업을 유니콘 기업으로 키워낸 기업가는 부뿐만 아니라 명성과 찬사를 얻는다. 그는 다음 사업에 도전할 때 자금을 어떻게 조달할지 걱정할 필요가 없다. 이제 그에게 자금 조달은 거의 보장된 것이나 다름없다. 벤처캐피털리스트도 마찬가지다. 각각의 벤처 투자는 매우 높은 리스크를 안고 있기 때문에 벤처캐피털리스트는 커다란 수익을 안겨줄 기회를 쫓는다. 포트폴리오의 절반이 실패한 상황에서 수익률 2배는 별 의미가 없다.

게다가 투자 성공은 투자자에게 훌륭한 이력이 된다. 최고의 벤처캐피털리스트는 벤처캐피털 업계에서 실적이 가장 좋은 투자자들의 명단인

미다스 리스트<sup>Midas List</sup>*에 오른다(아마도 이것을 만든 사람들은 미다스 신화의 결말을 잊은 듯하다). 기업 상장은 직원들에게도 똑같이 동기를 부여한다. 일반적으로 스타트업 직원들은 특정 가격에 주식을 살 수 있는 권리인 스톡옵션을 받는다. 스톡옵션은 기업의 가치가 증가하는 경우에만 가치가 있다. 물론 스톡옵션이 매우 가치 있을 수 있다. 페이스북이 기업 공개됐을 때, 1,000명의 백만장자가 탄생했다.[18] 트위터<sup>Twitter</sup>의 경우, 1,500명이 넘는 사람들이 백만장자가 됐다.[19]

이처럼 실리콘밸리에서 성공은 빠른 성장을 의미하기에, 이렇게 공격적인 성장목표를 달성하지 못한 스타트업은 실패한 것으로 간주된다. 투자 라운드와 18개월의 현금 효과 이후에도 의미 있는 성장세가 나타나지 않으면, 스타트업은 목표한 이정표에 도달할 시간을 벌고자 '확장<sup>extension</sup>'이나 '브리지 라운드<sup>bridge round</sup>'를 시도한다. 이 두 단어는 저성취를 의미하는 일종의 암호다. 이 단계에 접어들면, 투자자의 열정은 사그라지고 미래 투자 라운드의 목표액은 이전 투자 라운드보다 낮게 설정된다. 창립자와 관리자의 주주권이 상당히 약해지고, 스타트업에 계속 머물 이유가 없어진다. 결국 계속 저조한 실적을 내는 스타트업은 파산하게 된다. 여기서 말하는 저조한 실적은 조달 자금 대비 성장률이 100% 또는 200% 정도인 경우로, 사실 (스타트업이 아닌) 대다수 기업이 충분히 만족하는 성장 수치다.

세계적인 컨설팅 업체인 맥킨지앤컴퍼니<sup>McKinsey & Company</sup>는 3,000개가 넘

---

* 미다스 리스트는 포브스(Forbes)와 트루브리지 캐피털 파트너스(Truebridge Capital Partners)가 이끄는 산업 랭킹으로, 업계 최고 투자자들의 순위를 매긴 것이다. 포브스 홈페이지에서 확인할 수 있다. https://www.forbes.com/midas/

는 실리콘밸리 스타일 소프트웨어 스타트업의 생애주기를 분석하고 보고서를 발간했다. 이 보고서에는 이러한 실리콘밸리의 역학구조가 간결하게 설명되어 있다. "헬스케어 기업이 연간 20%씩 성장했다면, 경영진과 투자자는 만족했을 것이다. 만약 스타트업이 이렇게 성장한다면, 불과 몇 년 뒤에 그 스타트업이 사라질 가능성은 92%에 달한다."[20]

스타트업에게 미치는 벤처캐피털의 부정적인 영향에 대한 최근 기사에서 <뉴욕 타임스New York Times>는 이를 다음과 같이 서술한다.

하나의 스타트업이 유니콘 기업으로 성장할 동안, 셀 수 없이 많은 스타트업이 아주 빠르게 성장하다가 투자금을 급격히 소진하여 사라진다. 스타트업은 최대한 낙관적으로 사업 계획을 수립한다. 그리고 벤처캐피털은 성공과 실패의 가능성을 동시에 높인다. 소셜미디어는 초고속 성장에 대한 압박감에 시들어 가거나 소위 '유독한 벤처캐피털'로 으스러지거나 지나치게 많은 벤처캐피털을 조달하도록 강요하는 '푸아그라 효과'에 시달렸던 기업에 대한 이야기로 도배된다.[21]

실리콘밸리가 유니콘 기업을 사냥하기 위해서 사용하는 전략은 마치 새로운 집 3채를 사기 위해서, 지금 살고 있는 집을 담보로 대출을 받는 것과 비슷하다. 모든 것이 잘 진행되고 시장이 올바른 방향으로 움직인다면, 입을 다물 수 없을 정도로 엄청난 보상이 주어질 것이다. 페이스북이 거둔 눈물이 찔끔 날 정도로 놀라운 투자 수익이 적절한 사례다. 하지만 이러한 전략은 모든 것을 잃을 가능성을 높이기도 한다.

이렇게 고속 성장만을 지향하는 전략은 실리콘밸리에서는 매우 탁월하다. 실리콘밸리 스타트업의 경비 지출 속도(수익성에 도달하기 전에 매달 스타트업이 쓰는 현금 비율)는 1999년 이후 최고치를 기록했다. 지난 15년보다 손실을 기록하는 적자 기업에서 일하는 사람들이 더 많아졌다. 그들의 태도도 바뀌고 있는 듯하다. <월스트리트 저널<sup>Wall Street Journal</sup>>은 "2001년이나 2009년이라면 사람들은 매달 400만 달러를 소진하는 기업에 취직하지 않았을 것이다. 하지만 지금은 모두가 아무 생각 없이 이런 기업에서 일한다."라고 보고한다.[22]

그런데 프런티어 혁신가들은 다른 성장 모델이 존재한다는 사실을 일깨워 준다. 그들도 빠른 성장을 추구하고 성취한다. 하지만 프런티어 혁신가들은 빠른 성장과 함께 다른 목표도 균형 있게 추구한다.

## 외딴 섬에 홀로 남은 프런티어 혁신가들

실리콘밸리에는 스타트업을 유니콘 기업으로 성장시키고 혁신 활동을 지원할 스타트업 생태계가 완벽하게 존재한다. 하지만 프런티어의 상황은 완전히 다르다.

프런티어에서 기업가는 외딴 섬에 홀로 남겨진 존재다.

우선, 프런티어에는 자금이 충분하지 않다. 신흥시장 중에서 거대한 스타트업 생태계를 보유한 국가 중 하나인 브라질은 2017년 벤처캐피털로 5억 7,500만 달러를 조달했다.[23] 이해하기 쉽게 말하자면, 이것은 겨우 1인당 2달러 75센트에 불과한 금액이다. 반면 실리콘밸리는 무려 1인당

1,809달러다.*

벤처캐피털의 부족은 신흥시장만의 문제가 아니다. 미국 서부해안 이외의 지역에서 활동하는 스타트업 중에서 60%만이 벤처캐피털을 받았고, 그 비중은 미국 전역의 40%에 불과했다.[24] 미국 중서부와 남부와 같은 지역에선 1인당 벤처캐피털이 훨씬 적다. 예를 들어, 2016년 시카고와 오스틴은 벤처 자금으로 각각 4억 4,300만 달러와 5억 8,300만 달러를 조달한 반면, 샌프란시스코는 60억 달러를 조달했다.[25]

자금조달 일정도 길어진다. 실리콘밸리에선 첫 만남 뒤에 불과 몇 주일이 지나면 벤처캐피털 회사와 계약조건을 논의하고, 그로부터 몇 달 뒤에 (법률 문건을 검토하고 나서) 투자가 완료된다. 스타트업이 시리즈 A부터 시리즈 D까지 진행하면서, 투자 라운드는 대체로 12~18개월 간격을 두고 자연스럽게 진행된다.[26] 신흥시장에선 첫 만남에서 벤처캐피털 회사와 계약조건을 논의하는 단계까지 가는 데 수개월이 걸리고 투자가 완료되기까지는 더 오랜 시간이 걸린다. 여기서 기업과 투자자의 본성이 드러난다. 신흥시장에는 경쟁자가 많지 않기 때문에 투자자는 다급하게 투자를 진행할 필요가 없다.

이 때문에 자금조달이 끊임없이 반복된다. 프런티어에선 벤처캐피털이 부족하므로, 스타트업은 낮은 목표액으로 자주 투자 라운드를 진행한다. 낮은 목표액 때문에 스타트업은 해당 투자 라운드에서 필요한 자금을 충분히 조달하지 못한다. 그래서 얼마 지나지 않아 또 다른 투자 라운드를

---

\* 브라질의 인구는 2017년 기준 약 2억 9,000만 명으로 추산된다. 이에 따라 계산하면 브라질의 1인당 벤처캐피털 금액은 5억 7,500 달러/2억 9,000 달러 =2.75달러다. 반면 실리콘밸리 지역 주민의 1인당 금액은 85억 달러/470만 명 = 1,809달러다.

진행한다.*[27] 기업가 정신을 고취하는 데 힘쓰는 세계적인 비영리 기구인 인데버Endeavor의 연구에 따르면, 인데버의 네트워크에 소속된 신흥시장의 기업가 중 69%가 지난해 자금을 조달하는 데 6개월 이상이 걸렸다.[28]

동시에 프런티어에선 실패 비용이 상당하다. 갓 생겨난 스타트업 생태계에서 스타트업을 시작하려면, 개인적으로 상당한 리스크를 떠안아야 한다. 프런티어에서는 스타트업이 충분한 벤처캐피털을 조달받는 데 수년이 걸릴 수 있다. 이 시기 동안 직원 월급은 들어오지 않고 각종 요금은 쌓여만 간다. 대다수 국가에서는 스타트업이 파산해도 그로부터 비롯된 부채가 사라지지 않고 평생 창립자를 따라다닌다. 심지어 파산이 불법인 곳도 있다.[29]

실리콘밸리와는 다르게 프런티어에는 기업가들을 위한 안전망이 부족하다. 프런티어에선 스타트업이 고전하더라도 그 스타트업을 인수하겠다고 나서는 기업이 없을 수 있다. 이것은 기업이 전문 인력을 고용하기 힘들 때 구인에 매달리기보다 인력이 풍부한 작은 기업을 인수하는 문화가 일반적이지 않기 때문이다(실리콘밸리에서 대기업은 인재를 확보하기 위해서 스타트업을 인수한다. 창업자에겐 민망하지 않게 퇴장할 기회와 새로운 지주회사의 매력적인 스톡옵션 패키지가 제공된다). 프런티어에서의 실패는 그야말로 진짜 실패다. 모든 직원을 해고하고 상품 생산을 중단하고 파산하는 것이다. 많은 시장에서 실패는 기업가에게 평생의 오점으로 남는다. <뉴욕 타임스>는 유럽의 스타트업 생태계에 대하여 글을 실으면서 "실패는 개인적인 비극으로 간주된다."라고 했다.[30] 프런티어 기업가에게 실패는 재정

---

\* 미국 서부 해안은 거래 양의 60%, 거래 금액의 40%를 차지한다. 미국의 나머지 지역은 그 반대다. 신흥시장에서도 비슷한 역학구도가 나타나고 있다.

적으로 그리고 개인적으로 훨씬 더 고통스럽다. 그들에게 실패는 전장에서 격렬히 싸우다가 얻은 영예로운 상흔이 아니라 감추고 싶은 오점이다.

그러니 프런티어 혁신가들이 대안 모델을 개발했다는 것이 그리 놀랍지도 않다.

## 미국 중서부의 낙타들

마이크 에반스Mike Evans와 맷 말로니Matt Maloney는 시카고에 음식배달 플랫폼인 그럽허브Grubhub를 설립했다. 그들의 목표는 소형 식당들이 음식 배달 서비스를 제공할 수 있도록 돕는 것이었다. 그럽허브는 처음부터 지속 가능성에 집중했다. 그럽허브는 자사 플랫폼을 통해 발생하는 매출에 대하여 식당에 수수료를 받는다. 그리고 음식을 주문한 고객이 배달료를 지불한다. 마이크 에반스와 맷 말로니에게 가장 큰 고정비는 급여였다. 하지만 그들은 모든 운영비를 훨씬 웃도는 수익을 올리면서 거래 식당을 늘리는 데 집중했다. 마이크 에반스는 "저희 회사는 처음부터 수익과 현금 흐름에 집중했습니다. 이 두 가지 요소가 이용자나 직원 수와 같은 성장지향 비즈니스 모델의 지표를 달성하는 것보다 더 중요했습니다."라고 말했다.[31]

그럽허브는 실리콘밸리에서 약소하다고 여겨질 규모의 자금을 조달했다. 설립하고 3년 뒤에 개최한 시리즈 A에서 그럽허브는 110만 달러를 조달했다(실리콘밸리 스타트업이 시리즈 A에서 조달하는 평균 투자금은 1,500만 달러를 초과한다).[32] 이어서 그럽허브는 2009년 시리즈 B에서 200만 달러를, 그리고 2010년 시리즈 C에서 1,100만 달러를 조달했다. 그럽허브는 벤처캐피털로부터 총 8,400만 달러를 조달했다(반면 도어대시<sup>DoorDash</sup>와 같은 실리콘밸리 경쟁업체들은 14억 달러의 벤처 자금을 조달했다).[33]

상대적으로 조달한 벤처캐피털은 적었지만, 그럽허브는 자금조달을 할 때마다 수익을 냈다. 마이크 에반스와 맷 말로니는 처음 몇 해 동안 외부로부터 투자를 받지 않았고 자력으로 그럽허브를 운영했다. 이 시기에 그럽허브는 가까스로 손익분기점을 달성했다. 그럽허브는 구체적인 목표를 갖고 투자 라운드를 진행했다. 예를 들어, 1,100만 달러를 조달한 시리즈 C는 3개 도시에 사업을 확장하기 위한 것이었다.[34] 하지만 마이크 에반스와 맷 말로니는 직원들이 단위 경제를 충분히 달성할 수 있도록 전술을 마련한 뒤에 투자 라운드를 진행했다.

2014년 그럽허브는 나스닥에 상장됐다. 2018년 그럽허브는 미국 1,700개 도시, 1,450만 명의 사용자와 8만 개의 식당에서 10억 달러 이상의 매출을 달성했다.[35] 현재 그럽허브의 시가총액은 60억 달러를 호가한다.[36]


## 프런티어, 죽음의 도랑을 건너라

마이크 에반스와 맷 말로니가 증명했듯이, 프런티어 혁신가도 성장을 외면하지 않는다. 그들에게도 성장은 중요하고 결국 사업을 확장하려고 시도한다. 대다수의 프런티어 혁신가들은 모두가 부러워할 정도로 높은 성장률을 달성한다. 하지만 그들의 성장세는 실리콘밸리 스타트업이 열망하는, 기하급수적으로 치솟는 하키 스틱 모양의 곡선으로 나타나진 않는다.

대신에 프런티어 혁신가는 처음부터 지속 가능한 성장에 집중한다. 그래서 프런티어 혁신가가 세운 스타트업의 현금 곡선은 그렇게 깊게 내려가지 않는다. 그림 3-3에 이러한 역학구조가 잘 나타나 있다. 프런티어 혁신가는 균형 잡힌 성장 전략으로 성장세를 조절한다. 기회가 생기면, 언제 성장에 투자하고 성장세를 가속할지를 선택한다(이것은 수익과 현금 지출의 급증으로 이어진다). 그럽허브의 수익 곡선에선 여러 개의 굴곡이 나타난다. 각각의 굴곡은 작지만, 뚜렷한 급성장을 의미한다.[37] 그림 3-4에 이것이 잘 나타난다.

프런티어 스타트업은 감당할 수 있는 수준으로 점진적으로 성장하고, 필요하다면 바로 수익성을 손익분기점에 맞추거나 근접한 수준에서 관리한다. 단번에 건널 수 없는 깊고 거대한 죽음의 계곡과 마주하는 대신에 많은 낙타 기업들은 몇 개의 얕은 '죽음의 도랑'을 건넌다. 굴곡은 그림 3-3처럼 리드미컬하진 않을 수 있고 그 깊이도 다양하다. 예를 들어, 프런티어 혁신가가 특정한 기회를 포착하기 위해 점진적으로 벤처캐피털을 조달한다면 굴곡은 깊어진다. 여기서 차이점은 낙타 기업들은 성장을 조절하고 필요하면 지속 가능한 사업으로 되돌아갈 기회를 보전해 둔다는 것이다.

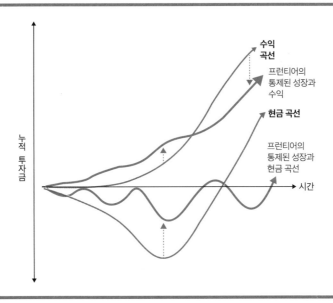

수익
곡선

프런티어의
통제된 성장과
수익

현금 곡선

프런티어의
통제된 성장과
현금 곡선

누적
투자금

시간

◆ 그림 3-3 프런티어의 죽음의 계곡

   신흥시장의 대표 투자회사인 쿠오나 캐피털의 공동 창립자인 모니카
브랜드 엥겔Monica Brand Engel은 이런 성장 전략을 두고 "손익분기점이 새로운
트렌드죠."라고 내게 농담했다.[38] 이것은 벤처캐피털이 드문 지역에서 현
명한 전략일 뿐만 아니라 심각한 충격이 발생했을 때 생존과 실패를 가
를 수도 있다(예를 들어, 잠비아의 환율 급락이 주나의 수익에 미친 영향처럼 말
이다).

   반면 실리콘밸리는 이런 전략은 성장에 모든 것을 쏟아 부었을 때보다
낮은 수익을 발생시키고 지수적인 성장세가 아닌 선형 성장세로 이어진
다고 주장할 것이다.

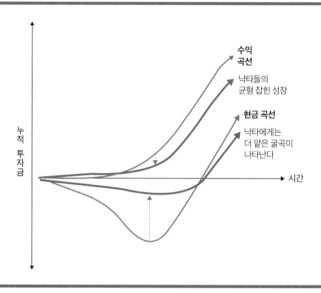

수익
곡선

낙타들의
균형 잡힌 성장

현금 곡선

낙타에게는
더 얕은 굴곡이
나타난다

누적 투자금

시간

◆ 그림 3-4 프런티어의 죽음의 도랑

하지만, 반직관적이게도 실제론 그렇지 않다. 피치북 데이터<sup>PitchBook Data</sup>의 조사에 따르면, 중서부 지역은 미국에서 벤처캐피털 수익률이 가장 높은 지역 중 하나다. 놀랍게도 시카고의 성공적인 엑시트 중에서 절반 (45%)가량이 투자원금 대비 회수자금을 나타내는 투자수익률배수, 즉 MOIC가 10배에 달했다. 반면 실리콘밸리의 MOIC는 이것의 겨우 25%에 불과했다. 2006년부터 시카고의 평균 MOIC는 5.6배였고, 4.2배인 실리콘밸리를 훨씬 앞질렀다.[39]

이와 함께, 실패율 역시 프런티어에서 더 낮은 편이다. 실리콘밸리에서는 스타트업의 90%가 실패한다.[40] 하버드 경영대학원 교수인 마이클 포터<sup>Michael Porter</sup>가 공동으로 창립한 올월드 네트워크<sup>All-World Network</sup>의 조사에 따르면, 신흥시장 기업가의 생존율은 그보다 높았다.[41] 시카고의 온라인 급여 플랫폼인 슈어페이롤<sup>SurePayroll</sup>의 공동 창립자이자 시카고에 투자하는 매스 벤처 파트너스<sup>MATH Venture Partners</sup>의 벤처캐피털리스트인 트로이 헤니코프<sup>Troy Henikoff</sup>는 자신의 포트폴리오를 두고 이렇게 말한다. "저의 포트폴리오에는 16개의 기업이 있습니다. 3년 뒤에는 이 중에서 대다수가 실패할 거라 예상할 겁니다. 하지만 아직까지 실패한 기업은 없습니다. 미국 중서부 지역의 많은 기업들처럼 우리 포트폴리오에 포함된 기업들의 생존력이 훨씬 강해서죠."[42] 참고로 내가 신흥시장을 대상으로 진행한 투자도 이와 마찬가지다.

이렇게 인상적인 성과는 성장에 있어 지속 가능성과 회복 탄력성이 균형을 이룬 비즈니스 전략의 결과다. 이를 달성하기 위해서 프런티어 혁신가는 비용을 관리하고, 처음부터 스스로 창조해 내는 가치에 요금을 부과하며, 자신만의 방식대로 벤처캐피털을 조달한다. 그리고 가용한 수단을 이해하고, 다양한 사업 계획을 세워, 장기적인 관점으로 기업을 경영한다.

# 비용을
# 관리하라

프런티어 혁신가는 기업의 생애주기 내내 비용을 관리한다. 그럽허브처럼 그들은 비용곡선을 관리하여 성장곡선과 맞춰 나간다. 매출과 영업 활동이 증대되면 신규채용을 진행하고, 적절한 속도로 마케팅 투자를 확대한다. 그리고 지출 수준을 조정하여 비용곡선이 가파르게 내려가지 않도록 관리한다. 베이스캠프<sup>Basecamp</sup>를 세운 제이슨 프라이드<sup>Jason Fried</sup>는 "테크 스타트업이 수익성이 없을 수가 없습니다. 비용 구조를 관리하는 것이 핵심입니다. 그런데 실리콘밸리에선 비용을 관리해야 한다고 조언하는 이가 거의 없습니다. 비용을 관리하지 않는다면 (그리고 성장에만 투자하고 있다면) 사업을 안정적으로 키우고 있는 것이 아닙니다. 건전하지 않은 금융 상품을 만들고 있는 것이죠."라고 설명한다.[43]

비용 관리는 프런티어 혁신가에게 비용 우위를 제공한다. 특히 초기 단계의 스타트업에 있어 가장 큰 비용은 인건비다. 샌프란시스코의 생활비가 폭등하면서 임금수준도 함께 치솟았다(특히 기술 분야 전문 인력의 임금수준이 급등했다). 실리콘밸리에서 소프트웨어 개발자를 고용하려면 토론토의 2배, 상파울루의 7배, 나이로비의 8배에 이르는 비용이 든다.[44] 물론 임금만이 아니다. 임대료와 다른 운영비도 토론토나 상파울루, 나이로비가 훨씬 저렴하다.

비용 우위를 이용하고 지출 수준을 관리하면, 스타트업은 낮은 목표액으로 진행된 투자 라운드에서 조달한 벤처캐피털로 오랜 시간 버틸 수 있다. 비용이 줄어들수록 현금 곡선은 완만해진다. 이것은 같은 규모의 투자금으로 비용이 낮은 지역에서 활동하는 스타트업의 런웨이(조달한 자본으로 생존할 수 있는 기간)가 더 길다는 것을 의미한다. 이 덕분에 프런티어 스타트업은 매출을 신장하고 지속 가능성을 구축하는 데 필요한 시간을 더 많이 확보하게 된다. 게다가 충격에 대한 회복 탄력성까지 높인다.

# 공짜 점심은
# 없다

척박하고 덜 개발된 시장에서 활동하는 기업가는 실리콘밸리 기업가처럼 기업 성장을 위해 상품이나 서비스를 무료로 또는 보조금과 함께 제공하는 행위를 하지 않는다. 그들은 자신들의 상품과 서비스를 이용하는 고객에게 당당하게 비용을 부과한다.

실리콘밸리에서 기업가는 고객을 유인하기 위해서 일종의 보조금을 지원한다. <배니티 페어Vanity Fair>는 이를 다음과 같이 설명한다.

스타트업은 새로운 이용자를 끌어들이고자 무료 크레딧을 제공한다. 이런 방법을 사용하지 않으면 이용자는 서비스나 상품의 존재조차도 모르고 지나갈 것이다. 스타트업은 조달한 벤처캐피털을 이용해 신규 이용자에게 일종의 보조금을 지원한다. 이용자가 계속 서비스나 상품을 이용하느냐는 중요하지 않다. 어쨌든 이용자가 증가했다는 것은 자신의 비즈니스 모델이 성공할 가능성이 있다는 증거가 된다. 그러면 스타트업은 다시 투자 라운드를 진행하여 더 많은 자금을 조달할 수 있다. 스타트업은 조달한 자금이 소진되거나 고객 확보를 위한 인센티브를 대체할 때까지 이런 과정을 계속 반복한다.[45]

하지만 이런 전략은 역효과를 낼 수 있다. 예를 들어, 미리 준비된 식재료를 배달하는 온디맨드 식품 스타트업은 무료 상품으로 유인한 신규 고객을 반복적으로 상품을 이용하는 고객으로 만들어야만 한다.[46] 이와 관련하여 차량 호출 업계를 포화상태로 만들었다는 비난이 벤처캐피털에 쏟아지고 있다. 벤처캐피털이 동일한 비즈니스 모델을 지닌 스타트업으로 대거 흘러들어 갔고, 스타트업은 신규 고객을 유치하기 위해 무료 서비스를 앞다퉈 제공했다. 그 결과 소비자들은 저렴하게 차량 호출 서비스를 이용하는 것을 아주 당연하게 받아들이게 됐다.[47] 많은 행동경제학자가 보조금이 제공되거나 무료로 제공되는 상품이 갖는 문제에 대해 연구하고 다음의 결론을 내렸다. 이용자는 상품의 가치를 적정한 수준으로 인식하지 못하게 되고, 공짜로 사용했던 상품을 돈을 지불하고 사용해야 한다는 사실에 쉽게 승복하지 못한다.[48]

하지만 프런티어 혁신가는 처음부터 자신들이 제공하는 가치에 요금을 부과한다. 그럽허브의 마이크 에반스는 이를 다음과 같이 간략하게 설명한다. "제가 하는 일은 사업이지 취미가 아닙니다. 사업은 매출을 올려야 하지만 취미는 그렇지 않죠."[49]

프런티어 혁신가는 상품 가격을 신규 고객 확보의 걸림돌이 아니라 상품의 가치와 시장에서의 포지셔닝을 대변하는 특성 중 하나로 이해한다. 솔루션이 존재하지 않거나 기존 솔루션이 제대로 기능하지 않는 신흥시장에서 소비자들은 믿을 수 있고 안전하고 효율적인 상품에 대해서 기꺼이 합당한 값을 치른다. 심지어 비싼 값을 치르는 경우가 많다.

소득 수준이 낮아도 소비자들은 공짜 상품을 찾지 않는다. 그들은 니즈를 충족시키고 자신들을 정중하게 대해 주며, 무엇보다 제 기능을 하는 상품과 서비스를 원한다. 주나는 자사 플랫폼을 '무료거나 저렴하다' 대신 '쉽고 빠르고 안전하다'라고 광고한다.[50] 주나는 저소득계층에게 송금 서비스를 제공하고 있는데도 말이다. 고객을 끌어들이기 위해서, 프런티어 혁신가는 돈을 지불할 가치가 있는 솔루션을 제공해야만 한다. 그렇게 하면 결국은 그들에게 보상이 주어진다.


# 성장을
# 조절하라

프런티어 혁신가는 성장과 지속 가능성의 균형을 유지하는 사업 전략을 활용한다. 이런 전략은 프런티어 혁신가에게 실리콘밸리 혁신가보다 더 많은 기회를 제공한다. 프런티어 스타트업의 현금 곡선의 굴곡은 실리콘밸리의 현금 곡선만큼 깊지 않다. 그래서 프런티어 혁신가는 벤처캐피털에 대한 의존도를 줄일 수 있다.

벤처캐피털을 덜 조달하는 것이 여러 유형의 기업가들에게 더 유익할 수 있다. 자본을 조달할 때, 기업가는 기업의 일부를 판다. 그리고 성장을 통해 평가가치가 증가하여 전체 파이(이익)의 가치가 커지길 바란다. 낙타 기업은 투자자에게 기업의 일부, 즉 주식을 덜 팔기 때문에, 창립자는 엑시트 단계에서 기업에 대하여 통제력을 행사하고 전체 이익에서 더 많은 지분을 가지게 된다.

퀄트릭스Qualtrics를 살펴보자. 라이언 스미스Ryan Smith와 스콧 스미스Scott Smith, 자레드 스미스Jared Smith, 스튜어트 오길Stuart Orgill이 2002년 미국 유타주 프로보에 학교와 기업이 효과적으로 온라인 여론조사를 시행하여 학생과 고객에게 좋은 피드백을 얻도록 하는 온라인 검색 기업인 퀄트릭스를 설립했다. 그들은 몇 년 동안 부모님 집의 지하실에서 회사를 운영했다. 성장 자금을 조달하기 위해서 그들은 기업의 이윤을 이용했다. 사업이 확장되자 많은 벤처캐피털리스트가 접근해 왔지만, 그들은 벤처캐피털을 거절했다. 2012년 마침내 퀄트릭스는 벤처캐피털을 자신들이 원하는 방식으로 조달했다. 당시 퀄트릭스는 이미 수십억 달러의 가치를 지닌 기업이었기 때문에 벤처캐피털이 그리 절실하지 않았다.[51]

현재 퀄트릭스는 12개국에서 1만 1천 이상의 고객에게 서비스를 제공한다(여기에는 포춘 100 기업의 75%가 포함된다). 2018년 11월 퀄트릭스는 80억 달러에 SAP에 매각됐다.[52] 라이언 스미스와 스콧 스미스, 자레드 스미스, 스튜어트 오길은 엑시트 단계에서 지분의 대다수를 보유했다.

벤처캐피털 없이 성공적인 스타트업을 세우는 것은 드물지만 전례가 없진 않다. 퀄트릭스는 벤처캐피털을 거의 조달하지 않고도 성공적으로 사업을 확장한 경우다. 아틀라시안<sup>Atlassian</sup>과 메일침프<sup>Mailchimp</sup>, 알엑스바<sup>RXBAR</sup> 같은 기업은 퀄트릭스와 유사하게 성장했다. 흥미롭게도 그들은 모두 실리콘밸리 바깥 호주나 애틀랜타, 시카고에 설립됐다.

일부 프런티어 혁신가는 성장세를 조절하여 자금 수요를 관리한다. 베이스캠프는 성장과 수익성이라는 2가지 요소를 극단적일 정도로 관리했다. 시카고에 본사를 둔 베이스캠프는 12년 동안 꾸준히 성장했고, 수백만 명의 소프트웨어 개발자를 고객으로 두고 있으며, 수백만 달러의 매출을 기록하고 있다. 베이스캠프는 외부에서 자금을 조달하지 않았다. 베이스캠프는 성장을 조절한다. 작은 규모를 유지하기 위해서 최대 50명이 넘는 인력이 투입되는 상품은 아무리 성공적이더라도 없앤다.[53] 베이스캠프의 공동 창립자이자 루비 온 레일스<sup>Ruby on Rails</sup>의 개발자인 데이비드 하이네마이어 한슨<sup>David Heinemeier Hansson</sup>은 내게 말했다. "왜 성장해야만 한다고 생각합니까? 성장한다고 반드시 기업이 오래가거나 수익성을 가지는 건 아닙니다. 그런데 이 2가지가 기업에 중요한 경제적 요소지 않습니까? 베이스캠프는 이런 기본적인 경제적 요소를 쉽게 충족시킬 수 있습니다. 우린 지금 굳건하고, 또 많은 돈을 벌고 있죠."[54]

물론 기업가에게 벤처캐피털을 조달받지 말라고 이야기하려고 이런 사례를 소개한 것은 아니다(참고로 나는 벤처캐피털리스트다). 실제로 절대다수의 낙타 기업들이 외부 투자에 의존한다. 하지만 낙타 기업은 누구에게서 그리고 어떤 조건으로 벤처캐피털을 (또는 다른 유형의 자본을) 조달할지를 선택하는 사치를 부릴 여유가 있다. 메일침프나 베이스캠프처럼 낙타 기업은 벤처캐피털을 조달하지 않기로 결정할 수도 있다. 아니면 퀄트릭스나 아틀라시안처럼 특정 목표를 위해 또는 특정 시점에 자금을 조달하기로 결정할 수도 있다. 이와 관련하여 10장에선 벤처캐피털리스트들이 어떻게 투자 모델을 재고하여 혁신가의 니즈에 보다 적합한 모델을 만들어내고 있는지를 살펴볼 것이다.


## 가용한 수단을 이해하라

프런티어에서 스타트업은 언제 어디서나 생존의 위협을 받는다. 콰차 가치가 폭락했을 때, 주나는 생존의 위협을 받았다.

프런티어 혁신가는 이러한 리스크를 충분히 인지하고 최대한 대비한다. 그들은 위기가 닥쳤을 때 가용한 수단과 대응할 방법을 알고 있다. 주나의 경우, 키스 데이비스는 주나에 영향을 미칠 많은 경제 동인을 예측하여 구체적인 금융 모델을 개발했다. 그뿐만 아니라 여러 시나리오에서 주나가 위기를 벗어나려면 얼마의 자금이 필요할지도 미리 파악해 두었다. 키스 데이비스는 "우리는 정확하게 상황을 인지하고 있었고 투자자와 파트너에게 일어날 수 있는 다양한 시나리오를 보여줬습니다. 그리고 각각의 경우에 주나가 어떻게 위기 상황을 헤쳐나갈지도 설명했죠."라고 설명했다.[55]

위기가 닥쳤을 때, 주나는 발 빠르게 움직였다. 주나는 급격한 평가 절하가 사업에 미치는 영향을 면밀히 분석했고 투자자들을 불러 대응방안을 마련했다. 기업의 규모를 축소하고 부스에 대한 투자를 줄이고 비용도 조절했다. 임시방편으로 주나는 약간의 자금을 조달했고 사태의 추이를 면밀히 지켜봤다.[56]

덕분에 주나는 무사히 환율 위기를 넘겼다. 하지만 이것은 결코 주나가 넘어야 할 마지막 위기가 아니었다.

## 모든 달걀을 한 바구니에 담지 마라

재무 설계에서 한 바구니에 모든 달걀을 담지 말고 여러 자산과 지역에 분산 투자하라고 배웠다. 하지만 기업가는 사업에 모든 것을 집중적으로 쏟아 붓는다. 심지어 평생을 모은 돈을 스타트업에 투자하고, 생계마저 완전히 얽히게 된다. 실리콘밸리에서 스타트업은 모기처럼 활동하며 단한 가지에만 집중한다. 하지만 프런티어 혁신가는 프런티어의 복잡한 스타트업 생태계를 고려해서 재정적으로 건전한 전략을 쓴다. 그들은 지리와 상품의 다양성을 추구한다.

신흥시장의 대표적인 중고차 거래업체인 프런티어 카 그룹Frontier Car Group, FCG을 살펴보자. 공동 창립자인 수야 타일Sujay Tyle은 "우리는 리스크를 전 세계적으로 분산시켜서 관리하고 있습니다. 5개의 시장(멕시코, 나이지리아, 터키, 파키스탄, 인도네시아)에만 집중했죠. 이들 지역은 지역 거점 역할을 합니다. 이곳에서 성공하면, 사업을 확장하겠죠. 실패하면 다른 지역을 검토합니다."라고 말한다.[57]

터키와 같은 일부 시장에서는 실적이 나빴고 나이지리아와 같은 시장에선 환율 위기가 닥쳤다. 이에 따라 FCG는 지역 상황을 기준으로 투자 수준을 조절했다. 나이지리아에선 환율이 안정될 때까지 투자를 제한했고 터키에선 사업을 접었다. 실적이 좋은 시장에 대한 투자는 확대했다. 실적이 가장 좋은 시장은 멕시코였다. 멕시코를 발판으로 삼아 FCG는 4개의 라틴 아메리카 시장에 진출했다. 2018년 여름을 기준으로 FCG는 5만 대의 중고차를 거래했고 8개의 시장으로 사업을 확장했다.[58] 지금까지 FCG는 2018년 5월 내스퍼스Naspers가 이끈 시리즈 C를 포함해서 거의 1억 7,000만 달러의 자금을 조달했다.[59]

이와 유사한 사례가 있다. 비전스프링VisionSpring은 세계적인 사회적 기업으로 저소득층에게 안경을 제공한다. 비전스프링은 비즈니스 모델과 시장에 다양성이란 요소를 추가했고, 영업망을 3가지 영역으로 구축했다. 도매업자에게 판매하고, 중개인을 통해 판매하고, 직접 판매하는 것이다 (이와 함께 현지 비영리 기구와 제휴를 맺어 유통 문제를 해결했다). 비전스프링은 6개 시장에 진출했으니, 사실상 사업 성숙도와 규모에 따라 18개 시장에서 사업을 하는 셈이다. 비전스프링은 성숙도가 높은 시장에서 올린 수익으로 성숙도가 낮은 시장의 매출 부진을 보전한다.[60]

이러한 사업 전략은 이 책에서 다룰 다른 주제들과 시너지를 낸다. 2장에서는 프런티어 혁신가가 어떻게 수평적 스택을 조성하여 기업을 운영하고, 상품 라인을 다양화하고 강화하는지 살펴봤다. 5장에선 프런티어 혁신가가 어떤 방법으로 다양한 시장에 진출하여 사업을 확장시켜 나가고 있는지 살펴볼 것이다. 보다시피, 이러한 전략은 성장에 대한 사전 예방적 접근 방식이며, 때로는 막 생겨난 프런티어 스타트업 생태계에서 생존하기 위한 필연적 선택이다. 또한 암묵적인 다양화 전략의 일환이기도 하다.

다양화 전략이 신흥시장에서 회복 탄력성을 기르는 데 효과적이란 증거가 있다. <하버드 비즈니스 리뷰Harvard Business Review>에 발표된 연구에 따르면, "고도로 다양화된 사업 구조를 지닌 기업 집단은 특히 개발도상국의 구조적 환경에 적합하다. [그들은] 선진국의 다양한 제도를 기능적으로 모방하여 부가가치를 창출해낸다. 성공한 기업 집단은 집단에 소속된 기업들과 나머지 경제 주체들 사이에서 중재자 역할을 효과적으로 수행한다."고 한다.[61] 부당한 대우를 받은 고객들을 보호하고 피해를 보상하는 사법체계가 제대로 마련되어 있지 않은 시장에서는, 신뢰받는 브랜드 하나가 유용하다. 어느 한 영역에서 명성을 쌓아서 신뢰받는 브랜드를 구축하면, 이 브랜드에 대한 신뢰를 이용해서 여러 분야로 진출할 수 있다.

벤처캐피털이 제한된 시장에서 사업부가 다양한 기업은 A라는 사업부의 수익을 잠재력이 높은 스타트업에 투자할 수 있다. 그리고 교육과 훈련의 기회가 제한된 시장에서는 최고의 인재들을 영입하고 그들에게 여러 사업부를 순환 근무하게 하며 귀중한 경험을 쌓도록 할 수 있다. 프런티어 혁신가들은 이런 다양화 전략으로 노동시장의 경직성을 완화한다 (예를 들어, 기업이 변화가 필요할 때 해고가 어려우면 노동시장이 경직된 것이다). 사업부가 다양하기 때문에 전사적 차원에서 인적 자원을 재조정할 수도 있다.[62]

비록 이 연구는 한국의 재벌과 라틴 아메리카의 그루포$^{Grupo}$, 인도의 비즈니스 하우스$^{Business House}$ 등 여러 자회사와 계열사를 거느린 기업 집단만을 고려했지만, 이들이 크고 다원화된 기업 집단을 형성한 이유와 프런티어 혁신가가 다양성을 추구하는 이유는 어찌 보면 같다. 특히 도전적인 사업 환경에서 사업부가 다양하면, 그 기업은 제도적 공백도 메울 수 있다. 2장에서 봤듯이 다양한 영역에 진출해 회사를 설립하면 부족한 인프라를 대체할 수 있다. 그러니 프런티어 혁신가들이 다양화 전략을 추구하는 것은 선택이 아니라 필수다.

포트폴리오 전략은 이러한 다양화 전략보다 더 나간 비즈니스 전략이다. 실리콘밸리에선 스타트업에 포트폴리오 전략을 권장하지 않는다. 스타트업을 세워서 빠르게 성장시키려면 엄청난 노력과 헌신이 필요하다. 110% 집중해도 그 스타트업이 성공할지 말지 알 수 없다. 실리콘밸리 기업가의 열에 아홉은 스타트업 하나만 해도 해야 할 일이 너무 많아서 정신없다고 이야기할 것이다. 여러 프로젝트에 자원을 과도하게 분산시키면, 모든 프로젝트는 그저 그런 성과만을 낼 것이다. 하지만 프런티어에서 기업가는 서로 관련 없는 프로젝트들을 소규모로 연이어 시작한다. 이런 현상은 소위 **포트폴리오 기업가 정신**$^{portfolio entrepreneurship}$이라고 불린다. 이것은 회복 탄력성을 확보하기 위한 현상이라기보다 실패에 대한 두려움으로 나타나는 현상이다. 여러 사업을 동시에 진행하면 어느 하나의 사업이 실패하더라도 다른 사업이 작게나마 성공하면 그만큼 기업가의 리스크는 줄어든다. 하지만 그 어떤 사업도 크게 성공하진 못한다.[63]

그러므로 다양화 전략이나 포트폴리오 전략을 즉흥적으로 활용해선 안 된다. 그보다 전략적으로 그리고 필요할 때 포트폴리오를 설계하여 다양성을 확보하는 것이 안전하다. 전략적으로 필요에 의하여 설계된 포트폴리오는 자가 강화Self-reinforcing와 자가 균형Self-balancing을 달성할 수 있다. 자가 강화는 한 영역에서의 성공과 경험이 나머지 영역의 성공으로 이어지도록 하는 것을 의미한다(가령, FCG는 사기 거래를 관리하는 데 탁월하다). 자가 균형은 어느 한 영역이 제대로 돌아가지 않거나 특정 리스크에 직면하면 위험 요소를 관리하여 전제 사업의 생존을 위협하지 않도록 한다(주나의 경우, 잠비아를 넘어 다른 지역으로 사업을 확장하던 시기에 있었으므로 환율 위기가 특히 위험했다).

척박한 스타트업 생태계에 잠재된 리스크에 대응하기 위해서 프런티어 혁신가들은 이러한 포트폴리오 전략을 활용한다. 포트폴리오는 관리하기 복잡하고, 여러 사업을 효과적으로 관리하는 데 상당한 자원이 소요된다. 그러므로 미국처럼 상대적으로 안정된 생태계에서는 어느 한 영역에만 최대한 집중하는 전략이 바람직한지도 모르겠다.

# 장기적인
# 관점을 가져라

프론티어 혁신가는 수단과 방법을 가리지 않는 성장만을 추구하지 않는다. 그들은 지속 가능성에 집중하고 성공을 장기적인 관점에서 바라본다.

아시아와 아프리카, 라틴 아메리카에선 스타트업이 엑시트 단계에 도달하는 데 평균 13년 이상이 걸리고, 실제 엑시트하는 데는 훨씬 더 긴 시간이 걸리는 것으로 나타난다.[64] 실리콘밸리에선 엑시트하는 데 평균 6~8년 정도가 걸리는 반면, 프런티어에선 2배 더 걸린다(요즘 실리콘밸리에서는 유니콘 기업이 비상장 기업으로 머무는 기간이 점점 길어지고 있긴 하지만 말이다).[65]

퀄트릭스의 라이언 스미스는 "스타트업은 5년 안에 승패가 결정되는 게임이 아닙니다. 20년이 걸리는 게임이죠. 설립 초기에도 사업은 잘됐습니다. 하지만 사업을 시작한 지 13년~17년이 됐을 무렵에 대기업으로 전환했고 이 시기에 결정적인 돌파구가 마련됐습니다."라고 말했다. 라이언 스미스의 입장에서 새로운 사업이 성숙해질 시간을 갖는 것은 중요했다. "지금이야 성공한 사업들이지만, 처음 시작할 때는 모두 형편없었습니다. 모든 사업이 성공하는 데 예상했던 것보다 더 긴 시간이 걸렸죠. 기다릴 수 있는 인내심과 끝까지 밀고 나갈 유연성이 중요했습니다."[66]

이렇게 성공을 장기적으로 바라보는 것은 신흥시장에서 바람직한 자세다. 나는 이런 시장에서 사업을 시작한 기업가에게 생존을 제1의 전략으로 삼으라고 조언한다. 이것은 비즈니스 모델을 진화시키고 고객이 공감할 상품을 찾고 대량 유통 채널을 확보할 시간을 벌어준다. 물론 경쟁이 있을 수 있지만, 시장에 제일 먼저 진출하는 사람에게 경쟁상대가 항상 존재하진 않는다. 이 레이스에서는 누가 시장에 가장 먼저 진출하느냐가 아니라, 누가 가장 오래 생존하느냐가 제일 중요하다. 수십억 달러의 가치를 지닌 인도네시아 스타트업인 부칼라팍<sup>Bukalapak</sup>의 창립자이자 CEO인 아흐마드 자키<sup>Achmad Zaky</sup>는 이 전략을 간략하게 설명하며 농담처럼 스타트업을 바퀴벌레에 비유했다. "우리는 마치 바퀴벌레 같죠. 바퀴벌레는 먹이를 가리지 않습니다. 닥치는 대로 먹어치우죠. 바퀴벌레는 심지어 핵폭발 이후에도 살 수 있어요. 바퀴벌레에겐 생존이 전부입니다."[67]

성장을 장기 목표로 삼고 생존에 집중하면 성장과 리스크 관리 중에 어느 하나를 선택해야 할 상황이 줄어들고 회복 탄력성이 생긴다. 마이크 에반스는 "기업 공개를 하기까지 10년이 걸렸습니다. 수익성보다 성장을 우선시했다면 8년으로 줄일 수도 있었겠죠. 하지만 그렇게 하면 리스크가 7배 상승했을 겁니다. 우린 지속 가능성을 선택했죠."라고 말했다.[68] 그럽허브는 다른 방법으로 엑시트 단계에 도달하는 것보다 더 오래 걸리기는 했지만, 회복 탄력성이 강화되면서 안정적으로 엑시트 단계에 도달했다. 그럽허브는 강화된 회복 탄력성으로 리스크와 난관을 흡수하고 극복할 수 있었다.

앨버트 아인슈타인<sup>Albert Einstein</sup>은 "복리가 이 우주에서 가장 강력한 힘"이라고 말했다. 성장을 장기적 관점으로 바라보면 프런티어 혁신가는 아이디어를 성장시키고 그 성장에 따른 복리 혜택을 누릴 기회를 얻을 수 있다.

# 왜 벤처캐피털이
## 중요한가?

뉴스 헤드라인은 끊임없이 차고 넘치는 벤처캐피털이 어딘가로 흘러 들어가고 있다는 믿음을 퍼트린다. 소프트뱅크<sup>SoftBank</sup>는 무려 1,000억 달러의 비전 펀드<sup>Vision Fund</sup>를 조성했다. 벤처캐피털의 유니콘 기업을 사냥하려는 경주는 멈추려야 멈출 수 없는 것 같다. 적어도 지금 당장은 말이다.

하지만 이것은 핵심을 제대로 파악하지 못해서 하는 소리다.

실리콘밸리 기업가와 비교하면, 프론티어 혁신가는 더 도전적인 생태계에서 훨씬 더 적은 자원으로 외부 충격에 대한 리스크를 더 크게 안고, 실패할 경우 경험할 훨씬 큰 불이익을 걱정하며 스타트업을 성장시킨다. 그래서 그들의 비즈니스 모델에는 이런 현실이 그대로 반영되어 있다.

이 책에 나오는 최고의 전략과 효과적인 수단을 이용해도, 프런티어 혁신가는 이런 생존의 위협에서 벗어날 수 없다. 설령 그의 기업이 최고라도 말이다. 환율 위기를 성공적으로 견뎌내고서 주나는 새로운 시장으로 사업을 확장했고 얼마 동안 성장했다. 하지만 최근에 신규 시장에서 경쟁 구도가 갑자기 급격하게 변하면서 단위 경제에 대한 추정이 완전히 뒤집혔다. 그래서 주나는 사업 계획을 조정하고 최근에 진출한 시장들에 대해 불안해하는 겁 많은 투자자들로부터 새롭게 벤처캐피털을 조달해야 했다. 2015년에 했던 것처럼 주나는 벤처캐피털을 조달하여 낙타 기업의 회복 탄력성을 발휘해 새로운 도전을 헤쳐나가고 있다. 다시 말해 주나는 프런티어에서 생존을 위한 끝나지 않는 치고받는 권투시합에 다시 뛰어들게 된 것이다.

하지만 이런 주나의 사례가 프런티어에만 국한된 것은 아니다. 실리콘 밸리 스타트업 중에서 특정 그룹은 벤처캐피털을 조달하려고 처절한 전투를 벌이고 있다. 만약 그들의 비즈니스 모델이 실리콘밸리에서 권장하는 표준 모델에 맞지 않는다면 그 전투는 더욱 치열해진다. 예를 들어, 클린테크* 산업은 여전히 골칫덩어리다.[69] 물론 우리는 호시절은 영원하지 않고 미국 경제도 충격에 취약하다는 사실을 안다.

실리콘밸리 스타트업 중에서 특정 그룹이 세간의 주목을 받고 있다. 지브라 유나이트Zebras Unite는 스타트업을 유니콘 기업으로 성장시키기 위하여 활용되는 각종 전략이 소위 '먹히지 않는' 스타트업에 대한 인식을 제고하기 위해 시작된 운동이다(그렇다. 지브라, 즉 '얼룩말'이라는 스타트업을 상징하는 새로운 동물이 등장했다). 지브라 유나이트는 전 세계에 40개의 지부를 두고 있으며 1,500명이 이 운동에 동참하고 있다.[70]

실제로 지속 가능하고 회복 탄력성을 지닌 기업을 설립하는 것이 유니콘 기업이 아닌 얼룩말 기업과 낙타 기업을 길러내는 기업가에게 유효한 전략인 듯하다.

---

* 일단 오염이 발생하고 난 뒤 이를 적절히 처리하는 데 중점을 두었던 종전의 환경기술과 달리, 에너지와 자원의 소비를 줄여 오염물질의 발생을 선제적으로 줄이거나 없애는 새로운 환경기술들을 아울러 이르는 말이다. -편집자 주

# 04

# 타가수분하라

**전 세계의 아이디어와 네트워크를 연결하라**

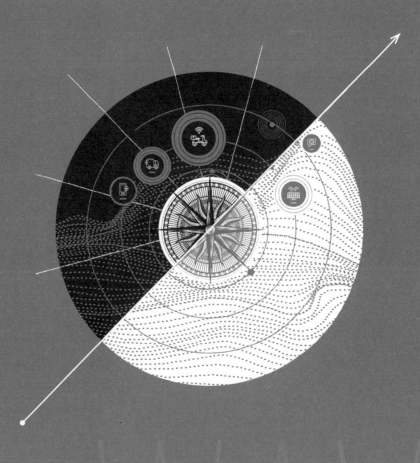

# 바라트매트리모니 BharatMatrimony

S T A R T U P   W A V E

인도에서 결혼은 가족과 가족이 결합하는 의미가 컸고, 따라서 중매결혼이 관습이었다. 그러나 근래의 도시 이주나 국외 이민으로 인하여 전통적인 방식으로는 더 이상 배우자를 찾을 수 없게 되었다. 바라트매트리모니는 이 수요에 대응하여 온라인으로 중매를 주선하는 웹사이트다. 직업과 학력, 소득 등의 인증 서비스, 다양한 현지어로 번역된 10여 개의 도메인 그리고 오프라인 상견례 장소까지 갖춘 바라트매트리모니는 '인도식' 결혼의 트렌드가 되고 있다.

실리콘밸리는 청년의 치기 어린 열정과 낡은 산업에 과감히 도전하는 용기로 차고에서 스타트업을 세우는 22살의 대학교 중퇴자라는 고정관념을 토대로 번창했다.

이 고정관념은 일종의 전설이다. 각자 21살과 26살에 애플을 설립한 스티브 잡스Steve Jobs와 스티브 워즈니악Steve Wozniak, 21살에 마이크로소프트Microsoft를 세운 빌 게이츠Bill Gates 그리고 20살에 페이스북을 탄생시킨 마크 저커버그Mark Zuckerberg 등 세계에서 가장 성공한 테크 기업을 설립한 유명한 기업가들이 이 고정관념을 뒷받침한다.[1] 하지만 빛나는 젊음에는 대가가 따른다. 실리콘밸리에는 후드를 쓴 어린 전사인 '테크 브로'가 있다. 그들은 엄마가 대신해 주지 않는 일을 처리하는 상품과 서비스를 만든다는 비난을 자주 듣는다.

하지만 이것이 놀랍지는 않다. 기업가는 자신의 경험을 토대로 기업을 세운다. 22살의 인생 경험은 짧고 자신이 사는 지역에 국한되고 근시안적일 수밖에 없다.

하지만 프런티어 혁신가는 오랫동안 지리적으로 광범위하고 다양한 영역과 산업에 걸쳐진 경험을 한다. 이러한 경험의 다양성이 그들이 왜 그 문제를 해결하려고 하는지, 그리고 왜 그렇게 독특하게 문제에 접근하는지를 설명해 준다.

## 발길이 거의 닿지 않은 길

이드리스 알 리파이Idriss Al Rifai에게 도전은 낯설지 않다. 그는 이라크에서 자랐다. 하지만 첫 번째 이라크전이 발발했을 때, 그의 가족은 프랑스 파리로 피신했다. 지금 그는 완벽하게 프랑스어를 구사한다. 18살이었을 때, 그는 프로 농구선수였고 토니 파커Tony Parker와 함께 국가대표팀에서 활동했다. 농구를 그만둔 이유를 곰곰이 생각하더니, 이드리스 알 리파이는 "저는 토니 파커가 아니잖아요."라고 재치 있게 말했다. 이후 그는 프랑스 특수부대에 합류하여 차드와 콩고, 말리, 소말리아에서 진행되던 작전에 참여했다. 그리고 마침내 프랑스 국방부의 자문역으로 고용됐다.

하지만 이드리스 알 리파이는 항상 중동으로 돌아가길 꿈꿨고 그곳에서 사업을 하고 싶었다. 그는 시카고 대학에서 MBA 석사를 취득하고 보스턴 컨설팅 그룹Boston Consulting Group의 두바이 사무소에 취직했다.

두바이에서 새로운 삶에 안주하던 이드리스 알 리파이는 두바이에는 기업 활동에 중요한 인프라가 턱없이 부족하다는 사실을 깨달았다. 그의 새로운 직업은 전 세계에서 물자를 조달하는 것이었지만, 자주 배송 사고가 발생했다. 배송기사가 나타나지 않거나 길을 잃어버리거나 배송이 여러 가지 이유로 지연됐다. 나이로비에서처럼 두바이의 특정 지역에는 주소가 없었다.

두바이의 기존 배송 인프라로는 성장하는 전자상거래 시장을 뒷받침할 수 없었다. 첫째로 아랍에미리트에는 배송 인력이 극심하게 부족했다. 엎친 데 덮친 격으로 고객은 전자상거래로 구입한 물품을 배송받고 나서 현금으로 비용을 지불했다. (대다수 개발도상국과 마찬가지로) 대부분의 두바이 사람들은 금융 서비스를 활용할 수가 없었다.

전자상거래 시스템은 허술했고 믿을 수 없었다. 고객이 온라인으로 물건을 주문하면, 판매자는 배송 주소가 있고 고객에게 안전하게 물건이 배달되고 고객이 물건값을 치를 현금을 갖고 있기를 바랄 뿐이었다(물건값을 치르지 않은 고객은 단순 변심으로 배송을 거부할 수 있었다). 여기서 어느 하나라도 어긋나면, 배송기사는 배송을 완료할 수 없고 판매자는 반품비용을 부담하게 될 것이다. 당연히 이것은 전자상거래 참여자들에게 상당히 큰 부담이었다.

이 문제를 해결하기 위해서 이드리스 알 리파이는 상품을 최종 소비자에게 직접 배송하는 라스트 마일 딜리버리 회사인 페처<sup>Fetcher</sup>를 설립했다. 앱을 이용하여 고객은 배송상태를 추적하고 도착일을 확인하고 상품을 받을 준비를 할 수 있었다. 배송기사는 배송계획을 세우고 배송경로를 최적화하여 훨씬 더 효율적으로 일하게 되었다.

# 전형적인 실리콘밸리 기업가가 아니다

이드리스 알 리파이의 개인사는 이례적이지만, 그의 이야기에서 많은 프런티어 혁신가들에게서 공통으로 나타나는 특징 몇 가지를 확인할 수 있다.

이드리스 알 리파이처럼 프런티어 혁신가에게는 특별한 의미가 있는 인생 경험이 있다. 그들은 좀처럼 22살에 사업을 시작하지 않는다. 실제로 라틴 아메리카와 아프리카, 동남아시아에서 스타트업을 시작하는 기업가의 평균 연령은 32살이다.* 페처를 시작했을 때 이드리스 알 리파이는 30대 중반이었다.[2] 그리고 대체로 그들은 교육 경험도 더 다양하고 사업 경험도 더 풍부하다. 전 세계 40곳 이상의 액셀러레이터를 대상으로 한 연구에서 신흥시장의 기업가들은 평균 1.65개의 대학 학위를 갖고 있었고 (선진국은 평균 1.45개), 사업을 시작하기 전에 평균 2.8개의 기업에서 근무했다(자기 사업을 시작하기 직전에는 주로 CEO나 이사에게 보고하는 역할을 맡았다).[3]

중요한 것은 나이가 아니다. 프런티어 혁신가가 실리콘밸리 기업가보다 긴 인생경험을 가지고 무엇을 하느냐가 중요하다. 대다수의 가장 성공

---

* 이 장에 사용된 데이터 포인트들은 외국에서 대학교와 대학원을 다녔고, 글로벌 기업에서 전략 컨설팅, 투자 은행 그리고 관리와 기술 전문성을 익혔으며, 유명한 기술 스타트업에서 일했고, 적당한 때 직접 회사를 세웠고, 스타트업 엑셀러레이팅에 참여했고, 기업가 정신을 증진하는 글로벌 조직의 회원이면서 실리콘밸리와 여타 영향력 있는 스타트업 중심지에서 얼마간의 시간을 보낸 뒤에 고국으로 돌아온 창립자들의 수치다. 이런 데이터 포인트들은 링크드인, 크런치베이스, 피치북, 블룸버그, 신문 기사 등 공개된 소스에서 가져왔다. 창립자의 정확한 생년월일을 알 수 없는 경우에 나는 대학교와 대학원 졸업시기를 바탕으로 그의 출생연도를 추측해 냈다. 라틴 아메리카 창립자들의 경우, 49명의 창립자들 중에서 47명의 나이나 출신학교에 관한 데이터는 구할 수 있었다.

한 프런티어 혁신가에게는 여러 국가에서 살고 일한 경험이 있다. 지난 10년 동안 동남아시아에 등장한 유니콘 기업 10개 중 8개의 창립자는 외국에서 공부했거나 살았거나 일했던 경험이 있는 사람이었다(참고로 나는 '유니콘 기업'이란 용어를 이 단어에 담긴 철학을 지지하기 위해서가 아닌 가치평가의 한 지표로서 이 책에서 계속 사용할 것이다).[4] 라틴 아메리카도 마찬가지다. 과장을 좀 하면, 라틴 아메리카 유니콘 기업 창립자의 절반 이상이 외국에서 일하거나 공부했다.[*]

어렸을 때 외국에 체류한 경험이 없는 이들도 나중에 외국에서 공부하거나 일하거나 거주했다. 라틴 아메리카나 인도, 동남아시아, 사하라 사막 이남 아프리카에서 유니콘 기업을 세운 기업가의 23%가 인데버나 월드 이코노미 포럼World Economic Forum 등 글로벌 펠로십이나 리더십 양성 프로그램을 이수했고 22%가 글로벌 액셀러레이터에 합류했다.[**]

그래서 프런티어 혁신가는 소위 '타가수분형 기업가'이다. **타가수분**이란 전혀 어울릴 것 같지 않은 아이디어와 콘셉트를 함께 엮어 새롭고 더 좋은 것을 만들어내는 행위다. 타가수분형 기업가들은 여러 지역과 산업, 분야에 걸쳐 존재하는 정보를 연결하여 참신한 사업모델이나 솔루션을 창조한다. 적어도 실리콘밸리 밖에선 이런 타가수분형 기업가들이 우수

---

[*] 그랩, 가레나, 라자다 그룹, 고젝, 토코피디아, 트래블로카, 부칼라팍의 창립자들을 가리킨다. 이 통계는 교육이나 이전 업무 경험에 대한 정보를 공개적으로 이용할 수 있는 공동 창업자의 총수를 찾아내어 도출되었다. 자료의 목적상, 국제 경험은 우리 팀에 의해 5년 이상 공부하거나 본국 밖에서 일한 것으로 정의되었다. 라틴 아메리카 공동 창업자 47명 중 33명이 국제적 경험을 갖고 있다.

[**] 이 통계는 액셀러레이터 가입에 대한 정보가 공개된 5개 프런티어 시장에서 선정된 스타트업의 수를 찾아 도출했다. 계산에 사용된 글로벌 액셀러레이터로는 벤처, 패브리카 드 스타트업, 걸이펙트 액셀러레이터, 구글 런치패드, GSMA 에코시스템 액셀러레이터, 뉴이코노미 액셀러레이터, 로켓인터넷, 런웨이 인큐베이터, 스프링 액셀러레이터, USAID 등이 있다. 이 샘플에서, 64개 스타트업 중 14개 스타트업이 글로벌 액셀러레이터 프로그램에 참여했다.

한 실적을 낸다. 그렇다고 이것이 그리 놀랄 일은 아니다.

## 타가수분형 기업가의 혁신 공급망

혁신은 전 세계적으로 통합되어 하나의 흐름으로 만들어지고 있다. **혁신 공급망**Innovation Supply Chain은 최고의 아이디어가 대륙을 가로지르며 연속적으로 채택되고 개선되는 현상을 일컫는다.[5] 타가수분형 기업가는 이러한 혁신 공급망을 활용하여 비즈니스 모델에 필요한 다양한 영감을 얻는다.

예를 들어, 차량 공유 산업은 샌프란시스코의 우버와 리프트가 개척한 혁신에서 시작됐다. 스타트업은 빠르게 전 세계에 이 비즈니스 모델을 수출했고 현지 니즈를 최대한 반영하여 개선했다. 2장에서 만나본 차량 공유 앱인 고젝은 현재 인도네시아의 차량 공유 시장을 지배하고 있으나 우버를 그대로 모방하고 있지는 않다. 고젝은 기존의 차량 공유 모델을 개선했고 사람을 목적지까지 이동시킬 뿐만 아니라 음식 배달과 택배, 심지어 금융 서비스까지 하도록 해서 운전자의 참여도를 극대화했다.

고젝의 전략에는 중국에서 얻은 영감도 포함되어 있다. 중국의 기술 생태계는 여러모로 실리콘밸리에 필적한다. 결제 시스템의 경우, 기업 가치가 1,500억 달러인 알리바바의 금융 자회사 앤트 파이낸셜Ant Financial이 세계에서 가장 큰 모바일 결제 플랫폼인 알리페이Alipay를 운영한다. 이용자는 소셜 네트워크와 독특한 QR 코드를 사용해서 알리페이를 통해 결제를 하거나 송금한다. 텐센트의 위챗WeChat(알리바바의 경쟁업체)은 자사 소셜 네트워크로 결제, 차량 공유, 배송, 음식 배달을 할 수 있는 완전한 상품과 서비스 생태계를 구축했다. 중국의 주요 도시에서 알리페이와 위챗이 사용된다.[6] 위챗과 알리페이의 기능을 복제해서 고젝은 사업모델에 결제 플랫폼을 넣어 보다 광범위한 서비스를 제공하는 슈퍼 앱으로 진화시켰다. 소비자에게 가능한 모든 서비스를 제공하는 하나의 플랫폼을 개발하고자 했던 것이다.

이런 식으로 여기저기서 아이디어가 계속 교환됐고 고젝은 완성 단계에 이르렀다. 우버가 최근에 출시한 우버 이츠Uber Eats와 우버 신용카드와 같은 상품은 동남아시아의 비즈니스 모델과 더욱 흡사하다.[7] 그리고 우버는 적당하게 이 모든 상품을 재편하여 하나의 슈퍼 앱을 내놨다.[8] 프런티어 혁신가는 어떤 혁신이 어디에서 왜 번창하고 있는지를 분석하고, 이런 분석을 통해 얻은 정보를 적극적으로 활용한다. 이런 데이터 덕분에 그들은 혁신적인 모델을 생각해내는 데 보다 유리한 위치에 서게 된다.

프런티어 혁신가는 실리콘밸리와 같은 '초전도체' 지역에 주목한다. 여전히 실리콘밸리를 보고 배우는 것은 스타트업에 있어 중요하다. 글로벌 스타트업 생태계 조사기관인 스타트업 지놈Startup Genome의 CEO인 J.F.고디어J.F Gauthier는 "실리콘밸리의 연륜이 많은 글로벌 벤처캐피털리스트 10명과 이야기해 보세요. 그들은 당신이 관심 있는 분야에서 꽤 존재감을 발휘하는 의미 있는 스타트업 몇몇을 이미 알고 있을 겁니다. 50명과 이야기해 보면, 그 지역의 스타트업 생태계에 대해서 상당히 많은 것을 알게 될 겁니다."라고 내게 말했다.[9] 이것이 전 세계적으로 많은 혁신가가 실리콘밸리로 와서 벤처캐피털리스트들을 만나는 이유다.

물론 실리콘밸리는 중요한 거점 지역 중 한 곳일 뿐이다. 중국은 주목해야 할 주요 스타트업 생태계로 떠오르고 있다. 실제로 전자상거래와 핀테크 분야에서 미국보다 더 훌륭하면서 혁신적인 성과를 내놓는 스타트업들이 중국에 등장하고 있다. 케냐는 스마트폰 없이 이용할 수 있는 모바일 뱅킹 서비스 분야의 혁신을 확인하기 위해서 반드시 주목해야 할 지역이다. 토론토와 몬트리올은 인공지능 분야의 혁신, 미네아폴리스는 헬스케어 혁신의 중심에 있다. 그리고 텔아비브는 보안과 관련된 혁신을 선도하며, 런던은 핀테크의 거점 지역이다. 비즈니스 모델의 촉매제가 될 주요 트렌드를 찾거나 스타트업에 위협이 될 요소를 파악하려는 프런티어 혁신가는 이러한 초전도체 지역에서 해답을 빨리 구할 수 있을 것이다.

타가수분형 기업가는 자신의 인생 경험과 다양한 아이디어를 결합하여 자신만의 비즈니스 모델을 고안해낸다. 이드리스 알 리파이는 문제를 직접 경험하고 여러 산업에서 얻은 통찰을 하나로 연결했을 때 무엇이 가능한지를 고민한 뒤에 페처를 설립했다. 그는 서양의 거대한 전자상거래 업체들이 개척한 효율적인 라스트 마일 딜리버리 시스템에서 영감을 얻었다.

주소가 제대로 갖춰지지 않은 시장에서 페처는 GPS에 연동된 주소 찾기 시스템과 경로 최적화 시스템이라는, 신흥시장의 차량 공유업체들이 만들어낸 진보를 활용했다. 또한 은행을 전혀 사용하지 않는 고객을 위해, 특히 현금 기반 결제 모델인 신흥시장의 금융 서비스에서 얻은 통찰도 필요했다. 마지막으로 이드리스 알 리파이는 배송기사의 극심한 부족을 해결해야 했다. 그는 인적 자원 부족에 시달렸던 지역 건설 업체를 도운 전문가들로부터 자문을 받아 이민 전략을 수립했다. 이 모든 일을 동시에 해내기 위해서는 군사 작전의 정확성과 프로 운동선수의 경쟁의식이 필요했다. 솔루션을 구축해 내기 위해서 이드리스 알 리파이는 컨설팅 업계에 종사하며 얻은 전략적인 문제 해결 스킬뿐만 아니라 고립된 지역에서 일하면서 얻은 지식과 정부의 관료 집단과 일한 경험도 활용했다.

페처와 유사하게, 졸라의 비즈니스 모델도 수많은 기술 혁신과 혁신적인 비즈니스 모델이 결합된 결과물이다. 전기 공급 인프라가 제대로 갖춰지지 않은 환경에서 살아가는 8억 명의 아프리카 사람들을 위한 졸라의 가정용 태양광 시스템은 설비비용을 한꺼번에 지불하지 않고 쓰는 만큼 돈을 내는 종량제로 판매된다. 그래서 사람들은 보다 저렴하게 태양광 시스템을 사용할 수 있다. 한편 졸라의 금융 플랫폼은 잠재 고객의 신용을 평가할 것을 요구했다. 하지만 대부분의 아프리카 사람들은 신용 점수가 없다. 그래서 졸라는 다른 신흥시장에서 널리 사용되는 금융 데이터를 활용하여 신용 점수를 매기는 대안 시스템을 개발함으로써 이 문제를 해결했다. 또한 만일 고객이 요금을 납부하지 않을 경우, 졸라는 해당 태양광 시스템의 작동을 원격으로 중단할 수도 있다. 실리콘밸리와 다른 지역에서 개발된 휴대전화 관련 모바일 기술과 IoT 기술을 활용하여 졸라는 태양광 시스템에 칩을 이식하여 원격으로 고객이 대여한 시스템을 통제하고 진단한다. 세계적으로 (특히 중국에서) 대량 생산되는 태양광 패널과 배터리에 힘입은 규모의 경제 덕분에, 졸라는 태양광 시스템을 고객에게 저렴하게 공급하고 있다. 마지막으로, 소규모 거래의 우세로 인해 모바일 머니가 통합된 디지털 결제가 필요했고, 이것은 곧 아프리카 태생의 혁신을 통합하는 것을 의미했다. 이 복잡한 모델을 고안하려면 여러 기술과 통찰력을 일관성 있는 전체로 결합해야 했다.

성공적인 비즈니스 모델을 구축하기 위해서 프런티어 혁신가는 현지 시장에 발을 단단히 디딘 채로 글로벌 트렌드를 이해하여 얻은 아이디어와 현지 고객의 니즈를 균형 있게 결합해야 한다. 지금부터 이 부분에 대하여 자세히 살펴보도록 하자.

## 희소한 자원을 활용하라

타가수분형 기업가는 자신의 경험을 활용하여 사업 확장에 유용한 글로벌 네트워크에 접근하고 혁신 활동에서 가장 중요한 자원인 자본과 인재를 확보한다. 이 책을 읽다 보면 자본이나 인재 중 어느 하나, 또는 둘 다 부족한 시장을 많이 접하게 될 것이다. 최고의 프런티어 혁신가는 이런 문제를 해결하기 위해서 자신의 글로벌 네트워크를 이용한다.[10]

이드리스 알 리파이는 자본을 조달하기 위해서 자신의 글로벌 네트워크를 이용했다. 페처는 지금까지 주요 실리콘밸리 벤처캐피털 회사들과 유럽 투자자들, 현지 벤처캐피털 회사들로부터 1억 달러 이상의 자금을 조달했다. 이와 유사하게 졸라는 창립자의 글로벌 네트워크를 통해 뉴질랜드의 임팩트 투자자들부터, 글로벌 개발 기구, 유럽 기업들과 시애틀, 샌프란시스코, 런던의 벤처캐피털 회사들까지 전 세계의 다양한 경제 주체로부터 투자를 받았다.

타가수분형 기업가의 네트워크는 인재 확보의 기회도 제공한다. 우리는 5장에서 프런티어 혁신가가 처음부터 다국적 기업을 설립하기 위해서 어떤 노력을 하는지를 살펴본 뒤에, 6장에서 어떻게 이런 조직이 때때로 분산된 조직과 팀으로 구성되는지를 살펴볼 것이다.


# 현지 사정에 맞게 타가수분하라

타가수분형 기업가의 관점은 스스로 해결하려는 문제에 대하여 독특한 통찰과 자원을 제공한다. 물론 성공적으로 기업을 설립하려면, 이런 관점에 현지 문제에 대한 깊고 섬세한 지식을 결합시켜야 한다. 이 둘을 하나로 연결하면 마법이 일어난다.

내가 가장 좋아하는 사례는 인도의 온라인 중매 플랫폼이다. 1996년 실리콘밸리에서 일했던 무루가벨 자나키라만Murugavel Janakiraman은 온라인 뉴스와 광고 플랫폼이 부상하고 있다는 사실에 주목했다. 이런 플랫폼에서 영감을 받아 무루가벨 자나키라만은 부업으로 기본적인 뉴스 웹사이트를 만들었고 인도와 전 세계에 분포된 타밀 사람들로 구성된 커뮤니티에 포럼의 장을 제공했다.

초기 웹사이트의 전체 트래픽이 너무 낮았기에 무루가벨 자나키라만은 크게 실망했다. 하지만 나중에 추가한 결혼 생활과 관련된 섹션에선 토의가 놀라울 정도로 활발하게 이뤄지고 있었다.[11] 때마침 2000년에 닥친 인터넷 위기로 그는 실리콘밸리에서 직장을 잃었다. 지금 생각해보면 실직이 그에게 행운이었다. 무루가벨 자나키라만은 웹사이트에 더 집중하기로 결심했고 인도로 되돌아가서 웹사이트의 결혼 생활 섹션을 활용한 사업을 시작했다.

이렇게 인도의 결혼정보 포털인 매트리모니<sup>Matrimony</sup>의 플래그십 브랜드인 바라트매트리모니<sup>BharatMatrimony</sup>가 탄생했다.

젊은 세대가 시골에서 도시와 외국으로 이동하면서, 인도의 전통적인 중매결혼 관습이 무너지고 있었다. 부모와 대가족과 멀리 떨어져 사는 싱글들에게 배우자를 찾을 다른 방법이 필요했다.

당시 온라인 중매 서비스가 전 세계적으로 확산되고 있었다. 하지만 무루가벨 자나키라만은 이런 트렌드를 인도의 독특한 문화에 적합하게 조정해야 했다. 무루가벨 자나키라만이 바라트매트리모니를 출시했을 때, 각국에 흩어져 있던 그의 동료들은 그가 공개한 기능을 보며 혼란스러워했다. 그들은 그 기능이 과하거나 쓸모없거나 심지어 파격적이라 생각했다. 예를 들어, 인도에서 가족은 결혼에서 중요한 역할을 한다. 결혼정보 웹사이트는 이용자가 미래의 배우자를 찾도록 도울 뿐만 아니라, 그 과정에서 부모들이 적극적으로 개입할 수 있도록 해야 했다.[12] 성인 자녀가 온라인 중매 사이트의 주요 이용자로 가입된 경우는 고작 60%다(그나마도 부모가 시켜서 가입한 경우가 대다수다). 대개의 경우에 부모가 자녀의 배우자를 찾기 위해 온라인 중매 사이트를 이용한다.[13]

무루가벨 자나키라만은 구체적인 요청에 따라 웹사이트를 제작했다. 조심성이 많은 부모들은 구혼자의 직업현황과 교육수준, 소득수준에 대해 더 많은 정보를 원했고 이런 정보의 진위를 확인할 수 있기를 바랐다. 그래서 무루가벨 자나키라만은 서비스 이용자의 학위를 인증하는 서비스를 추가로 만들었다.[14] 그는 웹사이트를 인도의 다양한 현지어로 번역했고 커뮤니티나 종교 또는 선호 언어를 기준으로 다양한 서비스도 제공했다. 인도는 상견례를 중요하게 생각하기 때문에, 온라인 만남은 충분치 않았다. 그래서 그는 300개의 상견례 장소를 마련했다.

현재 바라트매트리모니는 400만 명이 넘는 이용자를 보유하고 매일 1,000건 이상의 중매를 진행하며 인도국립증권거래소에 상장됐다. 각각 독특한 언어와 문화를 지닌 지역에 적합한 서비스를 제공하기 위해서 15개 언어를 기본으로 제작된 도메인이 존재한다.[15]

무루가벨 자나키라만은 실리콘밸리의 성공 사례와 현지 시장에 대한 자신만의 지식을 결합하여 성공적으로 기업을 설립한 타가수분형 기업가다.

이와 유사하게 중동의 차량 공유 플랫폼인 카림Careem의 공동 창립자이자 CEO인 무다시르 셰이카Mudassir Sheikha는 "이라크는 시험문제가 유출되는 것을 막기 위해서 고등학교 시험기간에 인터넷과 데이터를 차단하죠. 이라크에 진출했을 때, 이러한 독특한 현지 사정에 적응해야 했습니다. 현지팀은 인터넷이나 데이터가 차단되기 전에 플랫폼에서 예약을 하는 방안을 고안해 냈습니다."라고 설명했다(카림은 11장에서 자세히 소개하겠다).[16]

무루가벨 자나키라만과 무다시르 셰이카에게는 현지 상황에 적응하는 것이야말로 사업 확장의 유일한 길이었다.

## 반드시 더 잘해내야 하는 영역

타가수분형 기업가는 다양성을 바탕으로 대성공을 이룬다. 다양한 경험과 다양한 문화, 세계적인 시각이 그들이 크게 성공할 수 있었던 비결이다. 하지만 오직 사회 특권층만이 전 세계를 경험하며 지식을 쌓고 네트워크를 확보할 수 있다. 그래서 다양성이란 요소는 실리콘밸리와 프런티어에서 그려지고 있는 혁신이란 풍경에 잘 드러나지 않는다.

미국 벤처캐피털 업계에서 의사결정권자(주로 파트너 레벨)의 90%가 남성이다.[17] 공동 창립자 중에서 여성이 한 명이라도 있는 테크 스타트업은 20%에 불과하다. 그리고 2018년 여성이 이끄는 스타트업이 조달한 벤처캐피털은 전체 벤처캐피털의 2%가 채 되지 않았다.[18] 이것은 단순히 성별 문제가 아니다. 미국에서 벤처캐피털의 지원을 받는 창립자의 1%가 흑인이고 2%가 라틴계이며 3%가 중동계였다(이것은 성별과 상관없는 통계다).[19] 게다가 대다수의 프런티어 혁신가는, 특히 기업을 확장하고 세계적인 주목을 받은 사람들은 남성이다.

애석하게도 이 책에는 이런 결점이 여실히 드러난다. 이 책을 쓸 때, 인터뷰를 할 여성 기업가를 찾기가 쉽지 않았다. 내가 충분히 노력하지 않았기 때문이거나 인터뷰 대상을 추천해 주는 사람들의 선입견을 보완하려고 충분히 애쓰지 않았기 때문일 것이다. 이유가 무엇이든지 간에 유감스럽게도 이런 성 불균형은 이 책에 고스란히 기록되어 있다. 이 책의 속편을 준비할 때는 벤처캐피털 업계가 올바른 방향으로 의미 있는 발걸음을 내디뎠기를 바란다. 전 세계적으로 창의적인 기업가 정신을 진정 해방하려면, 성별이나 배경에 상관없이 모두가 성공할 수 있는 환경이 필요하다. 가만히 앉아서 그런 환경이 조성되기를 넋 놓고 기다릴 순 없다. 점점 많은 기업과 비영리 기구가 다양성과 공평성, 포용성을 추구하고 이와 관련하여 수준 높은 이니셔티브를 진행하고 있다. 조직에서 영향력을 발휘할 수 있는 위치에 있는 사람들이 먼저 다양성과 공평성, 포용성에 관한 대화를 시작하고 적극적으로 참여해야 한다. 조직의 최고직에서 이 문제를 해결하는 것이 중요하다. 카우프만 펠로Kauffman Fellows의 연구에 따르면, 창립 멤버 중에 여성이 최소한 한 명이라도 있는 스타트업은 그렇지 않은 스타트업에 비해 여성 직원을 2.5배 더 고용한다.[20]

아랍 세계에서 성비 불균형 문제와 관련하여 흥미로운 일이 벌어지고 있다. <MIT 테크놀로지 리뷰MIT Technology Review>에 따르면, 중동계 스타트업의 25% 이상의 창립자나 리더가 여성이다.[21] 베이루트의 립 벤처스Leap Ventures의 공동 창립자인 하라 파델Hala Fadel은 이런 현상이 나타나는 이유를 창업활동과 관련하여 남성 지배적인 유산이 아랍에 없기 때문이라고 말했다. 아랍에선 여성들이 선택할 수 있는 직업이 거의 없고 실업률이 매우 높기 때문에, 가정에서 테크 스타트업을 시작하는 것은 아랍 여성들에게 매우 매력적인 기회라는 것이다.[22]

프런티어 혁신가는 기술 혁신을 주도하는 테크 스타트업 업계에 민족 다양성과 문화 다양성을 불어넣는다(가끔 성별 다양성도 가미한다). 아이러니하게도 현지의 극단적일 만큼 심각한 경제 불평등은 타가수분형 기업가에게 성공할 기회를 제공한다. 유학을 했거나 업무 강도가 높은 글로벌 컨설팅 회사나 투자 은행에서 일한 경험이 있다는 것은 그 사람이 특권층이란 뜻이다. 창립자가 되는 것은 그 자체로 어떤 수준의 기회를 누리고 재정 리스크를 감수할 능력이 있는 사람임을 보여준다. 제도적 자본이 부족하고 초기 자본이 존재하지 않는 시장은 많다. 그런 시장에서 스타트업은 주로 가족과 친구에게 의존하여 자금을 조달한다. 중산층이 존재하지 않는 대다수 신흥시장에서 초기 자본을 조달하려면 부유한 상류층과의 네트워크가 필요하다.

사하라 사막 이남의 아프리카에는 유럽과 북아메리카에서 온 외국인들이 세운 스타트업이 즐비하다. 이런 상황은 백인 특권에 대하여 중요한 질문을 던진다. 이런 시장에서 백인 외국인들은 상대적으로 자본과 네트워크에 쉽게 접근할 수 있다. 설령 현지인들이 자신들이 처한 문제와 기회를 훨씬 깊이 이해하고 있더라도 말이다. 점점 많은 이들이 이런 불균형에 주목하기 시작했다. 이것은 외국계 창립자들의 피나는 노력을 경시하려는 것이 아니고, 단지 현재 상황을 변화시키기 위한 대화의 장을 마련하려는 노력이다.

미국의 고생물학자 스티븐 제이 굴드<sup>Stephen Jay Gould</sup>는 "나는 아인슈타인 뇌의 무게와 복잡성에 관심이 없다. 그보다 그와 같은 수준의 재능을 지닌 사람들이 목화밭과 노동력 착취의 현장에서 살다가 죽어갔다는 사실에 더 관심이 있다."라고 말했다.[23] 프런티어는 경제 계층과 성별을 막론하고 모든 사람이 재능을 발휘하여 이뤄낸 혁신에 큰 수혜를 입을 것이다. 그리고 이들이 사회에 이바지하고 이끌어나갈 힘을 갖게 되면, 전 세계 도처에서 혁신적인 일들이 일어날 것이다.

## 이민자: 궁극의 타가수분형 기업가

린-마누엘 미란다<sup>Lin-Manuel Miranda</sup>는 자신의 뮤지컬 <해밀턴<sup>Hamilton</sup>>에서 "우리 이민자들은 할 일을 다 해내지!"라며 핵심을 정확하게 찔렀다.[24] 이민자는 궁극의 타가수분형 기업가다. 그들은 다른 국가나 지역에서 얻은 인생 경험을 본국으로 갖고 돌아온다. 무루가벨 자나키라만과 이드리스 알 리파이처럼, 졸라의 자비에 헬게센처럼 외국에서 살다가 본국으로 되돌아온 귀환자들과 이민자들은 놀랍게도 성공적으로 혁신을 주도하고 생태계를 조성해 나간다.[25]

여기서 **귀환자**repatriates는 해외에서 상당한 기간 동안 의미 있는 경험을 하고 자국으로 돌아온 시민을 뜻한다(해외에서 교육과정 한 단위 이상을 보냈거나 국제적인 기업 한 곳 이상에서 근무한 경험이 있는 사람이다). 반면에 **이민자**immigrants는 여러 곳에 정착해서 살아가는 다양한 국적의 시민이다.

프런티어에서 귀환자는 기업가로 성공한 첫 세대에 속한다. 예를 들어, 인도 실리콘밸리로 불리는 벵갈루루에서 스타트업을 세운 기업가 대부분이 인생의 상당한 부분을 다른 지역, 주로 실리콘밸리에서 보낸 귀환자인 '부메랑족'이다.[26] 그들은 외국에서 익힌 지식을 그대로 자국으로 가져와서 현지 스타트업 생태계를 개선하여 자국에서 나고 자란 예비 기업가들이 연이어 등장할 수 있는 환경을 조성했다.

요즘 이민자는 미국과 전 세계적으로 뜨거운 쟁점이 되고 있다. 하지만 데이터가 명백하다. 프런티어만큼 미국에서도 이민자들이 기술 혁신에서 중심 역할을 한다. 1995년과 2005년 사이에 실리콘밸리의 테크 스타트업 중에서 이민자가 공동 창립자인 경우가 52%였다(그리고 이민자가 미국에서 일어나는 기업가 활동의 25%를 차지한다).[27] 가장 성공한 스타트업에서도 이민자의 역할은 두드러진다. 미국 정책 재단의 최근 조사에 따르면, 미국에 소재한 유니콘 기업의 50%가 이민자가 설립한 것이었다. 이들의 시가 총액을 모두 합치면 거의 2,500억 달러에 이른다. 이해하기 쉽게 설명하면, 이것은 아르헨티나와 콜롬비아, 아일랜드의 주식시장의 규모를 능가

한다.

게다가 미국 유니콘 기업의 80% 이상에서 이민자들이 요직을 차지하고 있다.[28] 여기에 하우즈<sup>Houzz</sup>, 인스타카트, 팔란티어 테크놀로지스<sup>Palantir Technologies</sup>, 로빈후드<sup>Robinhood</sup>, 스트라이프<sup>Stripe</sup>, 우버, 위워크<sup>WeWork</sup>, 줌<sup>Zoom</sup> 등 유명한 기업들도 포함된다. 대표적인 인물이 일론 머스크다. 그는 테슬라<sup>Tesla</sup>와 솔라시티<sup>SolarCity</sup>, 페이팔, 스페이스엑스<sup>SpaceX</sup>를 공동 창립했고, 최근에는 뇌를 연구하는 뉴럴링크<sup>Neuralink</sup>와 인프라와 터널을 건설하는 더보링컴퍼니<sup>The Boring Company</sup>를 설립했다. 일론 머스크는 남아프리카에서 태어났고 먼저 캐나다로 이민 갔다가 다시 미국에 이민을 가서 정착했다.

타가수분형 기업가에 대해 알면 알수록 미국과 전 세계에 퍼진 반이민 정서를 반박할 증거가 생긴다. 안델라<sup>Andela</sup>와 2U의 공동 창립자인 제레미 존슨<sup>Jeremy Johnson</sup>은 "자유의 여신상에는 '고단하고 가난한 이들이여, 자유롭게 숨쉬기를 갈망하며 한데 모인 군중들이여 내게 오라'라는 시가 적혀 있죠. 이것이 우리가 미국에서 한 가장 잘한 일입니다."라고 말했다.[29]


## 후드를 벗어던지다

프런티어 혁신가들의 입장에 서 보면, 실리콘밸리 기업가들은 실리콘밸리만의 고정관념에 도전하고 재평가할 기회를 얻게 될 것이다.

실리콘밸리는 젊음에 집착하고 노골적으로 연령 차별주의를 드러내는데, 이는 잘못된 것이다.[30] 물론 스티브 잡스와 마크 저커버그는 어린 나이에 사업을 시작했다. 하지만 전미 경제연구소<sup>National Bureau of Economic Research</sup>의 연구에 따르면, 그들은 예외적인 사례이지 평균이 아니다. 테크 스타트업을 세울 때, 창립자들의 평균 연령은 42세이고 가장 성공한 기업가(상위 0.1%)의 평균 연령은 45세다.[31] 연구에 따르면 경력이 20년이 넘는 사람이 세운 스타트업이 현지 생태계에서 실적이 가장 우수한 기업으로 성장할 가능성이 크다.[32]

심지어 가장 성공한 기업의 창립자들도 연륜이 쌓일수록 실적이 개선됐다. 5년 배수(투자자가 매출이나 수익 1달러당 지불하는 값)는 빌 게이츠(39세), 제프 베조스<sup>Jeff Bezos</sup>(45세)와 스티브 잡스(48세)의 경우 모두 중년기 초반에 절정에 달했다.[33]

경험이 많은 창립자들이 성공적으로 사업을 확장한다. 이민자들은 중심 역할을 한다. 실리콘밸리와 프런티어에서 혁신이 일어나려면 성별, 경제 계층 등 여러 분야에서 다양성이 강화되어야 한다. 결국 새로운 무언가를 창조하려면 다양한 아이디어를 결합하고 아이디어의 다양성을 높여야 한다. 이것이 타가수분형 기업가의 존재 이유다.

# 05

# 본 글로벌 하라

### 첫날부터 세계를 공략하라

# 유아이패스 UiPath

유아이패스는 인공지능을 통해 컴퓨터를 학습시켜 단순 반복 업무를 자동화하는 로봇 프로세스 자동화(RPA)를 제공하는 스타트업이다. 대부분 스타트업이 우선 국내 시장에 집중하는 것과 달리, 동유럽의 작은 나라 루마니아에 설립된 유아이패스는 일찍부터 세계화에 모든 역량을 집중했다. 그 결과 유아이패스는 세계 18개국 이상에 진출하는 등 B2B 기업으로서는 이례적으로 빠르게 성장할 수 있었다.

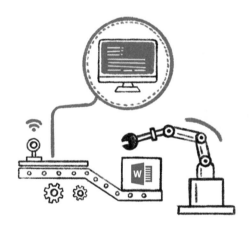

실리콘밸리에서는 스타트업을 시작하는 방법을 단계적으로 차근차근 설명해줄 사람들을 쉽게 찾을 수 있다. 지금 있는 곳이 실리콘밸리가 아니라면, 당장 실리콘밸리로 향해라(이는 너무나 당연한 일이라서 굳이 말할 필요도 없다). 실리콘밸리는 독특한 스타트업 문화를 경험할 기회를 제공할 것이다. 그리고 실리콘밸리에서는 풍부한 인재와 고객, 기업 인수자와 아주 가까운 곳에서 스타트업을 시작할 수 있다.

지금 실리콘밸리에 있다면, 복잡한 결정을 내려야 하는 순간에 고민하지 말고 선례와 모범 사례를 따라라. 의사결정 과정이 이래도 되나 싶을 정도로 간단한 일이 될 것이다. 기업 본사는 어디에 세워야 할까? 실리콘밸리에 본사를 둬라. 법인 설립은 어디에 어떻게 할까? 델라웨어 주에 C-corporation으로 설립해라.

기술팀을 어떻게 조직해야 할까? 현지에 이미 준비된 인재풀을 활용하여 팀을 조직해라. 실리콘밸리에서는 어디든지 차로 40분만 달리면 스탠퍼드 대학교를 졸업한 최고의 컴퓨터 과학자들을 만날 수 있다.

상품을 어디서 시험하고 첫 고객을 어디서 찾을 수 있을까? 비즈니스 모델이 B2B라면, 캘리포니아에 설립된 기업들을 노려라(여기에는 다른 실리콘밸리 스타트업들도 포함된다). 반면 B2C 기업이라면, 기술을 사랑하는 현지인 중에서 고객을 쉽게 찾을 수 있을 것이다. 신기술을 가장 빨리 받아들이는 기업과 소비자는 샌프란시스코만 일대에 모여 있다.

어디서 사업을 확장해야 할까? 미국의 경제 규모는 21조 달러에 달하고 세계에서 가장 큰 기술과 소프트웨어 시장이 형성되어 있다.[1] 틈새시장을 찾는 스타트업에게 미국은 충분히 큰 시장이다. 캘리포니아는 세계에서 5번째로 경제 규모가 큰 지역이니 출발점으로 충분하다.

이것은 실리콘밸리 기업가에게는 너무나 간단한 결정인지도 모른다. 하지만 실리콘밸리가 아닌 다른 곳에서 활동하는 기업가에겐 앞서 살펴본 질문에 대한 분명한 답은 없다.

프런티어 혁신가들은 실리콘밸리 기업가들처럼 근시안적으로 사고하지 않는다. 그들은 실리콘밸리 기업가들과는 다르게 스타트업을 시작한다. 그들은 '**본 글로벌**Born Global'이다. 다시 말해서, 그들은 창업 초기부터 세계 시장을 공략한다. 이러한 기업은 '본 글로벌 기업'이라 불린다. 본 글로벌 기업은 창립자로 시작해 기업 자체, 팀을 중심으로 살펴봐야 한다. 4장에서 프런티어 혁신가들이 처음부터 세계를 공략하는 타가수분형 기업가라는 사실을 알았다. 이번 장에서는 프런티어 혁신가들이 어떻게 기업을 설립해서 여러 시장에서 팔릴 상품을 생산하고 전 세계에 존재하는 기회를 잡는지 살펴볼 것이다. 6장에서는 프런티어 혁신가들이 어떻게 인재가 있는 곳이라면 어디든지 현지 인재를 활용하여 팀을 조직하는지를 살펴볼 것이다.

# 프런티어 성공의
# 필수 조건

프런티어(특히 경제 규모나 국토가 작은 지역)에서 여러 시장으로 사업을 확대한 스타트업들이 대체로 대성공을 거뒀다. 지난 10년 동안 동남아시아에서 10개의 유니콘 기업이 등장했다. 이들 중에서 7개가 빠르게 전 세계로 뻗어나갔다. 나머지 3개 중 2개는 (현재) 인구가 2억 6,400만 명에 달하는 동남아시아의 최대 시장인 인도네시아에 본사를 두고 있다.[2] 가레나 Garena는 동남아시아에서 성장한 유니콘 기업이다. 이 테크 기업은 2017년 나스닥에 상장됐고, 범지역적 존재감을 상징하듯이 바다를 뜻하는 영어 단어 'SEA', 즉 '시'로 기업명을 정식으로 변경했다(이후 바다 문양은 가레나의 티커심벌*이 됐다).[3]

프런티어 스타트업은 초기부터 다른 지역으로 진출한다. 동남아시아 스타트업은 설립된 지 4년이 되면 두 번째 시장으로 진출하고, 그로부터 1~2년 뒤에 다음 시장으로 진출했다.[4] 아프리카의 경우, 기업 가치가 가장 큰 테크 기업들의 64%가 설립된 지 4년째 되는 해에 두 번째 시장으로 진출했다.**

초기 단계부터 해외 시장을 겨냥하는 것은 프런티어 스타트업들에겐 '반드시 해야 하는 일'이다. 유아이패스UiPath의 창립자들은 그 누구보다도

---

\* 증권을 주식호가 시스템에 표시할 때 사용하는 약어. -편집자 주

\*\* 아프리카계 투자자들 10명과의 인터뷰에 근거하여 SSA의 상위 스타트업들의 표본이 확인되었다. 샘플에는 인터스위치, 졸라, 쥬미아, 펀다모, 안델라, 아그리 프로테핀, 트위가 푸드, 엠코파, 콩가닷컴, 브리지 인터내셔널 아카데미, 주나, 아프리카 리더십 대학교 등이 포함되어 있다.

이를 잘 알고 있었다. 다니엘 디네스<sup>Daniel Dines</sup>와 마리우스 티르카<sup>Marius Tirca</sup>가 함께 설립한 유아이패스는 첫 번째 루마니아 유니콘 기업이다. 유아이패스는 인공지능을 통해 컴퓨터가 반복 작업을 학습하고 자동으로 처리하는 로봇 프로세스 자동화<sup>RPA</sup>를 제공한다. 예를 들어, 보험회사는 고객의 보험청구 내역을 내부 평가 시스템에 입력하는 단순 반복 업무를 RPA로 자동화할 수 있다. 이렇게 하면 직원들은 보험청구 내역을 평가하는 부가가치가 더 높은 업무에 집중할 수 있게 된다. 회계사는 고객의 지출 내역을 분류하는 반복적인 작업을 RPA로 자동화할 수 있다.

다니엘 디네스와 마리우스 티르카는 2005년 루마니아에 유아이패스를 설립했다. 그로부터 10년이 지나도 유아이패스는 소규모였고 주로 컨설팅 서비스를 제공했다. 하지만 2015년 다니엘 디네스와 마리우스 티르카는 사업 전략을 전환하기로 결심했다. 그들은 기술 플랫폼을 제공하고 전 세계 시장을 공략했다. 그들은 어니스트앤영<sup>Ernst & Young</sup>에 자동화 솔루션을 제공했다.[5] 유아이패스는 해외 지사를 열면서 루마니아를 넘어 전 세계로 빠르게 사업을 확장했고 세계적인 기업으로 성장했다.* 기술 플랫폼으로 전환한 지 3년째 되던 해에 유아이패스는 18개국에 진출했다. 유아이패스는 현재 1,000명 이상의 직원을 고용하고 있고, 액셀<sup>Accel</sup>과 세쿼이아<sup>Sequoia</sup>, 구글의 캐피털지<sup>CapitalG</sup> 등 주요 벤처캐피털 회사로부터 10억 달러 이상의 자금을 조달했다.[6]

아마도 유아이패스는 역사상 가장 빠르게 성장하고 있는 B2B 기업일 것이다.[7] 다니엘 디네스는 기업이 성장할 수 있었던 것은 해외 진출을 결

---

* 글로벌 고객사가 증가하자 유아이패스는 결국 부카레스트를 중심으로 한 상품과 기술개발을 유지하되, 판매본부는 고객층에 보다 근접하게 뉴욕으로 옮겼다.

심한 순간부터 해외 영업에 모든 역량을 집중했기 때문이라고 말했다.[8]

# 낡은 것이
# 새롭다

본 글로벌은 스타트업 업계에서는 새로운 트렌드다. 하지만 전통적인 산업군에서 기업들이 본 글로벌한 지는 꽤 오래되었다. 1993년 맥킨지앤 컴퍼니는 해외 시장을 공략하는 중소기업들의 부상에 관한 보고서를 발표했다.[9] 주로 매출이 1억 달러 미만인 기업이 중소기업으로 분류된다. 대체로 호주 수출 중소기업들은 설립된 지 2년째 되는 해에 전 세계적으로 상품을 팔기 시작했다.

창업 초기부터 여러 시장에 상품을 판매하는 것은 일반적인 비즈니스 전략은 아니었다. 대부분의 기업들이 우선 국내 시장에 집중하고 오랫동안 중개인을 통해 상품을 다른 시장에 팔다가 점진적으로 더 많은 시장으로 진출했다.[10] 해외 매출이 증가하면, 아주 유사한 문화를 지닌 지역에 우선적으로 자회사를 설립했다.[11] 이곳에서 성공하면, 다른 해외 시장으로 진출하고 자회사를 설립하는 방식으로 진정한 글로벌 기업으로 성장했다.

하지만 맥킨지앤컴퍼니는 태생부터 해외 시장을 겨냥한 중소기업들을 찾아냈다. 맥킨지앤컴퍼니의 보고서와 수십 년간 발표된 학술 연구는 이전과는 다른 전략으로 성공한 기업들이 무수히 존재하고 있음을 증명했다. 그리고 그 기업들이 선택한 전략은 실제로 효과가 있었다.[12]

프런티어에서 현재 벌어지고 있는 일도 일반적인 통념에 정면으로 도전한다. 프런티어 혁신가들은 창업 초기부터 여러 해외 시장에 상품을 판매한다. 프런티어에서는 본 글로벌에 대한 완벽한 이해가 중요한 성공의 기반이 된다.

## 본 글로벌이 될 수밖에 없는 이유

프런티어 혁신가들은 창업 초기부터 해외 시장을 공략해야만 한다. 그들에게 본 글로벌은 선택이 아니라 필수다.

프런티어 혁신가들은 처음부터 자신들의 상품이나 서비스와 관련 있는 시장을 현실적으로 평가해야 한다. 전체 시장$^{Total\ Addressable\ Market,\ TAM}$의 크기는 벤처캐피털리스트들이 스타트업의 잠재력을 판단하는 핵심 지표다. 안타깝게도 많은 신흥시장에서 TAM은 기업이 의미 있는 규모로 성장하기에는 너무 작다. 하지만 전략적인 기업가들에게는 현지 시장이 작을수록 전체 시장은 오히려 더 커진다. 인도와 브라질에 소재한 스타트업들이 현지 시장에 집중할 동안, 에스토니아나 싱가폴에서 활동하는 기업가들은 세계를 공략할 수밖에 없다. 다니엘 디네스는 "유럽의 외딴 국가에서 사업을 시작한 덕분에 우리는 뭐든 크게 생각할 수 있었죠."라고 말했다.[13] 현지 시장이 작다면, 전 세계를 상대로 상품과 서비스를 팔면 된다.

창업 초기부터 해외 시장을 공략하면서 스타트업은 뭔가를 학습하게 된다. 이를 통해 기업가는 핵심 상품을 개선하고 비즈니스 모델을 진화시키고 규모의 경제로부터 이득을 본다. 미디어닷넷$^{Media.net}$은 두바이의 글로벌 광고 테크 기업이다. 미디아닷넷 창립자인 디브양크 투라키아 Divyank Turakhia는 "시장마다 수익률과 위험률이 다르죠."라고 설명했다(그는 2018년 9억 달러를 받고 중국 컨소시엄에 미디아닷넷을 매각했다). 성장률과 수익률이 낮은 시장은 매력도가 떨어진다. 하지만 이런 시장에 진출하는 것도 의미가 있다. 새로운 시장에 대해서 학습하고 기업 활동에 유용한 네트워크를 형성할 수 있기 때문이다.[14] 여러 시장을 공략하면, 기업은 어느 시장에서나 경쟁력 있는 상품을 만들어내기 위해 노력할 수밖에 없다. 시간이 흐르면, 이것은 규모의 경제를 일으킨다. 디브양크 투라키아는 "기술과 상품을 업그레이드하면, 언젠가는 지금 당장 경쟁력이 없는 시장에서의 수익률이 올라갈 겁니다."라고 말했다.[15]

결국 여러 시장을 공략하는 기업은 공격 우위를 지니게 된다. 창업 초기부터 해외 시장을 겨냥한 프런티어 혁신가들은 가장 매력적인 시장에 소위 '영역 표시'를 제일 먼저 하게 된다. 이렇게 하면 그 시장에 대한 진입 비용은 비싸질 수밖에 없다. 도입부에서 만난 졸라는 동아프리카에서 코트디부아르와 가나의 서아프리카로 사업을 확대했고, 이렇게 매력적인 시장들에 제일 먼저 영역 표시를 했다. 졸라와 유사한 가정용 태양광 시스템을 제공하는 스타트업들에게는 졸라가 진출하지 않은 시장에서 사업을 확대하는 것이 보다 합리적인 결정일 것이다.

처음부터 해외 시장을 공략하는 스타트업들은 단일 시장만을 공략하는 스타트업들과의 경쟁에서 유리한 고지를 점한다. 태생부터 해외 시장을 겨냥하는 스타트업들은 다른 시장에서 얻은 수익을 경쟁이 극심한 시장에 집중적으로 투입할 수 있다. 세계적 차원의 규모의 경제가 가져다준 비용 우위와 여러 시장에서 배운 지식으로 무장한 그들에게 경쟁 우위가

생기는 것은 당연하다.[16]

여러 가지 이유에서 스타트업들은 현지 시장에만 집중해선 안 된다. 세계 도처에서 태어난 기업들이 머지않아 그들이 활동하고 있는 시장에 진입할 것이기 때문이다. 그러므로 프런티어 혁신가들에게 처음부터 세계로 눈을 돌리는 것은 생존을 위해 반드시 해야 할 일이다.

최고의 방어는 강한 공격일 수 있다.

# 본 글로벌만이 답은 아니다

이쯤 되면 창업 초기단계부터 해외 시장을 공략하는 것은 자연스러운 비즈니스 전략처럼 생각될 것이다. 하지만 이 전략은 아주 섬세하게 접근해야 한다. 애석하게도 많은 스타트업들이 이 교훈을 온갖 시행착오 끝에 힘겹게 얻는다.

우버는 전 세계적으로 빠르게 사업을 확장했다. 2013년 싱가폴에 진출했고 2014년에는 중국에 진출했다.[17] 이처럼 우버는 아주 빠르게 세계로 뻗어나가는 듯 보였지만, 실적이 우수한 핵심 지역에 다시 집중하기 시작했다. 2016년 20억 달러가 넘는 거액을 투자하고도 수익이 날 기미가 없자, 우버는 중국에서 철수했고 중국 사업을 중국의 차량 공유 서비스 업체인 디디DiDi에 70억 달러에 매각했다.[18] 동남아시아에서도 이와 유사한 이야기가 전개됐다. 우버가 현지 사업을 (디디의 지원을 받던) 그랩Grab에 매각했던 것이다.

여기서 '해외 진출에 적합한 비즈니스 모델이 있는가?'라는 의문이 생긴다. 전 세계 시장을 지배하는 기업이 있는 반면, 지역 시장이나 현지 시장에서 좋은 실적을 내는 기업이 있다. 이런 결과가 나타나는 이유는 크게 3가지로 볼 수 있다.

## 네트워크 효과

첫 번째는 네트워크 효과와 관련 있다. **네트워크 효과**network effect는 상품이나 서비스 이용자가 많아지면 그것의 가치가 커지는 효과를 뜻한다. 세계적으로 네트워크 효과를 누리는 스타트업들이 있고, 보다 지역적이거나 심지어 현지만의 네트워크 효과를 내는 스타트업들이 있다.

예를 들어, 구글은 검색 엔진에서 세계 표준이 되었다. 이것은 인터넷 검색이 세계적인 네트워크 효과를 지녔기 때문에 가능했다. 정보의 가치는 지역적이지 않다. 북아메리카 이용자들은 구글 플랫폼에서 정리된 유럽이나 아시아의 정보를 이용하면서 더 큰 가치를 얻는다. 이처럼 정보의 가치는 세계적이다. 그래서 정보를 둘러싼 경쟁에서 승리한 기업들은 전 세계 정보 시장을 독점한다. 페이스북도 이와 유사한 역학구조로부터 수혜를 입은 기업이다. 사람들은 같은 지역에 사는 사람들과만 관계를 맺지 않고 전 세계 사람들과 관계를 맺는다(페이스북을 제일 처음 사용하기 시작했던 대학생들을 생각해 보라). 그래서 결과적으로 페이스북의 가치도 세계적으로 커진 것이다.

이와 반대로 지역적이거나 현지에 국한된 네트워크 효과를 누리는 비즈니스 모델이 있다. 차량 공유 플랫폼이 그중 하나다. 전 세계를 여행하는 사람들은 세계 어느 도시에서나 차를 호출할 수 있는 단일 앱을 가치 있게 생각할 것이다. 하지만 대부분의 사용자들에게는 현지에서 쉽고 편안하게 차를 호출할 수 있는 앱이면 충분하다. 그러니 그들에게 이런 앱의 가치는 지역적이다. 물론 여기서도 네트워크 효과가 존재한다. 플랫폼에 참여하는 운전자가 많을수록 해당 플랫폼을 사용하여 차를 호출하는 사람도 증가할 것이다. 그 반대도 가능하다. 하지만 이런 네트워크 효과는 현지화된 것이다. 이것이 차량 호출 서비스 산업에서 세계적인 기업이 등장하지 않는 이유 중 하나다. 인도네시아에는 고젝이 있고, 라틴 아메리카에는 99가 있으며, 중동에는 카림이 있다. 이런 현지 업체들은 네트워크 효과를 발휘하여 자신들이 속한 현지 시장이나 지역 시장에서 우위를 점한다.

### 자원 집약도

두 번째 요소는 자원 집약도다. 이것으로 비즈니스 모델이 해외 시장에서 성공할 수 있을지 없을지를 예측할 수 있다. 자원 집약도가 높을수록 세계적인 기업이 등장할 가능성이 커진다. 반면 자산 경량화를 추구하는 기업은 현지나 지역에 더 적합하다. 클라우드 컴퓨팅이 훌륭한 예다. 마이크로소프트 애저<sup>Microsoft Azure</sup>와 구글 클라우드<sup>Google Cloud</sup>, 아마존 웹 서비스<sup>Amazon Web Services, AWS</sup>는 전 세계적으로 클라우드 컴퓨팅 산업을 주도하고 있다. 이들이 세계 시장의 거의 50%를 점유하고 있다.[19] 클라우드 컴퓨팅 상품은 자원 집약도가 극도로 높기 때문에 이들이 세계 시장을 지배할 수 있는 것이다. 아마존과 구글은 서버팜*을 구매, 관리하고 직원을 고용해

---

\* 일련의 컴퓨터 서버와 운영 시설을 한 곳에 모아 놓은 곳이다. 서비스 부하를 분산시킬 수 있고, 일부 서버가 중단되더라도 다른 서버로 대체하는 것이 가능하다는 장점이 있다. -편집자 주

야 한다. 그리고 보안을 유지할 소프트웨어를 만들어야 한다. 아마존은 수년간 여기에 수십억 달러를 투자했고, 이것이 전형적인 규모의 경제로 이어졌다. 많은 고객이 존재하는 지역으로 투자가 확산되며 고정비가 하락했고 규모의 경제가 공고해졌으며 세계 시장을 독점하게 됐다.

하드웨어 스타트업들도 마찬가지다. 이들도 대규모 설비투자를 선행해야 되는 경우가 많다. 그래야 안전 테스트를 통과하고 대규모로 상품을 생산할 수 있기 때문이다. 하지만 설비투자가 완료되고 상품이 출시되면, 하드웨어 스타트업들은 지속적으로 시장을 독점할 수 있다. 우주산업에서 성공한 스타트업들은 손가락에 꼽힐 정도로 몇 안 된다. 일론 머스크의 스페이스엑스가 그중 하나다. 막대한 설비투자가 선행되어야 하기 때문이다.

고도의 전문성을 지닌, 한정된 인재가 필요한 분야도 마찬가지다. 예를 들어, 인공지능 시장에서 가장 귀중한 자원은 데이터 과학자와 데이터세트다. 하지만 머신러닝과 인공러닝에 특화된 인재는 부족하다. 최고의 기업들은 최첨단 기술과 대량의 데이터세트를 갖고 있으며 최고의 인재를 끌어당긴다. 최고의 인재는 기술 우위를 다지고 가속화한다. 이런 상황에서 세계 시장을 지배하는 몇몇 기업이 등장하게 된다.

차량 공유 산업은 자원 집약도가 그리 크지 않다. 물론 앱 관리자는 운전자를 모집하고 서비스 이용자를 모으기 위해 상당한 투자를 해야 한다. 하지만 이것은 스페이스엑스처럼 새로운 로켓을 쏘아 올려야 하는 기업이 실제 기술을 개발하기 위해서 선행하는 투자에 비하면 새 발의 피다. 그래서 현지 경쟁업체들이 차량 공유 시장에 진입하여 시장 점유율을 확보하기가 훨씬 쉽다.

## 현지 복잡성

스타트업이 진정 세계적인 기업이 될 수 있는가를 예측할 수 있는 세 번째 요소는 현지 복잡성이다. '거부권'과 같은 제약이 특정 시장이나 산업에 존재하는 경우도 있다. 예를 들어, 페이스북이나 구글과 같은 기업들은 거의 모든 국가의 시장을 독점하다시피 한다. 하지만 규제 해자가 존재하는 중국은 예외다. 페이스북과 구글의 웹사이트는 그레이트 파이어월*로 인해 중국에서 차단됐다. 그 결과 현지 경쟁업체들이 성장했다. 바이두Baidu는 중국 최대 검색 엔진이 됐고, 텐센트Tencent는 중국의 메시지 플랫폼 시장을 장악하게 됐다.

물론 이토록 노골적인 정부 규제는 이례적인 장애요소다. 하지만 이와 달리 훨씬 더 미묘하고 복잡한 요인도 존재한다. 많은 산업이 해외 경쟁 모델의 국내 진출을 막고자 규제를 만들어낸다. 금융 서비스가 대표적이다. 대부분 국가들은 자국민의 예·적금을 관리하거나 신용평가 서비스나 보험 서비스를 제공하려는 기업에 엄격한 잣대를 들이댄다. 이것이 대대로 핀테크 스타트업들이 현지 시장에만 집중하는 이유다. 하지만 이것도 서서히 변하고 있다.[20]

---

* 중국의 인터넷 보안, 통제, 검열 등을 총칭하는 개념이다. '인터넷 만리장성'이라고도 불리며, IP 주소나 키워드를 기반으로 해서 접속 가능한 웹사이트를 제한하고 특정 내용을 담은 게시물을 삭제하며, 일반적인 웹페이지뿐만 아니라 메일, 게임, 문자메시지 등까지 광범위하게 검열한다. 중국 본토에서 페이스북, 트위터, 구글 접속이 차단된 것이 대표적 사례다. -편집자 주

# 프런티어 혁신가들을
# 위한 전략

모든 산업은 독특하다. 해외 시장을 공략하기 전에 프런티어 혁신가들은 자신들이 속한 산업의 역학구조를 평가하고 글로벌 모델, 지역 또는 현지 모델 중에서 어떤 비즈니스 모델이 그 시장에서 효과적일지를 판단해야 한다.

비즈니스 모델이 자원 집약도가 높고 세계적인 네트워크 효과를 지니고 현지 복잡성이 제한적이라면, 프런티어 혁신가들은 가장 먼저 사업을 확장하며 착실하게 세계 시장 점유율을 빠르게 확보할 수 있다. 하지만 규제가 존재하고 자원 집약도가 낮거나 네트워크 효과가 지역적인 경우라면, 프런티어 혁신가들은 자신들의 지역 시장이나 현지 시장에 집중해야 한다. 이런 원리들이 그림 5-1에 잘 설명되어 있다.

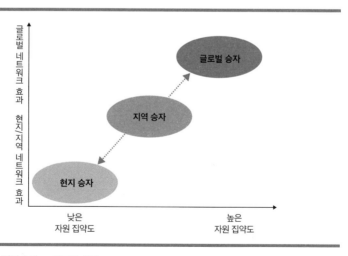

◆ 그림 5-1 현지 승자 vs. 글로벌 승자

대부분 시장은 위 그림에서 어느 중간쯤에 존재한다. 예를 들어, 자원 집약도는 높지만 글로벌 네트워크 효과가 거의 없는 시장이나 그 반대인 시장이 있다. 이런 역학구조를 이해하는 것은 비즈니스 전략을 결정하는 데 매우 중요하다. 이런 학습을 통해 행동방침이 결정될 것이다.

해외 시장을 공략하기로 했다면, 성공에 필수적인 전략이 몇 가지 있다. 어느 시장부터 진출할지 우선순위를 정하고, 단계적으로 사업을 확대하고, 현지화가 쉬운 상품을 개발하고, 시장에 구애받지 않고 움직이는 조직을 만들어야 한다. 지금부터 이 전략들을 차례대로 살펴보도록 하자.

## 시장을 정확히 구분하라

창업 초기부터 여러 해외 시장을 공략한다는 것이 산탄총을 난사하듯이 닥치는 대로 모리셔스에서 몽골이나 보츠와나 또는 발리로 사업을 마구잡이로 확대한다는 뜻은 아니다. 기업가는 먼저 시장을 선정하고 우선순위를 세우고 단계적으로 전략을 수립하여 사업을 확대해야 한다. 프런티어 혁신가들은 창업 초기단계부터 이런 것들을 고민하고 오랫동안 비즈니스 모델을 다듬는다. 제일 먼저 고민해야 할 것은 소비자들의 반응을 살피고자 시험 삼아서 제일 먼저 진출할 시장과 반드시 성공해야 할 시장을 구분하는 것이다.

**테스트 시장**

브로드웨이는 큰 무대에 쇼를 올리기 전에 먼저 작은 시장에서 테스트 공연을 하는 것으로 유명하다. 이처럼 '실험용 시장'을 이용하는 것은 상당히 효과적인 전략일 수 있다. 지진 조기 경보 시스템을 운영하는 스카이얼러트<sup>SkyAlert</sup>가 이 전략을 활용했다. 지진 자체의 흔들림보다는 어딘가에 갇히거나 붕괴된 건물 잔해에 깔려서 사망하는 사람들이 훨씬 많다. 지진은 진앙 근처에서 제일 먼저 느껴지고 진앙에서 바깥쪽으로 퍼지기 때문에 기술적으로 조기 경보를 파악하고 발령하는 것이 가능하다. 스카이얼러트는 이 점에 착안해서 분산 센서로 구성된 네트워크를 활용하여 지진 조기 경보를 내보내 사람들이 건물에서 빠르게 대피할 수 있도록 한다. 그리고 보안 프로토콜 자동화 업체들과 협업하여 가스 공급을 중단하여 가스 유출로 인한 2차 피해를 방지한다.

스카이얼러트는 멕시코시티에서 탄생했다. 스카이얼러트 CEO 알레한드로 칸투<sup>Alejandro Cantú</sup>는 멕시코시티를 자신의 혁신 실험실이라고 부른다. 초기에 알레한드로 칸투는 상용화보다 연구개발에 몰두했다. 멕시코시티에서 시스템을 개발하는 것이 다른 대도시에서 개발하는 것보다 훨씬 저렴했다. 그는 멕시코에서 시스템을 작동시키고 테스트했다. 하지만 사업을 확대하기 위해서 다른 시장에 진출해야 했고 미국을 출발점으로 삼기로 결정했다.[21]

## 필승 시장

프런티어 혁신가들에겐 절대 놓쳐서는 안 되는 시장이 있다. 그 시장에서 승리하지 못하면 사업을 확대할 수 없다. 동남아시아에선 인도네시아가 그렇다. 11장에서 만날 아라멕스<sup>Aramex</sup> CEO 파디 간도르<sup>Fadi Ghandour</sup>는 중동 스타트업들에 투자하고 있다. 그는 "이 지역에서 성공하려면 사우디아라비아에서 반드시 성공해야 합니다. 사우디아라비아는 이 지역에서 최대 시장이죠."라고 내게 말했다.[22] 디닷라이트d.light CEO 네드 토즌Ned Tozun은 세계 태양광 랜턴 시장에 대해서 파디 간도르와 유사하게 설명했다. "우리는 반드시 인도 시장에 진출해야 합니다. 가격에 덜 민감한 시장들이 존재하죠. 하지만 인도는 가격에 정말 민감하고 가장 큰 태양광 랜턴 시장 중 하납니다. 인도 시장에서 반드시 승리해야 합니다. 인도 시장에서 실패하면, 세계 시장에서 패배하는 거나 마찬가지죠."[23]

이처럼 반드시 승리해야 하는 '**필승 시장**Must-Win Markets'이 물리적인 장소가 아닌 경우도 있다. 일부 산업에선 특정 고객층이 필승 시장일 수 있다(예를 들어, 해상운송 산업에서는 몇 안 되는 글로벌 선사 중 하나를 반드시 파트너로 만들어야 한다). 또는 시장에서 수익성이 높은 영역이 절대 놓쳐서는 시장일 수 있다.

창업 초기단계부터 사업 확장 계획을 수립하는 것은 대단히 중요하다. 졸라는 면밀하고 전략적으로 시장을 분석하여 사업 확장 여부를 결정했다. 졸라 경영진들은 시장 규모(총 에너지 지출, 인구 규모 등), 부패도, 거시경제 리스크(정치적 안정성, 인플레이션, 사업 환경 등), 지불 능력(1인당 GDP와 모바일 결제로 사용료를 받는 졸라에게 가장 중요한 휴대전화 보급률 등), 인구통계(전력망에 대한 접근성, 시스템 활용 방식을 결정하는 농촌과 도시의 인구밀도 등), 고객 행동(새로운 상품에 대한 수용도 등), 물류(주소 보급률, 수입 관세 등), 용이한 사업 환경(자회사를 설립하는 데 걸리는 시간, 고용 용이성 등), 문화(사용언어와 현지 네트워크의 중요성) 등 매우 다양한 기준에 따라 예비 시장들의 순위를 매겼다.

구심점이 되는 소위 '앵커 시장'에서 그와 유사한 환경을 지닌 시장으로 사업을 확대해 나가는 것이 좋다. 물리적인 거리가 가깝거나 문화적으로, 행정적으로 유사한 시장으로 진출해나가는 것이 합리적인 시장 진출 전략이다. 졸라는 두 번째 시장에 진출하기 전에 여러 요소를 고민했고 르완다에 진출하기로 결정했다. 르완다는 물리적 거리가 가까웠고 사업하기 쉬웠으며 경영진이 사업해 본 경험이 있는 지역이었다. 이후 졸라는 서아프리카에 전초 기지를 설립하는 것이 중요하다고 판단했고 코트디부아르로 진출했다. 코트디부아르는 그 자체로는 규모가 작았지만, 졸라가 다른 서아프리카 국가로 진출하는 거점이 됐다.

　사업 확장 계획을 구체적으로 수립하되, 고정불변한 계획이어선 안 된다. 상황은 변하기 마련이다. 그렇지만 어느 시장을 테스트용으로 삼고 어느 시장에서 반드시 승리해야 할지는 정확하게 판단해야 한다. 그리고 사업을 어떻게 확장시켜 나갈지에 대하여 장기적인 계획을 세우는 것 역시 중요하다. 이런 결정들을 기준으로 고용 계획과 자본조달 계획, 상품개발 계획을 수립하게 된다.


## 트랜스포머 상품으로 현지화하라

　전 세계적으로 성공한 기업가들처럼 프런티어 혁신가들은 고객들이 가치 있게 여길 상품을 개발하고자 진지하게 고민한다. 실리콘밸리 기업가들과 달리 그들은 상품 개발 초기단계부터 세계 시장을 염두에 둔다.

그들은 소매 가격에 맞춰 기능 등을 조절할 수 있고 현지어 기능을 탑재할 수 있으며 현지 고객의 다양한 니즈를 반영할 수 있는 상품을 개발한다. 이것을 '**상품 적응성**Product Adaptability'이라 부르자. 이렇게 유연한 상품을 개발하는 데 성공하면, 스타트업은 이를 발판 삼아 세계 시장으로 빠르게 사업을 확대할 수 있다.

졸라는 상품 적응성을 효과적으로 활용한다. 졸라의 기본 상품은 충전기가 달린 태양광 패널로 구성된 가정용 태양광 시스템으로 집 안에 설치된다. 고객은 여기에 호환이 가능하고 효율이 높은 기기들(전구, 환풍기, 라디오 등)을 연결할 수 있다. 고객이 시스템의 용량을 늘리고 싶으면 충전기에 새로운 태양광을 추가로 설치하면 된다. 그러면 선풍기나 텔레비전처럼 에너지 강도가 높은 기기도 연결할 수 있다.

상품과 고객에 집중하는 전략은 졸라의 성장에 유용했다. 르완다와 탄자니아는 국경을 접하고 있으며, 전기 보급률과 상품 수요도 비슷하다. 반면 코트디부아르와 가나는 평균적으로 소득 수준이 높고 전기 보급률도 높다.* 서아프리카 고객들은 기본적인 전등 사용은 물론, 전력망의 백업 시스템으로 활용하거나 텔레비전과 같은 다양한 가전기기를 꽂아서 사용할 수 있는 시스템을 원했다. 이런 시스템은 더 강력해야 했다. 졸라는 상품 적응성 덕분에, (천편일률적인 시스템을 생산하는 데 드는 설비투자보다) 상당한 설비투자가 선행되어야 했지만, 완전히 새로운 상품을 만들지 않고도 기존 상품을 코트디부아르와 가나에서도 잘 팔리는 모델로 변형할 수

---

\* 2017년 1인당 GDP는 탄자니아 936달러, 르완다 750달러로 세계은행(https://data.worldbank.org/country) 기준 코트디부아르 1,662달러, 가나 1,641달러보다 낮다. 2016년 탄자니아와 르완다에서는 전기 접속 인구 비율이 30% 안팎으로 증가한 반면, 코트디부아르에서는 64%, 가나에서는 79%로 나타났다.

있었다.

어떤 프런티어 혁신가들은 여기서 한 단계 더 나아가서 상품개발 부서의 일부 기능을 분권화하고 현지 수요와 니즈에 맞게 핵심 상품을 현지화할 수 있도록 했다. 3장에서 소개한 FCG의 경우 기술 개발은 유럽에서 집중적으로 이뤄지지만, 현지 시장의 니즈에 맞게 각 시장의 사업부는 상품을 유연하게 개조한다.

이렇게 유연한 상품을 개발하는 전략은 여러 시장으로 사업을 확대하는 데 매우 중요하다. 이와 마찬가지로 유연한 팀을 구성하는 것도 중요하다.

## 전천후 조직을 세워라

새로운 시장에 진출하는 것은 노련한 리더십을 요하는 도전이다. 일반적으로 해외 시장에 진출할 때 기업은 조직 내부의 전문성과 현지 리더십을 결합하여 새로운 시장에 적합한 팀을 조직한다.

일부 프런티어 혁신가들은 전문 팀을 꾸려 새로운 지역으로 사업을 확대하고 기업 문화를 전달한다. 핵심 팀은 자사의 상품이나 서비스가 현지에서 반향을 일으키게 하는 데 집중하지만, 전문 팀은 조직의 독특한 이점을 유지하면서 국경을 넘나들며 사업을 확대하는 데 탁월하다.

맷 플래너리Matt Flannery는 해외에 여러 지사를 설립해 본 경험이 있다. 2004년 그가 공동 창립자로서 설립한 키바Kiva는 신흥시장 사람들에게 소액대출을 해주는 비영리 조직이다. 키바는 현재 80개국 이상에서 활동하며 300만 명 이상의 사람들에게 소액대출을 해줬고, 200만 곳에 가까운 대출기관과 협업하고 있다. 키바의 대출 규모는 12억 달러가 넘는다(대출금 상환율은 무려 97%를 육박한다).[24]

초기에 키바의 성장을 방해하던 장애물 중 하나는 제한된 가용 자금이었다. 대출자들이 증가하는 만큼 협업할 대출기관들도 많이 필요했다. 그래서 맷 플래너리는 신흥시장에 브랜치Branch를 설립하고 현지인들에게 직접 소액대출 서비스를 제공했다. 브랜치는 사람들의 신용 상태를 확인할 수 있는 대안 데이터를 활용했고 주로 금융소외계층에게 공식적인 대출 서비스보다 저렴한 이자로 신용대출을 해줬다. 브랜치 이용자들은 앱을 통해 쉽게 소액 신용대출을 받을 수 있었다. 2015년에 설립된 브랜치는 400만 명이 넘는 고객을 보유하고 1,500만 건이 넘는 소액 신용대출을 진행했으며 대출 규모는 5억 달러가 넘는다.[25]

키바는 새로운 시장에 브랜치를 설립할 때 사업을 빠르게 정상화하기 위해서 소규모의 '스와트SWAT'팀을 파견한다. 스와트팀의 주 역할은 키바 사업을 전 세계로 확대하는 것이다. 경찰 특공대처럼 스와트팀은 본사에 상당한 기간 근무해서 사업에 대한 이해도가 높고 해외 경험에 목마른 유능한 팀원들로 구성된다. 스와트팀이 본사로부터 받은 임무는 분명하다. 새로운 시장에 법인을 세우고 현지 변호사를 구하고 사무공간을 확보하고 앱을 등록하고 고객과 경영진을 확보하는 것이다.

유능한 경영진을 꾸려 조직 문화에 융화시키는 것은 스와트팀이 마지막에 완수해야 할 임무다. 스와트팀은 기업가 정신이 투철하고 리더십이 뛰어나며 키바의 조직 문화를 공유할 수 있는 후보자들을 현지에서 물색

한다. 그리고 새롭게 조직한 현지 경영진에게 키바의 조직 문화를 깊이 심어주고 본사로 떠난다.

스와트팀이 떠나고 나면, 새롭게 진출한 시장에서 브랜치를 이끌 사람들은 현지 경영진이다. 이때, 어느 지역에 제공하는 상품이나 서비스를 그대로 가져다가 현지 시장에 공급해서는 안 된다. 현지 시장에 맞게 수정하고 적절하게 포지셔닝하고 현지 생태계에서 활동하는 경제 주체들과 네트워크를 형성해야 한다. 그러므로 상품이나 서비스를 새롭게 진출한 시장의 니즈에 맞게 조정하려면 현지 전문성이 필요하다.

## 본 글로벌이 핵심이다

다시 한번 더 말하지만, 프런티어 혁신가에게 창업 초기단계부터 해외 시장을 공략하는 것은 선택이 아니라 필수다. 그들이 활동하는 현지 시장은 규모의 경제를 달성하기에 작을 수 있다. 프런티어 혁신가는 다수의 해외 시장에 진출해서 얻은 단편적인 기회들을 연결하여 커다란 기회를 만들어낸다.

창업 초기부터 해외 시장을 공략하는 전략은 시장을 점유하기 위한 공격적인 행보일 뿐만 아니라 방어적인 행보이기도 하다. 스타트업이 해외로 나아가지 않으면, 언젠가 경쟁업체가 그들의 현지 시장에 진출하여 그들을 공격할 것이다. 3장에서 배웠듯이 프런티어 혁신가들은 회복 탄력성을 기르는 데 집중한다. 그 방법 중 하나가 바로 여러 해외 시장에 진출하여 고객의 니즈를 충족시키는 것이다.

루이 파스퇴르<sup>Louis Pasteur</sup>는 "기회는 준비된 자에게 온다."고 했다.[26] 그의 말을 스타트업 업계에 적합하게 살짝 비틀면, 준비된 자만이 처음부터 해외 시장을 공략할 수 있다는 말이 될 것이다. 4장에서 깨달았듯이, 다른 곳에서 얻은 아이디어와 경험을 결합할 수 있는 글로벌 마인드와 네트워크를 지닌 타가수분형 경영진이 본 글로벌의 핵심이다. 이어서 6장에서 프런티어 혁신가들이 어떻게 여러 생태계의 장점만을 활용하여 분산 조직을 꾸리는지 살펴볼 것이다.

앞으로 혁신의 물결이 세계 도처에서 밀어닥칠 것이다. 이런 상황에서 창업 초기단계부터 여러 해외 시장을 공략하며 각 시장에 분산 조직을 꾸리고 관리하는 모범 사례는 실리콘밸리에서는 찾을 수 없다. 오랫동안 본 글로벌 조직을 세워온 프런티어 기업가들로부터 배울 수 있다.

# 06

# 분산 조직을 구성하라

## 전 세계 인재를 활용하라

# 졸라 Zola

8억 명에 달하는 아프리카 사람들이 전력망에 닿지 않는 오프그리드에 살면서 건강과 교육, 정보화 등 삶의 전반에 걸쳐 큰 불이익을 받고 있다. 이 현실을 타개하고자 졸라는 자가 발전이 가능한 태양광 설비를 각 가정마다 대여하고 사용료를 징수하는 비즈니스 모델을 개발했다. 졸라 덕분에 수백 명의 아프리카 사람들이 깨끗하고 밝은 밤을 살 수 있게 되었다.

이제 막 생겨난 생태계에서 활동하는 기업가들은 어려운 결정을 내려야 한다. 고객은 있지만 필요한 인재를 찾기 어려운 곳으로 갈 것인가? 아니면 상대적으로 인재는 풍부하지만, 고객과 멀리 떨어진 곳으로 진출할 것인가?

　졸라는 정확히 이 난제에 직면했다. 자비에 헬게센과 에리카 맥키, 조슈아 피어스는 어느 시장에 제일 먼저 플랫폼을 출시할지 결정할 수가 없었다. 한편으로는 아프리카에 쉽게 접근할 수 있는 런던에 머무르는 것이 타당했다. 하지만 전지와 태양 전지판에 전문성을 지닌 엔지니어들이 풍부한 실리콘밸리와 비교하면 런던에는 필요한 인재가 충분하지 않았다.

　그들에게는 탄자니아란 선택지도 있었다. 에리카 맥키는 스와힐리어에 능통하고 동아프리카에서 직원이 1,000명에 이르는 비영리 조직을 관리한 경험이 있었다. 창업 초기부터 그들은 고객들이 있는 곳에서 그들의 어려움을 친밀히 이해하는, 주요 현지 이해관계자들과의 네트워크가 사업 확장에 중요할 것이라고 판단했다. 그래서 탄자니아가 그들의 첫 시장이었다. 탄자니아에는 전력 사업과 관련한 기회가 존재했다. 2010년 전력 망에 연결되어 전력을 사용하는 탄자니아 인구는 15%가 채 안 됐다.[1] 그리고 탄자니아에는 가장 빠르게 성장하는 모바일 머니 생태계가 존재했다. 모바일 머니 생태계는 사용료를 징수하는 데 필수적인 인프라였다. 그리고 에리카 맥키는 탄자니아를 잘 알았고 현지 네트워크도 갖고 있었다.

탄자니아는 이렇게 많은 이점이 있었지만, 그만큼 단점도 있었다. 탄자니아는 땅덩이가 크고(캘리포니아의 2배) 인구가 드문드문 분포한다. 그리고 인프라도 열악하고 도로도 제대로 정비되어 있지 않아서 유통 비용이 많이 든다. 탄자니아에는 스타트업 생태계가 거의 존재하지 않았다. 프로그래머들도 제한적으로 존재했고 벤처캐피털은 거의 없었다.

여러모로 실리콘밸리가 탄자니아보다 첫 진출 시장으로 훨씬 더 타당했다. 졸라는 상품을 생산하기 위해서 상당한 기술 혁신이 필요했다. 샌프란시스코에서는 청정에너지 기술 분야가 막 생겨나기 시작했고 인재도 풍부했다. 세 사람은 샌프란시스코에 탄탄한 네트워크도 갖고 있었다. 하지만 실리콘밸리와 탄자니아는 10시간의 시차가 존재하고 두 지역을 오가는 데 거의 24시간이 걸린다. 물리적인 거리만 존재하는 것이 아니다. 샌프란시스코에 스타트업을 세우는 것과 탄자니아에 스타트업을 세우는 것은 천지차이다. 탄자니아에선 정전과 부분 정전이 빈번하고 대부분 도로가 비포장이다.

결국 그들은 현지 전문성에 맞춰 각 지역에 팀을 조직하기로 결정했다. 아프리카의 현지 유통망에 아시아의 제조, 유럽의 물류, 실리콘밸리의 연구개발을 결합한 것이다. 그들은 탄자니아에서 출발했다. 이것은 이용자들과 아주 가까운 곳에서 상품을 개발하기 위해서 내린 결정이었다. 기본적인 상품이 마련되자, 그들은 테슬라와 같은 기업들이 있어서 태양 에너지와 전지 분야에서 최고의 인재를 확보하기 용이한 실리콘밸리에 R&D 팀을 조직했다.

공급망을 확보할 때, 졸라는 태양광 시스템 하드웨어를 확보하기 위해서 아시아 기업들과 긴밀하게 협업했다. 졸라는 아프리카 전역으로 사업을 확장하면서 현지 시장 및 미래 잠재 시장들과 같은 시간대에 속하고 교통여건도 용이한 암스테르담에 운영조직을 만들었다. 간단히 말해서, 졸라는 처음부터 분산 방식으로 조직을 설립했고 매년 그 수를 늘렸다.

프런티어 혁신가들은 단 하나의 장소에 모든 기능을 갖춘 조직을 만들지 않는다. 대신에 그들은 전 세계 도처에 현지 전문성을 활용하여 기능을 분산시키고 하나로 연결한다. 이러한 추세가 갈수록 강해지고 있다.

## 분산도
## 전략이다

**분산**<sup>distribution</sup>은 어느 한 조직을 구성하는 팀들이 여러 장소에 흩어져 있는 구조를 말한다.

분산 전략은 실리콘밸리의 통념에 정면으로 배치된다. 실리콘밸리에는 엔지니어링, 상품 개발과 전략을 통합시키는 것이 창의력을 자극하는 핵심요소라는 믿음이 있다. 스티브 잡스는 이런 믿음의 대표적 사례다. 심지어 그는 부서 간 즉흥적인 상호작용을 촉진하기 위해서 회사의 중앙에 화장실을 만들었다. 야후<sup>Yahoo</sup> CEO로 취임하면서 마리사 메이어<sup>Marissa Mayer</sup>가

내린 첫 번째 지령은 원격근무 금지였다. 그들이 조직의 기능을 여러 지역으로 분산시키지 않는 데에도 분명 타당한 이유들이 있을 것이다. 하지만 시대가 변하고 있다.[2]

## 조직의 분산 스펙트럼

조직마다 기능을 분산시킨 정도, 즉 분산 스펙트럼 distributed spectrum에는 차이가 있다. 다른 지역에 기술개발팀과 영업팀을 두는 조직이 가장 단순한 분산 조직이라 할 수 있다. 이와 반대로 기능에 따라 조직을 완전히 분산시키고 실질적으로 본사가 존재하지 않는 극단적인 경우도 있다. 그림 6-1을 보면, 한 조직의 기능이 얼마나 다양한 형태로 분산될 수 있는지 알 수 있다. 이번 장에서 하나씩 차례대로 살펴볼 것이다.[3]

**지구와 달 모델** Earth and moon models은 가장 중앙집중화된 분산 모델일 것이다. 이 모델에서는 전 기능을 지배하는 본사(지구)가 조직의 중심이다. 조직이 새로운 단계나 시장에 진입할 때, 달 또는 허브가 만들어진다.

샌프란시스코에 설립된 피크 트래블 Peek Travel은 지구와 달 모델을 갖추고 있다. 사람들이 오픈테이블 OpenTable을 통해 직접 식당 예약을 하는 것처럼 피크 트래블을 이용하면 다양한 액티비티를 예약할 수 있다. 피크 트래블은 서서히 진화하여 상인들에게 예약 관리 솔루션을 제공하기에 이르렀다. 예약 관리 솔루션을 판매하기 위해서 피크 트래블은 영업팀을 솔트레이크시티에 설립했다. 이 팀은 전문화된 기능을 갖춘 달이 됐다. 이렇게 피크 트래블은 전문화된 기능을 확보하기 위해서 다른 지역에 달을 세울 것이다. 이와 유사하게 2장에서 소개한 고젝은 인도네시아에서 중앙집권방식으로 사업을 관리하지만 여러 시장에 유통 사무소를 설치하고 있다.

◆ 그림 6-1 분산 조직의 범주

두 번째 모델은 고객 대응팀과 상품 및 기술 개발팀을 분리하는 **리버스 오프쇼어링**Reverse Offshoring이다. 주로 고객 대응팀은 개발도상국에 있고 상품 및 기술개발팀은 다른 지역에 위치한다.[4] 5장에서 만난 브랜치 인터내셔널이 이 모델의 대표적인 사례다. 브랜치는 신흥시장에서 소액 대출 상품과 서비스를 제공하지만, 상품 개발은 샌프란시스코에서 집중적으로 이뤄진다. 이와 유사하게 3장에 등장한 FCG는 독일에서 상품과 기술을 개발하고 여러 국가에 영업팀을 두고 있다.

한 걸음 더 나아가서 **다극 모델**Multipolar Model을 택하는 기업들도 있다. 각지역에 서로 다른 핵심 기능을 수행하는 팀을 설립하는 것이다. 대표적인 사례가 졸라다. 4장에 등장한 페처도 유사한 다극 모델을 세웠다. 두바이의 기술 인력은 제한되어 있기 때문에 페처는 요르단과 중국에 80명으로 구성된 기술 개발팀을 만들었고 이집트에 영업팀과 고객 대응팀을 만들었다.

때때로 다극 모델이 약간의 독립성을 지닌 허브들로 구성되는 경우도 있다. 각 허브는 독특한 기능을 수행한다. 앞으로 만나게 될 심프레스Cimpress와 글로반트Globant도 다극 모델을 활용한다.[5] 다극 모델에서 각각의 허브들은 어느 정도의 자율성을 누리고 자급자족한다.

마지막으로 일부 기업은 모든 기능을 완전히 분산시킨다. 이 모델은 평평한 네트워크와 더 유사하다. 공식적으로 미국에 본사를 둔 베이스캠프, 인비전InVision, 자피어Zapier는 전 세계에 직원들이 있다. 전 기능을 분산시킨 기업에게도 '본사'가 존재할 수 있다(베이스캠프의 본사는 시카고다). 하지만 이것은 이름만 본사일 뿐이고, 직원들은 어디서든지 자유롭게 일한다.

조직의 구성원들이 어느 지역에서 활동하는지와 지역 사무소가 어떤 특화된 기능을 갖고 있느냐는 분산 모델에서 중요하다. 의사결정에도 분산 모델이 적용될 수 있다. 일부 분산 모델을 지닌 기업들은 특정 지역에 의사결정 권한을 집중시키기도 한다. 반면에 여러 지역에 위치하는 각 조직에 의사결정 권한을 위임하는 분권화된 기업들도 있다.

대체로 어느 조직의 기능이 여러 지역에 걸쳐 분산될수록 의사결정 권한도 분권화된다. 하지만 이것은 조직의 내부 역학구조, 상품의 종류와 활동하는 시장에 따라 달라진다. 그러므로 이번 장에서는 의사결정의 분권화를 다루지 않을 것이다.

# 분산 모델의
# 장점

프런티어 혁신가들은 조직의 기능을 여러 지역에 걸쳐 분산시킨다. 이런 전략이 독특한 장점을 가지고 있기 때문이다. 분산 모델을 통해서 프런티어 혁신가들은 다양한 인적 자본을 활용하고 비용을 관리하고 조직을 통합하고 미래 사업 확장의 기반을 닦는다.

## 다양한 인재풀을 활용할 수 있다

분산 모델의 가장 큰 장점 중 하나는 위치에 상관없이 최고의 인재를 활용할 수 있는 유연성이다. 유능한 인재들이 집중된 지역들이 있다. 분산 방식으로 조직을 구성하면, 동급 최상의 생태계를 활용할 수 있다. 예를 들어, 샌프란시스코만 인근 지역에는 머신러닝 전문가가 부족하다. 하지만 토론토와 몬트리올은 머신러닝의 허브가 되고 있다. 그래서 토론토와 몬트리올에 사무실을 열면 최고의 인재를 쉽게 확보할 수 있다.

행동 분석에 탁월한 것으로 알려진 지역도 있다. 피크 트래블은 시리즈 B를 진행하기도 전에 솔트레이크시티에 영업조직을 만들었다. 피크 트래블 CEO 루즈와나 바시르 Ruzwana Bashir는 이렇게 한 이유를 다음과 같이 설명했다. "최고의 투자수익률을 지닌 최고의 인재를 찾으려면 솔트레이크시티로 가야 했어요. 사무실로부터 반경 2시간 거리 이내에 마케팅 전문 프로그램을 제공하는 최고의 대학교들이 다수 위치해요. 이런 대학교들이 배출한 졸업생들은 유수 현지 기술 기업들에서 실무를 경험하죠."[6]

실제로 영업조직을 솔트레이크시티에 세우면, 해당 조직은 그 도시에서 성공적으로 사업을 확장해 나간다. 킥스타트 시드 펀드<sup>Kickstart Seed Fund</sup>의 파트너인 달튼 라이트<sup>Dalton Wright</sup>는 솔트레이크시티의 영업 전문성은 회복력과 강인함, 지역 주민들의 경험에서 나온다고 말했다. 많은 젊은 모르몬교도들이 2년간 선교활동을 떠난다. 선교활동이 그렇듯이, 그들은 온종일 그리고 매일 사람들로부터 거부당한다. 그렇게 그들은 그 무엇에도 동요하지 않고 끈질기게 무언가를 추구하는 사람이 되어서 본국으로 돌아온다. 대다수가 빠르게 사업을 확장하는 테크 기업에서 임원과 영업사원이 된다.[7] 피크 트래블은 이러한 영업 전문성을 활용하기 위해 유타주에 영업조직을 만든 많은 기업 중 하나다. 피크 트래블 외에 퀄트릭스, 포디움<sup>Podium</sup>, 또 마스테리커넥트<sup>MasteryConnect</sup>도 있다.

이처럼 조직의 기능을 여러 지역에 걸쳐 분산시키는 전략은 글로벌 인재를 활용하는 가장 극단적인 전략이라 할 수 있다. 웹사이트 자동화 소프트웨어 업체인 자피어<sup>Zapier</sup>는 미주리 주에 본사를 둔 스타트업이다. 자피어는 초기 단계부터 조직의 기능을 전 세계에 분산시켰다. 250명의 직원은 20개 주와 17개 국가에서 완전히 원격으로 근무한다. 자피어의 공동창립자이자 CEO인 웨이드 포스터<sup>Wade Foster</sup>는 이런 전략이 자피어의 진짜 강점이라고 설명한다.

이런 식으로 기업을 설립하면, 전 세계 인재를 활용할 수 있습니다. 본사로부터 30마일 이내에서 인재를 구하고자 한다면, 채용은 어려울 수밖에 없어요. 구글, 페이스북, 애플과 같은 기업들이 인재들의 몸값을 터무니없이 올려놔서, 실리콘밸리에서 제대로 된 직원을 뽑으려면 그 비용이 만만치 않죠. … 샌프란시스코만 일대에선 인재 유치 경쟁이 너무나 치열합니다. 하지만 원격근무를 받아들이면, 전 세계 사람들과 함께 일할 수 있죠. 좋은 인재를 훨씬 쉽게 구할 수도 있습니다.[8]

'디로케이션delocation' 프로그램을 도입한 해에 자피어에 들어온 이력서 수가 50% 증가했고 직원 유지율에서도 의미 있는 증가세가 확인됐다.[9]

원격근무를 적극적으로 활용하여 보다 많은 지역으로 팀을 분산시키면 조직 내 다양성이 강화된다. 리모트닷코Remote.co의 연구에 따르면, 원격근무를 도입한 기업은 여성 경영진의 비율이 높았다. 28%가 여성이 창립자이거나 회장이거나 CEO였다(반면 S&P 500 기업들 중에서 여성 CEO를 둔 곳은 겨우 5.2%였다).[10] 리모트닷코는 업무 유연성 강화, 일과 삶의 균형 실현, 마지막으로 편견 감소를 주요 이유로 꼽았다(원격근무는 조직의 리더에 대한 선입견을 무너뜨린다).[11]

## 인건비 관리가 용이하다

여러 지역에 조직의 기능을 분산시키는 주된 까닭은 국내시장을 넘어 보다 풍부한 인재풀을 활용하기 위해서다. 그리고 이런 분산 모델은 인건비와 기타 비용을 관리하는 데 효과적이다.

샌프란시스코만 일대는 북아메리카에서 월세가 가장 비싼 지역이다. 그러니 이 지역의 임금 수준이 가장 높다는 사실이 전혀 놀랍지 않다. 하지만 실리콘밸리를 벗어나면, 훨씬 저렴하게 기술 인재를 확보할 수 있다. 실리콘밸리에서 엔지니어의 평균 임금은 12만 4,000달러지만, 시카고에서는 9만 달러이고, 클리블랜드에서는 거의 7만 5,000달러다.[12] 이러한 비용 우위는 환율이 낮은 캐나다와 같은 국가에선 더욱 강화된다.[13]

3장에서 살펴봤듯이 낮은 인건비는 스타트업의 생존에 지대한 영향을 미칠 수 있다. 창업 초기단계에 조달하는 벤처캐피털은 창립자가 상품과 시장 사이의 적합성을 찾는 데 사용된다. 이때 학습과 피버팅*이 수반된다. 이 단계에서 발생하는 가장 큰 비용이 바로 기술 개발을 위해 채용한 인재에게 주는 임금이다. 그러니 인건비가 적게 들면, 혁신가들은 몇 달 더 기술 개발에 매진할 수 있고 지속 가능한 비즈니스 모델을 찾아낼 가능성이 커진다. 이러한 비용 우위는 기업의 규모가 커질수록 강해진다.

분산 모델은 직원들이 스스로 역량을 최대한 발휘할 수 있는 환경을 제공한다. 2011년 벤 나델Ben Nadel과 클라크 발버그Clark Valberg가 함께 설립한 인비전InVision을 살펴보자. 인비전은 상품을 연구하고 설계하고 테스트하는 툴을 제공하는 소프트웨어 회사다. 500만 명이 넘는 사람들이 인비전이 개발한 툴을 이용하고, 에어비앤비, 아마존, HBO, 넷플릭스Netflix, 슬랙Slack, 스타벅스Starbucks, 우버 등 포춘 100대 기업들도 모두 인비전의 고객이다.[14]

인비전은 처음부터 원격근무를 추구했다. 전 세계 노동력을 보다 잘 활용하기 위한 전략이었다. 내부 분석에 따르면 이 덕분에 인비전 직원들은 다른 조직보다 좋은 일과 삶의 균형을 누릴 수 있었다. 그들은 긴 출퇴근 시간으로 고생하지도 않고 업무를 방해하지 않는 환경이나 집에서 근무한다.[15] 이렇게 분산 모델은 직원의 행복도와 생산성을 높인다. 인비전은 거의 20억 달러의 가치를 지닌 기업으로 성장했고 3억 5,000만 달러 이상의 자금을 조달했다.[16]

---

* 기존 사업 아이템을 바탕으로 사업 방향을 다른 쪽으로 전환하는 일. 기존의 상품 및 비전은 유지하면서 전략만을 수정하는 것을 뜻한다. 사업 성과가 예상보다 저조하거나 개발 일정이 늦어질 때 주로 행해진다. -편집자 주

## 조직 통합을 강화한다

스티브 잡스는 사내 연결성in-office connectivity을 그 무엇으로도 대체할 수 없다는 '잡스적 사고Jobsian notion'를 만들어냈다. 현재 기술 업계가 이 사고방식에 도전하고 있다. 재스퍼 말콤슨Jasper Malcolmson은 처음부터 분산 모델로 스카이라이트Skylight를 설립했다. 스카이라이트에는 본사는 물론, 어떤 형태든 간에 사무실이 존재하지 않는다. 재스퍼 말콤슨은 "분산된 상태가 실제로 직원들의 연결성을 더 강화한다."라고 말했다.[17]

그의 집에 있는 책상 위에는 고해상도 마이크와 고 충실도 스피커, 스크린 2개가 놓여 있다. 스카이라이트 전 직원의 집에 이런 설비가 갖춰져 있다. 왼쪽 스크린에는 직장 동료들이 떠 있다. 컨퍼런스콜을 하고 싶거나 질문이 있거나 그냥 안부 인사를 하고 싶으면, 그는 스크린에 뜬 동료의 얼굴을 더블 클릭하고 라이브 마이크 링크를 연결한다. "개방형 사무실은 사내 소통을 방해하는 장벽을 낮췄죠. 기술이 사내 소통을 막는 장벽을 점점 낮추고 있습니다."라고 재스퍼 말콤슨은 말했다.[18]

원격근무 때문에 소통의 실패나 협업의 부족 등 여러 가지 문제가 발생하기도 했다. 기업들은 빠른 대처로 이 문제들을 해결하며 새로운 환경에 적응해나가고 있다. 기업 가치가 거의 20억 달러에 이르는 해시코프HashiCorp의 최고보좌관 케빈 피시너Kevin Fishner는 다음과 같이 설명한다.

사람들은 완전한 원격근무제를 도입한 기업을 '보통 기업'과는 다르다고 생각하죠. 두 기업 유형이 굳이 다르지 않습니다. 하지만, 원격 기업은 조직의 약점을 더욱 분명하게 드러냅니다. 모든 기업은 소통, 협업 그리고 합의와 관련하여 여러 문제를 안고 있습니다. 이런 문제들을 보다 명확하게 하는 것이 오히려 장점이 될 수 있다고 생각합니다. 왜냐하면 문제가 무엇인지 분명히 알면 더 빨리 고칠 수 있으니까요. 물론 원격근무를 조직의 강점으로 만들려면 이런 문제들을 고쳐야 하죠.[19]

분산 모델을 추구하는 것이 필연적으로 사람과 사람의 상호작용 혹은 연결을 부정한다는 의미는 아니다. 이와 반대로 분산 조직은 직원과 직원의 상호작용을 체계화한다. 정기적으로 휴식시간을 갖고 매주 생중계 화상회의를 열고 직원들이 실시간으로 상호작용하도록 통합된 디지털 커뮤니케이션 플랫폼을 구축한다.

## 시장 확대에 대비한 학습 기회를 제공한다

분산 모델은 기업들이 여러 시장에 진출하면서 생긴 자연스러운 결과이다. 여러 지역으로 사업을 확장하면, 기업은 각 지역에 지사를 설립하게 되고 자연스럽게 전 세계적으로 수많은 지사를 보유하게 된다. 하지만 분산 모델이 놀라운 이점을 가져다줘서 이와 정반대로 진행되는 경우도 있다. 창업 초기단계부터 조직의 기능을 분산시키면, 기업은 서로 떨어져서 근무하는 직원들이 원활히 소통하도록 직원들 간 의사소통을 관리하는 한편, 원격근무하는 직원들에게 자율성을 더욱 부여하고 조직적 차원에서 공유 문화를 육성해야만 한다. 전 세계로 사업을 확장하려면, 정확하게 이와 똑같은 전략이 필요하다. 많은 기업가가 팀을 여러 지역에 분산시키면서 해외 시장으로 진출하는 준비를 할 수 있었다고 말했다.

물론 기능이 여러 지역에 걸쳐 분산된 조직을 만들기란 결코 쉽지 않다. 지금부터 조직의 기능을 성공적으로 분산시키는 데 도움이 될 전략들을 살펴보도록 하자.

# 조직의 기능을 분산하는 효과적인 전략

최고의 프런티어 혁신가들은 채용방식과 인센티브, 기술, 내부 프로세스, 조직 문화를 활용하여 분산 조직을 만든다. 지금부터 그들이 활용하는 전략들을 하나씩 차례대로 살펴보자.

## 적합한 인재를 채용하라

이론적으로 조직의 기능을 여러 지역으로 분산시키면, 이 세상 누구나 채용할 수 있다. 하지만 현실에서는 모두가 원격근무나 해외 근무에 적합한 것은 아니다.

프런티어 혁신가들은 주로 독립성이 두드러지는 사람들을 직원으로 채용한다. 자피어를 예로 들어보자. 자피어 CEO 웨이드 포스터는 "기본적으로 행동파"이고 독자적으로 성과를 낼 수 있는 사람을 선호한다고 말했다.[20] 베이스캠프 CEO 제이슨 프라이드는 소통능력, 특히 서면으로 의사소통을 잘하는 능력이 중요하다고 말했다. 뛰어난 서면 의사소통은 원격근무의 핵심 자질이다.[21]

기업이 전 세계에 지사를 두고 있다면, 채용은 더욱 복잡해진다. 프런티어 혁신가들은 새로운 문화와 지역에서도 최고의 능력을 발휘할 수 있는 사람을 찾는다. 브랜치 CEO이자 키바의 창립자인 맷 플래너리는 글로벌 문화와 영향력을 중요하게 생각하는 사람을 선호한다. 그에게 이는 매우 중요한 일이다. 맷 플래너리는 여기저기 여행한 경험이 있는 사람이 가장 필요하다고 말했다. "저는 유명 관광지가 아닌 아무도 가지 않는 곳을 일부러 찾아다니는 사람들이 좋습니다. 채용 면접에서 어느 후보자가 최근에 과테말라에서 살면서 일했다고 이야기하더군요. 이것은 그녀가 모험심이 있고 착한 심성을 지녔다는 신호죠. 그녀는 바로 영향에 집중하는 사람인 거죠. 그래서 우린 그녀를 채용했습니다."[22]

원격근무나 해외 근무가 가능한지는 채용 프로세스에서 검증할 수 있다. 처음부터 끝까지 채용 프로세스가 화상으로 진행될 수도 있다(면접 대상이 현지인이라도 가능하다). 많은 프런티어 혁신가들이 멀리 떨어져 있는 동료들과 어떻게 협업하는지를 테스트하기 위해서 후보자들에게 과제를 제시한다. 7장에서 프런티어 혁신가들이 후보자의 인성과 품행을 어떻게 테스트하는지를 보다 자세히 살펴볼 것이다.

### 적절한 인센티브를 제시하라

프런티어 혁신가들은 실리콘밸리 기업들이 전통적으로 직원들에게 제공하는 인센티브를 선호하지 않는다. 대신에 그들은 글로벌 연결성과 같은 가치를 강화하는 방향으로 보상과 인센티브를 사용한다. 수많은 해외 지사를 보유한 브랜치는 직원들에게 원하는 곳에서 일할 수 있는 선택권을 주고 항공료를 지급한다. 이 덕분에 브랜치 직원들은 지역에 상관없이 통합이 잘되고 지구 반대편에서 근무하는 동료가 누구인지 알고 있으며, 다른 지역의 시장에 대해서도 어느 정도 이해하고 있다. 맷 플래너리는 브랜치의 글로벌 문화가 촉매제가 되어 업무가 이어지고 새로운 현지 환경에 빠르게 적응할 수 있다고 말한다.

베이스캠프는 해외 근무지를 떠나 가족들과 함께 시간을 보내고 여행을 할 수 있도록 직원들에게 연간 휴가 바우처를 제공한다. 제이슨 프라이드는 "우리 회사는 직원들에게 여행을 권장합니다. 출장이 아니라 개인적으로 가는 여행이죠. 이것이 진심 어린 인센티브죠."라고 설명한다.[23] 인비전은 원격근무를 하는 직원들에게 커피를 마시거나 점심을 먹을 때 사용할 수 있도록 선불 신용카드를 제공한다. 근무하는 동안 잠깐이라도 밖에 나가서 머리를 식힐 기회를 직원들에게 주기 위해서다.[24]

## 업무 프로세스와 문화를 재창조하라

팀만 여러 지역에 분산시킨다고 다 되는 것이 아니다. 글로반트처럼 비즈니스 전략과 조직 문화에도 분산 모델을 이식해야 한다.

2003년 부에노스아이레스에 설립된 글로반트는 IT 및 소프트웨어 개발 회사이고 뉴욕증권거래소에서 거래되는 상장기업이다. 기업 가치가 30억 달러가 넘고 매출은 4억 달러를 상회하며, 40개 사무실에 거의 1만 명에 이르는 직원들이 일한다.[25] 글로반트 CEO이자 공동 창립자인 마틴 미고야Martín Migoya는 "우리는 처음부터 분산 방식으로 회사를 설립했습니다. 설립 2년 차에 두 번째 사무실을 열었죠. 3년 차에는 세 번째 사무실을 열었습니다. 4년 차부터는 매년 여러 개의 사무실을 여러 지역에 열기 시작했죠."라고 말했다.[26]

분산 조직을 관리하기 위해서 마틴 미고야는 새로운 툴이 필요했다. 그는 "새로운 유형의 회사에는 새로운 유형의 운영 시스템이 필요합니다."라고 설명했다.[27]

글로반트는 전사적으로 업무 프로세스를 재창조했다. 회사의 가치를 강화하기 위해서 글로반트는 '스타 미 업Star Me Up'을 개발했다. 직원이든 고객이든 누구나 이 플랫폼을 이용해서 회사의 가치에 맞는 일을 한 사람에게 '별점'을 줄 수 있다. 한편으로 이 플랫폼은 최고의 직원들에게 크라우드소싱 메커니즘의 역할을 한다. 이 제도는 직원 감소율을 예측하는 유용한 도구이기도 하다. 대체로 이 플랫폼을 적극적으로 활용하지 않는 직원들은 퇴사할 가능성이 컸고 글로반트는 선제적으로 대응할 수 있었다.

또한 마틴 미고야는 전통적인 연간 성과 평가제도는 분산 조직에는 적합하지 않다고 생각했다. 그래서 그는 내부적으로 '베터 미Better Me'를 도입했다. 이 플랫폼을 통해 직원들은 직접 혹은 원격 상호작용 이후에 상대방에게서 리뷰를 받는다. 나아가 글로반트는 '틴더 포 아이디어Tinder for Ideas'란 플랫폼을 내부적으로 테스트했다. 직원들은 장소에 구애받지 않고 이 플랫폼을 통해 새로운 아이디어나 프로세스를 발굴하고 의견을 공유한다. 가장 유망한 제안은 경영진에게까지 보고된다.

분산 조직을 지닌 다른 기업들도 글로반트가 개발한 툴이 가치 있다고 판단했다. 다양한 기업에서 200만 명 이상의 사람들이 '스타 미 업'과 '베터 미'를 사용한다.[28]

## 분산 팀을 구조적으로 통합하라

조직이 여러 지역으로 분산된 기업이 성공하려면 직원들 간의 상호작용이 원활해야만 한다. 그러므로 연결성은 분산 조직에서 핵심 요소다. 졸라의 경우 샌프란시스코와 탄자니아의 시차는 무려 10시간이다. 두 지역의 근무 시간이 가능한 한 많이 겹쳐지게 하기 위해서 샌프란시스코 팀은 아주 일찍 업무를 시작하고 탄자니아 팀은 늦게 근무를 시작한다. 그리고 직원끼리 유대감을 느끼도록 화상회의를 애용한다.

인비전은 근무시간이 겹쳐지도록 정책을 도입했다. 인비전에는 '코어 팀 아워core team hours'란 것이 있다. 미국 동부 표준시로 오전 10시부터 오후 6시까지 중에 적어도 4시간은 멀리 떨어져 있는 동료들과 시간대를 맞춰 함께 근무를 해야 한다. 직원들은 장소에 구애받지 않고 어디서든 편하게 근무할 수 있지만, 정해진 시간 동안에는 다른 동료들과 함께 일해야 한다.[29]

원격근무를 도입한 기업은 직원들이 음료수 냉각기 옆에서 격의 없이 이야기를 나누는 문화도 디지털화한다. 글로반트는 인스타그램과 유사한 사진 공유 플랫폼을 이용해서 전사적 차원에서 직원들이 일상을 가볍게 공유할 수 있도록 한다. 자피어는 내부 커뮤니케이션 시스템에 채팅 채널을 개설했고 직원들이 담소를 나눌 수 있도록 무작위로 짝을 지워준다. 짝이 된 직원들은 가상공간에서 '커피 타임'을 가지게 된다. 해시코프는 '채팅 룰렛Chat Roulette'이란 프로그램을 도입했고 회사 내에서 직원들이 알지 못했던 동료를 사귈 기회를 제공한다.[30]

모든 직원이 회사에서 어떤 일이 일어나는지 알 수 있어야 한다. 그래서 팀 내 공지사항은 화상회의에서 전달되고 나중에 화상회의에 참석하지 못한 직원들이 볼 수 있도록 녹화된다(설령 모든 팀원이 같은 공간에 모여 있더라도 화상회의로 공지사항이 전달된다).

분산 구조라고 해서 면담 시간의 중요성을 과소평가해선 안 된다. 인비전 최고인사책임자 마크 프레인Mark Frein은 "사람과 사람이 직접 만나서 이야기를 주고받는 시간은 중요합니다. 사람들은 해외 출장을 가는 것을 당연하게 생각하죠. 하지만 실제로 대부분의 미팅은 화상회의로 해결할 수 있어요. 사람들을 한자리에 모이게 만들면, 모인 사람들은 서로 알고 싶어서 대화하죠. 그러면 그들 사이에는 강한 유대감이 형성됩니다."라고 말했다. 원격근무를 도입한 성공한 기업들은 직원들이 직접 만나서 소통할 시간을 찾아낸다. 인비전은 팀 미팅뿐만 아니라 전 직원들을 대상으로 매년 수련회도 개최한다.[31] 브랜치는 아프리카에서 매년 수련회를 연다. 전 직원이 원격근무를 하는 베이스캠프는 2년에 한 번 수련회를 개최한다.[32]

## 기술에 투자하라

기술이 발달한 세계화 시대에서 분권화된 문화를 조성하는 것은 그 어느 때보다 쉽다. 점점 많은 사람이 영어를 포함해 다국어를 사용하면서 언어 장벽이 낮아지고 있다. 번역기는 성능이 크게 개선되고 무료로 사용할 수 있다. 화상회의의 품질은 극적으로 향상됐고 비용도 대폭 하락했다. 그 결과 한 장소에 모여서 회의를 하는 것보다 원격 화상회의를 더 선호하는 사람들도 생겨났다.[33]

원격근무를 가능하게 하는 툴은 다양하지만, 원격근무를 확산하려면 기술에 선제적으로 투자해야 한다.* 스카이라이트의 재스퍼 말콤슨은 스크린 여러 대와 광대역 인터넷, 카메라, 마이크 등 신입사원에게 제공할 원격근무에 필요한 설비를 구입하고 설치하는 비용이 몇 천 달러에 이른다고 말했다. 게다가 줌 룸과 같은 화상회의 서비스에 가입해야 된다.

엄청난 비용으로 느껴질 수 있지만, 물리적인 사무실을 만들고 관리하

---

* 최상회의를 위한 줌(Zoom), 비동기 채팅을 위한 슬랙(Slack), 작업 관리를 위한 트렐로(Trelo), 소프트웨어 개발을 위한 깃허브(GitHub), 암호 관리를 위한 라스트패스(LastPass), 서명을 위한 도큐사인(DocuSign) 등이 그 예다.

는 데 드는 비용과 비교하면 새 발의 피다.

## 분산 모델은
## 미래를 여는 열쇠다

2018년과 2019년 아마존은 시애틀이 아닌 다른 지역에 제2본사를 설립하기로 결정했고, 이 소식은 여러 단계에 걸쳐 후보지를 선정한다는 사실과 함께 기술 업계를 뜨겁게 달궜다. 우선 아마존은 미국 내 대도시로부터 제안서를 받았다. 200개 이상의 도시가 5만 개의 일자리 창출과 50억 달러의 건설 투자를 기대하며 아마존의 제2본사 유치 경쟁에 뛰어들었다.[34] 조지아 주 스톤크래스트는 심지어 아마존 제2본사 인근에 소도시를 조성하고 '아마존'이라 이름 짓겠다고 했다.

아마존은 뉴욕의 롱아일랜드와 버지니아의 크리스탈시티를 최종 입지로 선정했지만, 대중들의 반발로 뉴욕에서 철수해야만 했다.[35]

아마존의 제2본사를 둘러싼 논란의 이면에는 어떤 트렌드가 존재한다. 물가 상승으로 실리콘밸리와 기타 스타트업 생태계에서 사업하는 데 드는 비용이 상승하고 있다. 심지어 고소득을 올리는 소프트웨어 엔지니어들도 샌프란시스코에서 단칸방 하나 구하기 힘들다.[36] 현재 많은 사람이 실리콘밸리를 떠나고 있다. 샌프란시스코에서 진행된 여러 조사에 따르면, 샌프란시스코 주민의 46%가 향후 몇 년 안에 샌프란시스코를 떠날 생각을 하고 있었다.[37] 하지만 인재는 여전히 기업에게 가장 중요한 자원이다. 그래서 꿈의 직장이라 불리는 실리콘밸리 기업들이 다른 지역으로 조

직의 기능을 분산하는 방안을 검토하고 있는 것이다.[38]

오토매틱Automatic, 베이스캠프, 깃허브GitHub, 깃랩GitLab, 인비전과 자피어와 같은 미국 스타트업들은 조직을 분산하여 성공한 좋은 롤 모델이다. 버퍼Buffer의 <원격근무 현황에 대한 보고서State of Remote Work Report>는 스타트업 업계에서 변화가 일어나고 있음을 보여준다. 기업가의 90%가 원격근무를 지지한다고 답했다.[39] 원격근무제를 도입하는 기업이 증가하고 있다. 메리 미커Mary Meekr의 <인터넷 트렌드 2019 보고서Internet Trends 2019 Report>에 따르면, 현재 미국 노동자의 5%가 원격근무를 한다(2000년에 3%였다). 이는 800만 명이 넘는 미국 사람들이 원격근무를 하고 있다는 뜻이다. 미국 노동자의 거의 50%가 최소한 몇 시간 동안에는 원격근무를 하고 있다.[40]

일부 벤처캐피털리스트들은 분산된 조직은 스타트업 업계에 클라우드에 버금갈 정도로 큰 영향을 미칠 것이라고 내다봤다.[41] 버전 원Version One의 창립자이자 앤드리슨 호로위츠Andreessen Horowitz의 이사인 보리스 워츠Boris Wertz는 이런 트렌드를 다음과 같이 요약했다. "실리콘밸리에 본사를 둔 우리 포트폴리오 기업 가운데 시리즈 A를 통과하고도 분산 모델이 아닌 곳은 단 하나도 없습니다."[42]

## 트리플 스렛이 되자

무려 3개의 장에 걸쳐 창업 초기단계부터 해외시장을 겨냥한 많은 프런티어 혁신가들과 그들의 기업에서 나타나는 타가수분, 본 글로벌 그리고 분산 모델이라는 3가지 요소들을 살펴봤다. 이 3가지 요소를 모두 갖춘 혁신가는 스타트업 업계의 '트리플 스렛[Triple Threats]*'이다. 다시 말해서 이 3가지 요소를 모두 결합하면 강력하고 성공적인 결과를 얻어낼 수 있다.

로버트 킨[Robert Keane]의 사례를 살펴보자. 뉴욕 버팔로 출신인 로버트 킨은 타가수분형 기업가였다. 여러 국가에서 경력을 쌓은 뒤에 1994년 프랑스 경영대학원인 인시아드를 졸업하자마자 자신의 파리 아파트에 딸린 작은 방에서 본 임프레션[Bonne Impression]을 설립하고 프린팅 사업을 시작했다. 본 임프레션은 마이크로소포트와 제휴를 맺었고 마이크로소프트 고객사들의 광고 전단지를 인쇄하게 됐다. 당시에 소기업은 마케팅 자료를 인쇄하기 위해서 천문학적인 비용을 썼다. 전단지 5,000장을 인쇄하는 데 무려 1,000달러가 들었다.[43]

하지만 마이크로소프트의 고객사와 거래를 완료하자, 사업은 더 이상 성장하지 않았다. 로버트 킨은 현재의 비즈니스 모델로 회사를 성장시키는 것은 거의 불가능하다고 판단했다.

로버트 킨은 돌파구를 찾아냈다. 그는 소기업이 직접 광고물을 디자인하고 전자상거래를 통해 인쇄를 맡길 수 있는 온라인 인브라우저 인쇄 프로그램을 고안해 냈다. 이것은 시대를 한참 앞선 것이었다. 인브라우저 인쇄 프로그램은 다른 혁신 기술들을 보완했다. 인브라우저 인쇄 프로그램의 알고리즘은 자동적으로 개별 진행되는 소량 인쇄 작업을 종합하여 인쇄 비용을 급격하게 낮췄다. 로버트 킨은 카탈로그를 고객사에 배포하는

---

* 카지노에서 크랩스(craps), 블랙잭(blackjack), 룰렛(roulette) 게임 딜링에 두루 정통한 딜러. 또는 풋볼게임에서 킥, 패스, 러닝에 능통한 선수. -편집자 주

직접 마케팅 전략을 버리고 새로운 인터넷 기반 유통 모델을 도입할지를 결정해야 했다.

그는 새로운 마케팅 전략을 도입하기로 결정했다. 그러자 본 임프레션은 날개를 단 듯이 성장했다. 1999년 로버트 킨은 회사명을 비스타프린트 Vistaprint 로 변경했고 유럽의 컨설팅 사업부를 매각하고 보스턴으로 본사를 옮겼다. "우리는 항상 글로벌하게 사고했습니다. 이 경우에 더 글로벌해지기로 한 것이죠."라고 그는 설명했다.[44]

로버트 킨은 조직의 기능을 분산했고 동시에 여러 시장을 공략했다. 본사와 기술개발 부서는 연구개발 인력이 집중된 보스턴에, 고객 대응팀은 자메이카(영어 사용자 고객을 위한)와 튀니지(로망스어 사용자 고객을 위한)에 있다. 물류팀은 네덜란드에 있다. 미국과 인접한 캐나다에는 핵심 제조시설을 최초로 설립했다. 유럽에서 사업이 성장하면서 두 번째 제조시설은 독일에 세웠다. 이러한 분산된 구조는 경제적이었고, 이제 심프레스 Cimpress 로 거듭난 비스타프린트는 각 지역의 우수한 인재를 활용하고 시장에 따라 가격차별화 정책을 펼칠 수 있었다.

심프레스는 상당한 벤처캐피털을 조달했던 많은 경쟁업체가 이겨내지 못한 닷컴 거품의 붕괴도 아랑곳하지 않고 살아남았다. 로버트 킨은 '충분한 자금을 조달하지 않은 행운에서 비롯된, 현금 흐름이 플러스 상태가 될 때까지 펼친 긴축정책' 덕분에 살아남을 수 있었다고 말했다.[45] 심프레스는 방만하게 사업을 확장하고 충분한 자금을 조달한 경쟁업체들보다 더 오래갔다.

현재 심프레스가 진출한 국가는 20개가 넘고 매출의 절반 이상이 유럽, 아시아와 호주를 포함한 미국 이외의 지역에서 나온다.[46] 심프레스는 나스닥에 상장됐고 기업 가치가 수십억 달러에 이르며 직원 수는 전 세계적으로 1만 2,000명 이상이다.[47]

심프레스는 다중 시장 영업 전략을 도입했고 조직의 기능을 분산시켰다. 로버트 킨은 다양한 국가에서 일해 본 경험과 다문화적이고 세계적인 문화 경험 덕분에 성공할 수 있었다고 말했다. 로버트 킨이 보여주듯이, 기업가들의 사고방식이 완전히 변했다. "창업 초기에 작은 스타트업이 진짜 글로벌한 가치 사슬을 만든다는 것은 아주 이례적인 일이었습니다. 하지만 이제는 흔한 일이 되었고 심지어 실리콘밸리에서도 저희와 같은 사례를 많이 찾아볼 수 있죠."[48]

로버트 킨처럼 프런티어 혁신가들은 과감하게 다양한 경험과 아이디어를 결합했고 창업 초기부터 세계 시장을 공략하며 조직을 여러 지역으로 분산시킨다. 그들의 이러한 과감한 행보는 성공하고 있다.

START

# 07

# 최정예 팀을 만들어라

### 단순히 최고의 인재만 고용하려 하지 마라

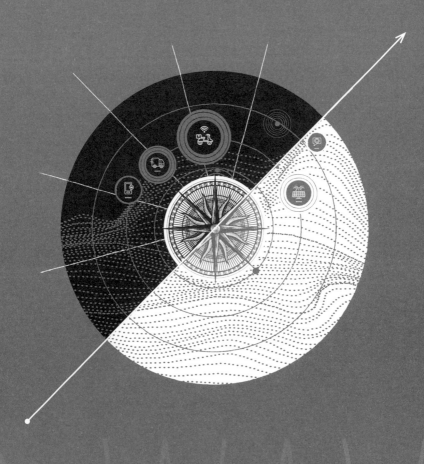

# 스킵더디시즈 SkipTheDishes

스킵더디시즈는 음식 배달을 중개하는 스타트업이다. 이것만 보아서는 특별할 것이 없지만, 스킵더디시즈는 캐나다의 시골 위니펙에 위치한다! 대도시 시민들이 당연스럽게 누리는 배달 혜택을 누리지 못했던 중소형 도시 사람들에게 스킵더디시즈의 서비스는 각별했다. 입지조건상 인재 수급의 어려움도 있었지만, 이민 정책을 적극 활용하는 등 슬기롭게 극복하고 위니펙의 슈퍼 사용자가 되었다.

실리콘밸리에는 성공한 창립자들에 대해 일종의 신화가 존재한다.

스티브 잡스와 스티브 워즈니악이 개인용 컴퓨터를 개발하기 위해서 IT 공룡인 IBM과 맞붙었던 이야기는 거의 전설이 됐다. 일론 머스크가 화석연료로부터 세계를 해방하기 위해서 솔라시티와 테슬라를 설립하고 화성에 사람들을 이주시키고자 스페이스엑스를 만들고 지하 터널을 뚫어서 대도시의 교통체증을 해소하고자 더보링컴퍼니를 설립한 이야기는 기상천외하다. 마크 저커버그가 친구들과 페이스북을 설립한 이야기는 <더 소셜 네트워크<sup>The Social Network</sup>>란 제목으로 영화로 제작되어 거의 1억 달러의 수익을 올렸다.[1]

이것은 실리콘밸리를 밑에서 단단히 받쳐주는 전설이 되었다.

하지만 이런 성공신화가 쓰이기 시작한 초기에 그들은 혼자가 아니었다. 그들에겐 소규모 그룹이 있었다. 현재 애플에서 일하는 사람들은 8만 명에 이른다. 테슬라와 스페이스엑스의 직원 수는 각각 3만 8,000명과 6,000명이며, 2만 5,000명이 페이스북에서 일한다.[2] 어떻게 생각하면 자본보다 인재가 스타트업의 성공에 더 중요한 핵심 요소인지도 모르겠다. 전설적인 창립자들이 있는 스타트업도 예외는 아니었다.

인재가 너무나 중요한 나머지, 실리콘밸리에서는 '인적 자원 Human Resource' 대신 '**인적 자본**Human Capital'이란 단어가 사용된다. 실리콘밸리를 이끈 위대한 사상가들은 팀을 꾸리고 성장시키고자 산전수전을 겪으며 최고의 전략을 고안해 냈다. 업계 전반에 받아들여진 전략들은 과학과 결합했고, 책, 기사, 워크숍과 강의의 주제로 지겹도록 다뤄진다.

'최고의 인재만 채용하라'는 이제 일종의 신조가 됐다. 실리콘밸리의 젊은 창업자들은 비슷한 단계의 스타트업에서 특정 분야에 우수한 능력을 이미 증명해 보인 경험 많고 유능한 팀원들을 고용하는 것이 성공 가능성을 높인다는 사실을 알고 있다. 예를 들어, 소비자를 대상으로 직접 상품과 서비스를 제공하는 소매업체의 경우에 웹사이트가 구글이나 다른 검색엔진에서 검색 결과 상단에 나오게 하는 검색엔진 최적화를 개발했거나 마케팅 비용을 최적화하여 스타트업을 성공적인 엑시트로 이끌고 수십억 달러의 매출을 올린 전문 인력이 많다. 실리콘밸리의 모범 사례에 따르면, 창업자들은 엄청난 자질을 갖춘 전문 인력을 채용해야만 한다. 이렇게 하면 시간이 흐르고 회사가 성장하면서 더 우수한 인재들이 저절로 회사로 모여드는 실적 중심의 문화가 형성된다.

하지만 이것은 많은 인재가 모여 있는 실리콘밸리이기에 가능한 전략이다. 매년 스탠퍼드 대학교와 버클리 대학교는 각각 1,500명의 엔지니어를 배출한다. 캘리포니아에서 그들은 이미 15만 명이 넘는 컴퓨터 과학자와 소프트웨어 개발자 풀에 합류한다.[3] 게다가 실리콘밸리에서는 경영을 전공한 졸업생들을 쉽게 채용할 수 있다. 스탠퍼드 대학교는 기업가 정신

과 관련하여 130개 강좌를 개설했고, 이 중에서 대다수가 기술 혁신에 초점을 맞춘다.[4]

진로와 역할은 스타트업에서 명확하다. 스타트업에서는 프로젝트 매니징과 상품 마케팅, 상품 디자인, 경영을 아우르는 특정 직무와 함께 엔지니어링 분야에 대한 전문성을 키울 수 있다. 구글과 페이스북, 트위터, 우버, 야후는 상품 관리자 교육과 순환 근무 프로그램에 많은 자원과 시간을 할애해왔다.[5] 상품 관리자들에겐 자신들만의 단체가 있다. 5,000명이 넘는 상품 관리 담당자들이 실리콘밸리 상품 관리 협회 Silicon Valley Product Management Association의 회원이다.[6]

하지만 문제가 있다. 실리콘밸리는 근속기간이 짧고 미국에서 직원 유지율이 가장 낮은 지역이다. 연간 이직률은 13% 이상이고 사용자 디자인과 같은 특정 직무에서는 이직률이 20%를 웃돈다.[7] 이것이 근속기간이 짧은 이유다. 실리콘밸리에서 직원들은 자신의 경력을 스스로 개발해야 한다고 배운다. 그들은 한 곳에서 쌓은 경력을 가지고 다음 기업으로 이직하는 방식으로 여러 기업을 순환하며 경력을 쌓는다. 이런 과정을 통해 그들은 한 조직을 이끌 리더로 성장한다.

직원들을 최대한 오래 회사에 붙잡고자 실리콘밸리는 경제적 유인책인 '스톡옵션'을 적극 활용한다. 스톡옵션은 많은 기업에서 인재가 떠나는 것을 막으려고 사용되는 인센티브다. 미리 정한 가격에 언제든지 주식을 구입할 수 있는 권리인 스톡옵션을 받은 직원은 조직의 성장에 적극적으로 참여한다. 기업이 성장할수록 주식의 가치가 올라가기 때문이다. 그러므로 스톡옵션은 부를 쌓을 수 있는 지속 가능한 수단이 될 수 있다. 유명한 일화가 구글의 임시직 안마사다. 그녀는 초기에 주당 450달러를 받았는 데 스톡옵션 덕분에 백만장자가 됐다.[8] 하지만 스톡옵션의 가치는 조직의 성장에 근거한다. 기업이 성장하지 않으면, 스톡옵션의 가치는 없다. 실리콘밸리에는 일자리가 차고 넘치기 때문에, 폭발적으로 성장할 가망이 없는 기업은 다른 유인책으로 인재를 끌어들여야 한다.

그럼에도 여전히 실리콘밸리에는 인재가 풍부하다. 높은 이직률은 골칫거리지만 이를 참작하여 비즈니스 모델이 설계된다. 리드 호프먼Reid Hoffman, 벤 카스노카Ben Casnocha, 크리스 예Chris Yeh는 공동저서 《얼라이언스The Alliance》에서 실리콘밸리 스타트업은 팀원들을 '복무기간'에 있는 군인으로 생각해야 한다고 제안한다. 팀원과 스타트업은 잠깐 '연합전선'을 구축한 것이다. 스타트업은 팀원이 현재 어떤 분야에서 경력을 쌓기를 바라는지에 항상 관심을 두고 비즈니스 모델을 구축해야 한다. 그들에 따르면, 몇몇은 연합전선의 기반을 닦는 데 참여한다. 연합전선에 지속성을 부여해야 하는 장기적인 역할은 대체로 이미 경력이 있는 관리직 직원들의 몫이다.*

이런 상황은 최정예 용병 부대에 끊임없이 사병을 보충하는 데 초점을 둔 인적 자본 모델을 등장시켰다.

하지만 프런티어에서는, 실리콘밸리에서처럼 '해봐서 다 알아'란 사고방식을 지닌 최정예 요원들을 채용하는 전략은 현실적이지 않다. 우선 우수한 인재가 프런티어에는 많지 않다. 그러므로 프런티어 혁신가들은 새롭게 생겨난 생태계에서 최정예 팀을 꾸리려고 자신들만의 독특한 전략

---

* 《얼라이언스》는 연맹의 다양한 종류를 간략하게 설명한다. 첫 번째 단계인 '복무기간'은 구체적이고 유한한 임무를 완수하는 데 집중하는 단기 '단일 배치'를 말한다. 신입사원들은 2~4년을 주기로 '순환 근무'를 한다. '창업적' 복무기간은 삶이 기업의 성공과 보다 밀접하게 연결된 사람들을 설명하는 것이다. 시간이 더 흘러 '변혁적' 복무기간에 접어들면 고용주와 일대일로 교섭되고, 고용주와 피고용자 모두 프로젝트를 통해 '일변'하기 시작한다.

으로 팀원들에게 거부하기 어려울 정도로 매력적인, 장기적으로 경력을 쌓을 기회를 제시한다.

## 위대한 도시, 최정예 팀

위커댄즈<sup>The Weakerthans</sup>는 나의 유년시절을 채워준 전설적인 밴드다. 위커댄즈가 발표한 노래 중에 '위대한 도시<sup>One Great City</sup>'란 재미난 곡이 있는데, 이 곡의 후렴구에 "나는 위니펙이 싫어"란 가사가 나온다.

지금부터 우리는 위커댄즈가 그렇게 싫다고 했던 위니펙으로 간다.

조슈아 시메이어<sup>Joshua Simair</sup>는 위니펙에 본사를 둔 음식 배달 스타트업인 스킵더디시즈<sup>SkipTheDishes</sup>의 CEO다. 그는 매니토바에 인접한 서스캐처원 북부에 위치한 인구 3만 5,000명의 상업도시인 프린스 앨버트에서 자랐다. 조슈아 시메이어는 인구 30만 명의 '대도시'인 새스커툰의 서스캐처원 대학교에 다녔고 1등으로 졸업했다.

나와 마찬가지로 기묘할 정도로 작은 도시에서 자란 조슈아 시메이어는 캐나다 대초원을 떠나 프랑스 루앙에서 교환학생 프로그램으로 석사학위를 취득했다. 이후에 우리 두 사람은 실제로 대도시로 이주했고 캐나다 왕립은행<sup>Royal Bank of Canada</sup>의 기업금융 부문에서 일했다(그는 런던에서, 나는 토론토에서 일했다). 조슈아 시메이어는 일하는 내내 어떤 장소에도 속해 있지 않다는 위화감을 느꼈다고 말했다. "제가 기업금융 업무를 담당할 때, 매우 세련되고 스마트하며 자신감 넘치는 동료들을 보며 충격을 받았어요. 그들은 실적이 정말 좋았죠. 그래서 저는 위협을 느끼고 주눅이 들었어요. 고등학교에선 마약만 안 하면 착한 학생이잖아요. 런던에 왔을 때, 저는 양복을 사려고 차를 팔았죠."[9]

2011년 조슈아 시메이어는 대도시에서 혁신적인 문물을 경험하며 얻은 지식을 이용해서 캐나다 대초원을 위해 의미 있는 일을 하기로 결심했다. "런던과 토론토 같은 대도시에서 일하면서 저는 사람들이 시간 절약에 목매는 모습을 봤어요. 숨 가쁘게 돌아가는 대도시에서 사람들은 음식을 미리 주문해서 퇴근할 때 식당에 들러 바로 주문한 음식을 가져가거나, 집으로 배달을 시켜서 가족과 더 많은 시간을 보내거나 일을 했죠. 하지만 캐나다의 중소형 도시에는 이런 서비스가 없었어요."[10]

그래서 조슈아 시메이어는 음식 배달 사업을 시작했다. 형제와 지인 몇 명과 함께 그는 매니토바 위니펙에 스킵더디시즈를 설립했다. 스킵더디시즈는 식당과 제휴를 맺어 미국과 캐나다의 중소도시에 음식 배달 서비스를 제공하고자 했다.

조슈아 시메이어는 처음부터 그곳에서 인적 자본을 찾기가 매우 어려울 것이라 생각했다. 위니펙에 인재는 풍부하지만, 사업 확장에 성공한 스타트업은 별로 없었다. 그래서 스킵더디시즈와 같은 스타트업을 성장시킨 경험이 있는 전문 인력이 많지 않았다. 신규 채용자들은 모두 교육을 받아야 했다. 게다가 대도시로의 인재 유출 위험도 존재했다.

# 프런티어
# 인재난

프런티어에서 실리콘밸리에서처럼 노련한 기술자를 채용한다는 것은 요원한 꿈이다. 위니펙도 그런 프런티어 중 하나였다.

전문성 부족이 프런티어 사람들의 타고난 능력, 지능이나 열정의 부족을 의미하진 않는다. 실제로 내가 아는 가장 유능한 사람 중 일부는 동향 출신이다. 능력과 가치 있는 인재는 전 세계적으로 고르게 분포되어 있다. 하지만 애석하게도 전문성을 기를 기회는 그렇지 않다.

훈련받고 경험 있는 인재를 확보하는 일은 거의 모든 프런티어 혁신가들이 풀어야 할 숙제다. 한 조사에서 프런티어 혁신가의 절반 이상이 인재를 채용하고 유지하는 일이 가장 어렵다고 말했고, 이것은 실리콘밸리처럼 인재가 풍부한 지역에 있는 혁신가들의 2배에 이른다.* 프런티어에서 활동하는 600여 명의 기업가들을 대상으로 벌인 유사한 조사에서는 응답자의 60% 이상이 필요한 인재에 대한 접근성이 떨어져 사업이 큰 타격을 받고 있다고 답했다. 놀랍게도 빠르게 성장하여 새로운 인재를 빨리 충원해야 하는 스타트업을 이끄는 기업가들의 대다수가 인재 부족을 성장을 방해하는 가장 큰 단일 요인으로 꼽은 것이다. 이러한 조사 결과는 회사의 규모가 커지면서 인재난은 더욱 극심해진다는 사실을 보여준다.[11]

팀원들의 역량이 스타트업의 생과 사를 결정한다. 많은 시장에서 인재

---

* 이 조사는 필자의 개인 뉴스레터인 〈99%Tech〉의 독자들, 스탠퍼드 경영대학원, 하버드 경영대학원, 하스 경영대학원, 와튼 경영대학원 기업가 정신 그룹의 학생들을 대상으로 한 설문조사와, 신흥시장의 기업가와 투자자들을 대상으로 한 개인 면담으로 진행되었다.

가 충분히 공급되지 않는다. 컴퓨터 엔지니어를 생각해 보자. 매니토바 대학교는 매년 200여 명의 컴퓨터 엔지니어를 배출하지만, 이 수는 조슈아 시메이어가 스타트업 생태계 조성에 필요하다고 추산하는 수에 한참 못 미친다.[12] 신흥시장의 상황은 더욱 암울하다.

프런티어에서 부족한 것이 컴퓨터 엔지니어만은 아니다. 금융과 영업 등 회사를 운영하고 성장시키는 데 핵심적인 역할을 맡을 인재들이 턱없이 부족하여 핵심 직무가 공석인 기업들이 태반이다.[13] 이런 상황은 스타트업 문화를 제대로 뿌리내리지 못하게 할 뿐 아니라, 보다 안정적이며 임금 수준도 더 높은 회사에서 일하려는 우수 인력의 성향으로 인해 더욱 복잡해진다.

이러한 신흥시장의 상황은 직업 훈련 프로그램이 부족하기 때문이기도 하다. 케냐에선 매년 어느 기업이나 탐낼 만한 우수한 인재 80만 명이 배출되지만 약 7만 명만이 정규직으로 채용된다. 선진국에 존재하는 직업 연수와 수습 프로그램에 참여할 기회는 아주 제한적이다.[14] 나머지 73만 명은 비정규직으로 일하면서 구직 활동에 몇 년의 시간을 쏟아 붓는다. 이런 일이 전 세계의 이제 막 생겨나기 시작한 스타트업 생태계에서도 벌어진다. 상품 관리자, 마케팅 전문가, 공급망이나 운영 분석가 모두가 턱없이 부족하다.

해결책은 다른 지역에서 인재를 끌어오는 것이다. 하지만 이 또한 쉽지 않다. 시카고에 본사가 있는 젤리비전Jellyvision의 CEO 아만다 랜너트Amanda Lannert는 "스타트업에서 일하고자 새로운 곳으로 이주를 고려하는 사람들은 우선 그 지역의 스타트업 생태계를 살펴봅니다. 그 지역에서 일이 잘못됐을 때 선택할 수 있는 대안이 충분치 않다면, 사람들은 그곳으로 가려 하지 않습니다."라고 말했다.[15] 물론 시카고 스타트업들처럼 위니펙 스타트업들은 외부 인재를 채용하는 데 또 다른 장애물이 있다. 위니펙은 북극이나 심지어 화성보다 기온이 떨어지는 강추위가 잦다.[16]

조슈아 시메이어가 위니펙을 '사람을 채용하거나 직원을 보내기에 가장 어려운 지역 중 하나'라고 생각한 것은 아주 당연하다.[17] 하지만 그는 이런 난관을 극복했고 때론 단점을 장점으로 만들었다. 스킵더디시즈는 위니펙에서 가장 많은 고용을 창출한 기업 중 하나로 성장했다. 음식 주문액은 연간 10억 달러가 넘고, 위니펙에 있는 5개의 지점에서 3,000명의 직원이 일한다(이것은 가장 큰 배달인력을 보유한 지점이 제외된 수치다). 조슈아 시메이어의 초창기 동료들은 스킵더디시즈와 함께 성장했고 스타트업에게 큰 성과인 엑시트 단계까지 일했다. 스킵더디시즈는 최근 저스트 이트Just Eat에 2억 달러에 매각됐다.[18]

## 최정예 팀을 만들고 성장시켜라

조슈아 시메이어와 같은 프런티어 혁신가들은 5개의 핵심 전략을 이용해서 최정예 팀을 구성하고 성장시킨다. 그들은 후보자들의 역량을 테스트하고 필요한 인재를 제공하는 독점적인 인재 파이프라인을 개발하여 전 세계에서 인재를 확보한다. 그 뒤에는 팀원들에게 회사와 함께 성장한다는 생각을 심어주기 위해 직원 유지와 교육에 힘쓰며, 직원들을 위한 보상과 인센티브 프로그램을 고안하느라 고심한다.

## 머니볼: 후보자 검증을 혁신하라

MLB 프로야구단으로 아메리칸리그 서부지구 소속인 오클랜드 애슬레틱스^Oakland Athletics, A's는 혁신적인 선수 영입 전략으로 유명하다. 오클랜드 애슬레틱스는 4,400만 달러란 한정적인 연봉 예산(뉴욕 양키스^New York Yankees 예산의 약 40%) 탓에 좋은 선수를 영입할 수가 없었다. 하지만 선수 영입 담당자들의 인맥에 의존하는 대신에, 오클랜드 애슬레틱스는 통계 자료를 활용했다. 출루율과 장타율(타자가 2루타 이상의 안타를 얼마나 많이 기록했는가를 나타내는 수치)은 선수들의 득점력과 가장 관련 있는 지표였다. 오클랜드 애슬레틱스는 출루율과 장타율을 의사결정 기준으로 삼았고, 저평가되고 가끔은 무시당했던 유능한 선수들을 발견하고 팀원으로 영입했다. 새로운 방식으로 선수를 영입한 오클랜드 애슬레틱스는 결국 2002년과 2003년 연속으로 플레이오프에 진출했고 야구계의 선수 영입 시스템을 완전히 바꿨다. 이제는 오클랜드 애슬레틱스의 시스템이 야구계의 표준이 됐다.[19]

철학적으로 프런티어 혁신가들은 오클랜드 애슬레틱스와 유사한 방식으로 인재에 접근한다. 그들은 전통적인 선정 및 평가 기준에서 벗어나서 새로운 방식으로 옥석을 가려낸다.

이러한 채용 전략에서 프런티어의 현실을 부분적으로 확인할 수 있다. 프런티어에서 이력서를 검토하여 추려낸 지원자들을 대상으로 면접을 시행하여 최종 결정을 내리는 채용 시스템은 기업가들에게 좌절감을 안겨주고 헛고생이 되기 십상이다. 이제 막 스타트업 생태계가 생겨나고 훈련된 지원자들이 거의 없는 지역에서 완벽한 이력을 갖춘 누군가를 채용한다는 것은 실현 불가능한 목표일 뿐이다. 실업률이 높은 신흥시장에서는 채용 공고가 뜨면 사람들이 벌 떼처럼 몰려들기 일쑤다. 예를 들어, 탄자니아에서 졸라가 채용 공고를 내면 수천 명까지는 아니더라도 수백 명의 지원자가 몰려든다. 하지만 채용 공고에 제시된 자격 요건을 제대로 갖춘 지원자는 거의 없다. 거대한 비정규직 시장이 존재하는 지역에서 이력서는 비교하거나 등급을 매기기가 어려운 경력으로 가득하다.

그래서 프런티어 혁신가들은 완벽한 이력서보다 지원자의 인격과 태도, 입증된 역량을 중점적으로 본다. 조슈아 시메이어는 "우리는 실적이 우수한 사람들에 주목합니다. 육상경기, 수학경시대회, 웅변대회, 체스경기 같은 경쟁에서 우승한 경험이 있는 사람들을 눈여겨보죠. 우리는 숨겨진 보석을 찾으려고 노력하고 있습니다."라고 말했다.[20]

극단적인 경우에 일부 프런티어 혁신가들은 입증된 역량과 기술을 기반으로 대규모 채용 자동화 시스템을 제도화하기도 한다.

호텔스닷엔지Hotels.ng를 설립한 마크 에시앙Mark Essien을 만나보자. 호텔스닷엔지는 온라인 예약 플랫폼을 제공하는 나이지리아 스타트업이다. 마크 에시앙이 해결해야 할 가장 큰 난제는 플랫폼에 참여할 현지 호텔을 구하는 것이 아니라 함께 일할 팀원들을 구하는 것이었다. 마크 에시앙의 인적 자본팀은 끝이 보이지 않는 수많은 이력서 더미에 파묻혀 있었다. 화려한 경력이 없는 지원자들은 자신들의 가치를 증명할 기회를 결코 얻을 수 없었다. 나이지리아 수도인 라고스에서 대다수의 우수 인재들은 이미 유명 스타트업이나 대기업에서 근무 중이었다. 또한 나이지리아 전역의 작은 마을에 있는 우수한 인재들은 스스로의 가치를 드러낼 기회를 가져다줄 제대로 된 네트워크, 인맥이나 친인척이 없었다.

그래서 마크 에시앙은 HNG 인턴십을 도입했다. HNG 인턴십은 라고

스를 넘어 나이지리아 전역에서 유능한 인재를 선별해내기 위해서 도입된 온라인 인턴십이다. 이렇게 호텔스닷엔지는 지원자들을 대면하지 않은 채로 과제를 제시하고 과제 해결 능력을 여러 단계에 걸쳐 평가하여 정식 직원으로 채용한다.

호텔스닷엔지는 우선 인턴십 과제 매니저를 찾는다는 채용 공고를 올린다. 인턴십 과제 매니저는 호텔스닷엔지에서 인재 채용을 담당한다. 그는 지원자들에게 온라인 채팅 프로그램인 슬랙을 이용하여 일련의 컴퓨터 과학 문제를 낸다. 1단계를 통과한 지원자들은 다음 단계로 넘어가 새로운 문제를 푼다. 문제를 풀지 못한 지원자는 탈락한다. 단계가 올라갈수록 문제는 더 어려워지고 지원자 명단이 추려진다. 지원자의 95%가 탈락하고 소수만이 면접 기회를 얻고, 그중 일부만이 채용된다.

직장을 다니는 지원자들도 참여할 수 있도록 인턴십은 오직 밤에 진행된다. 호텔스닷엔지는 경제적 이유로 지원을 중도에 포기하는 지원자가 생기는 것을 원치 않는다. 그래서 문제를 풀고 다음 단계로 진출하는 지원자 모두에게 인턴십이 진행되는 동안 급료를 지급한다.

마크 에시앙은 온라인 인턴십 프로그램의 재원을 대규모로 마련하기 위해서 나이지리아 주정부들뿐만 아니라 다양한 기업들과 제휴를 맺었다. 그는 시간이 지나면 이렇게 구조화된 지원자 테스트 플랫폼이 업계 표준이 될 것으로 생각한다. 첫 번째 온라인 인턴십에 700명이 참여했다. 최근에 마무리한 인턴십에는 첫 번째 인턴십 지원자 수와 비교하여 거의 6배 증가한 4,000명이 참여했다. 호텔스닷엔지는 최고의 인재 25명을 채용했다. 대다수가 라고스 외곽에 살고 있었다. 호텔스닷엔지의 인력 수요를 고려하면 채용규모는 계속 증가할 것이다.

컴퓨터 과학자나 회계사와 같이 실무 역량이 중요한 직무의 경우, 지원자들의 문제해결능력을 테스트하는 이런 채용 시스템이 효과적이다. 하지만 지원자의 직무능력을 평가하는 것은 훨씬 어렵고 섬세하게 접근해야 한다. 특히 창의력과 대인관계, 전략적 사고를 요하는 역할인 경우 더욱 그렇다.

하지만 프런티어 혁신가들은 또다시 해결책을 찾아냈다. 그들은 지원자의 인성과 태도, 역량, 추정 실적을 파악하기 위해서 행동기반 평가 시스템을 실시하고 있다.

프런티어 스타트업에 투자했던 폴 브레로프<sup>Paul Breloff</sup>와 시몬 데자르댕<sup>Simon Desjardins</sup>은 자신들이 투자한 스타트업들이 지역을 막론하고 인재 채용에서 병목현상을 경험하고 있음을 알아차렸다.

그들은 이 병목현상을 해소하기 위해서 역량 기반 채용 플랫폼인 쇼트리스트<sup>Shortlist</sup>를 설립했다. 쇼트리스트는 가상의 업무 환경에서 지원자들이 어떻게 행동하는지를 평가하는 디지털 모듈을 1,000개 이상 개발했다. 지원자는 자신이 지원한 기업과 업계, 직무를 기반으로 작성된 시나리오를 받고 자신의 역량과 동기를 보여주는 업무를 수행한다.

쇼트리스트에 대한 수요는 프런티어 스타트업 사이에서 높다. 쇼트리스트는 아프리카와 인도에 600곳 이상의 고객을 보유하고 있으며 300만 달러가 넘는 자금을 조달했다.[22]

## 인재 파이프라인을 만들어라

지원자의 역량과 행동을 평가하는 채용 시스템이 효과적이려면, 현지 시장에 인재가 풍부해야 한다. 새로운 혁신 생태계에는 인재가 부족하기 마련이다. 또는 기존의 인재풀이 이미 바닥을 드러냈을 수도 있다. 그래서 프런티어 혁신가들은 인재를 공급해 주는 일종의 '인재 파이프라인'을 구축하고 인재 양성에 적극적으로 개입한다.

쇼피파이Shopify는 캐나다 오타와에 위치한 온라인 쇼핑몰 플랫폼이다. 어느 날 쇼피파이는 지금까지 인재를 조달받던 방식으로는 더 이상 유능한 직원을 채용할 수 없다는 사실을 깨달았다. 이에 쇼피파이의 최고기술 책임자인 장 미셸 르뮤Jean-Michel Lemieux는 인재 파이프라인을 확대하고자 했다. 2016년 쇼피파이는 칼턴 대학교Carleton University와 제휴를 맺어 '데브 디그리Dev Degree'라는 실습 중심의 새로운 교육 프로그램을 론칭했다. 벤저민 프랭클린Benjamin Franklin은 "내게 말해 주면 잊어버릴 것이고, 가르쳐 주면 기억할 것이고, 함께하면 배울 겁니다."라고 말한 바 있다. 데브 디그리는 이 말의 정신이 그대로 반영된 전통적인 교육방식과 실무경험이 결합된 프로그램이었다.[23] 4년 동안 학생들은 컴퓨터 과학을 공부하고 명예 학위를 이수하게 된다. 그리고 캐나다에서 가장 성공한 기술 기업에서 4,500시간 이상의 실무를 경험한다. 데브 디그리의 실습기간은 전형적인 코업CO-OP이나 인턴십 기반 프로그램보다 2배 길다. 각 학기에 학생들은 강의 3개를 듣고 일주일에 25시간을 쇼피파이에서 실무경력을 쌓는다. 학생들은 학기말에 현장에서 배운 내용을 정리한 보고서를 제출하여 학위에 필요한 학점을 이수한다. 심지어 쇼피파이는 4년 학비를 대신 지급하고 회사에서 실무경험을 쌓는 동안 학생들에게 월급도 준다.[24]

쇼피파이는 이 새로운 프로그램으로 두 마리의 토끼를 잡는다. 쇼피파이는 독자적으로 인재를 공급받을 수 있는 독점 인재 파이프라인을 구축할 수 있다. 쇼피파이는 이 파이프라인을 통해 자연발생적으로 인재를 발굴하고 그들의 역량을 테스트하고 최우수 졸업생을 직원으로 영입한다. 다른 한편으로, 이 프로그램은 세계적인 기술 기업에서 실무 경험을 할 수 있는 기회를 저렴하게 제공함으로써 모든 참여 학생들과 창업 생태계에 보다 폭넓게 혜택을 준다.

여전히 초기 단계이지만, 이 프로그램은 효과가 있는 듯 보인다. 2020년에 8명의 학생들이 프로그램을 수료하여 첫 졸업생이 될 것이다(다음 프로그램은 25명의 학생들을 대상으로 진행되고 갈수록 확대될 예정이다). 8명 모두 쇼피파이에서 정직원으로 일할 수 있는 기회를 얻게 된다. 인상적인 부분은 이 프로그램을 통해 채용한 인재들의 성비가 기존의 엔지니어링 프로그램을 통해 채용된 직원들보다 훨씬 더 균형적이란 사실이다. 기존의 컴퓨터 과학 학과의 평균 여성 비율은 20%가 채 안 되는 반면, 쇼피파이가 개설한 프로그램의 경우에는 여성 비율이 50%다.[25]

쇼피파이는 데브 디그리를 이수한 직원들은 이미 실무를 경험했기 때문에 실제로 주어지는 업무에 빨리 적응할 것이라고 기대하고 있다.[26] 장 미셸 르뮤는 "기술산업은 다른 산업들을 뒤집어 엎는 혁신적인 기술을 쏟아내고 있지만, 기술산업을 이끌 인재를 양성하는 대학 프로그램은 사실상 변화가 없습니다. 대학교에서 4년간 공부한 컴퓨터 엔지니어를 채용하면, 1년간 실무교육을 실시해야 합니다. 하지만 데브 디그리를 이수한 학생들은 이미 쇼피파이에서 실무를 경험했죠. 그래서 그들은 바로 실무에 투입될 수 있을 겁니다."라고 설명했다.[27]

다른 대학교들 역시 데브 디그리와 유사한 프로그램을 개설하려고 움직이고 있다. 2018년 후반 쇼피파이는 2년제 대학교인 요크 대학교 York University의 라송드 공학단과대학 Lassonde School of Engineering과도 데브 디그리를

운영했다.[28]

오타와의 쇼피파이는, 프로그래머 채용에서 가장 큰 병목현상을 경험했다. 다른 지역의 스타트업은 다른 부문에서 인재 병목현상을 경험하게 될 것이다. 하지만, 그들 역시 쇼피파이처럼 독자적인 인재 파이프라인을 만들어서 병목현상을 해소할 수 있을 것이다.

브리지 인터내셔널 아카데미Bridge International Academies는 아주 낮은 비용으로 교육을 제공하는 신흥시장에 있는 500여 개의 사립학교들로 구성된 네트워크를 운영하며, 10만 명이 넘는 학생들에게 교육의 기회를 제공한다. 하지만 브리지 인터내셔널 아카데미는 교사 부족에 시달렸다. 브리지 인터내셔널 아카데미는 '상자 속 학교'라는 독특한 모델을 도입했다. 브리지 인터내셔널 아카데미는 기술을 활용하여 학교를 운영하고 중앙 통제방식으로 수업을 진행하며 후방에서 지원 활동을 펼친다. 브리지 인터내셔널 아카데미는 교사 파이프라인을 확장하기 위해서 교사 양성 기관인 브리지 인터내셔널 트레이닝 협회Bridge International Training Institute를 설립했다. 브리지 인터내셔널 트레이닝 협회는 8주 과정으로 예비 교사들에게 교수법을 가르치고 실제 교실에서 학생들을 가르치는 실무경험을 제공한다. 그리고 그들이 브리지 모델을 이해하고 받아들이도록 돕는다. 브리지 인터내셔널 아카데미는 채용 매니저와 같은 다른 직무를 맡을 직원들도 교사 채용과 유사한 방식으로 채용한다.[29]

유사한 사례로 졸라가 있다. 졸라는 초창기에 아프리카의 시골 지역에서 훈련받은 영업 및 고객 서비스 직원을 확보하는 데 어려움을 겪었다. 그래서 졸라는 브리지 인터내셔널 아카데미처럼 교육기관을 직접 설립하여 탄자니아의 경영과 영업, 고객 서비스에서의 모범사례를 사람들에게 가르쳤고 우수한 성적으로 과정을 이수한 이들을 채용했다.

인재 파이프라인의 구축은 2장에서 살펴본 스타트업이 사업에 필요한 인프라를 직접 만드는 풀스택 전략의 일환이다.

### 세계에서 인재를 찾아라

프런티어 혁신가들은 인재를 영입하는 데 있어 지역을 가려선 안 된다. 다시 말해 최고의 인재를 확보하기 위해서 프런티어 혁신가들은 전 세계로 눈을 돌려야 한다.

국내 이주나 국제 이민은 프런티어 혁신가들에게 좋은 인재 확보 수단이 된다. 정세가 갑작스럽게 변하면서 위니펙이 스킵더디시즈와 조슈아 시메이어에게 우수한 인재를 확보할 수 있는 전략적인 지역으로 떠올랐다. 트럼프 행정부는 오바마 행정부가 도입한 기업가 비자 프로그램을 전면 중단했다(그리고 공격적인 반이민 정책을 도입했다). 그러자 전 세계의 많은 국가들이 트럼프 행정부가 반이민 정책을 도입하지 않았다면 미국으로 향했을 인재를 유치하기 위해서 발 빠르게 새로운 비자 간소화 프로그램을 도입했다. 이런 추세를 타고 스킵더디시즈는 중소 지역으로 이민자들을 끌어들이기 위해 만들어진 캐나다의 이민 프로그램을 활용했다. 캐나다 정부는 각 주에 이민 쿼터를 할당했고, 매니토바는 많은 이민자를 받을 수 있었다. 조슈아 시메이어는 공격적으로 이민자들을 채용했고 이민 쿼터제를 활용하여 매니토바로 그들을 데려왔다.

스킵더디시즈만이 인재 채용에 이민제도를 적극 활용했다. 하지만 이것은 독특한 사례가 아니다. 쇼피파이는 전 세계 경쟁업체에서 최우수 엔지니어를 데려온다. 페처의 이드리스 알 리파이는 이민자들을 대거 운전기사로 채용하기 위해서 아예 이민자 채용팀을 신설했고 파키스탄과 인도, 필리핀, 네팔에서 운전기사를 채용하여 두바이와 사우디아라비아로 데려왔다.

6장에서 살펴봤듯이 프런티어 혁신가들은 여러 지역에 팀을 만들기 위해서 분산 전략을 활용한다. 베이스캠프, 인비전, 자피어와 같은 기업들은 극단적인 사례로 전 직원이 원격근무를 한다.

인재를 이주시키거나 인재가 있는 지역에 채용팀을 보내는 방식도 가용 인재풀을 확대하는 효과적인 방법이다.

## 떠나게 하지 마라: 유지하고 성장하라

실리콘밸리 스타트업들은 최고의 인재를 자신들의 팀으로 끌어들이기 위해 여러 가지 유인책을 활용한다. 하지만 이러한 채용방식에는 피할 수 없는 부작용이 존재한다. 바로 높은 직원 이탈률이다. 실리콘밸리 스타트업들은 이 부작용을 당연하게 받아들인다. 하지만 프런티어 혁신가들은 직원들과의 관계를 장기적인 관점에서 바라본다. 아마도 프런티어에서는 인재를 찾고 교육하는 데 실리콘밸리보다 훨씬 많은 시간과 비용이 투자되기 때문일 것이다. 쇼피파이의 인적 자원 최고책임자인 브리트니 포사이스[Brittany Forsyth]는 "인재가 풍부하고 이직률이 높은 샌프란시스코에 있는 기업들과 달리, 우리는 직원들과 오랫동안 일하는 것이 목표입니다. 우린 직원들이 우리와 함께 자신들의 인생을 만들어갈 수 있다고 느끼길 바라죠. 그리고 회사에 투자하면, 회사가 자신들에게 투자한다는 사실을 알기를 바랍니다."라고 설명했다.[30]

프런티어 스타트업에서 일하는 직원들은 실리콘밸리 스타트업의 직원들보다 회사에 대한 충성도가 높다. 크리스 글래드윈[Chris Gladwin]은 2015년 IBM에 13억 달러에 매각된 클레버세이프[Cleversafe]의 창립자다.[31] 크리스 글래드윈은 시카고의 스타트업 생태계를 생각하며 "우리의 주요 강점 중 하나는 직원 유지율이 매우 높다는 것이었습니다. 실리콘밸리와는 확실히 다르죠. 직원의 평균 근속기간은 10년이었습니다."라고 말했다.[32]

직원 유지율이 높은 데는 구조적인 이유가 존재한다. 프런티어 혁신가들은 갓 생겨난 생태계에서 활동한다. 그래서 직원들도 혁신가나 다름없다. 그들에게는 달리 선택할 수 있는 것이 없다. 이런 이유에서 프런티어에선 기업과 직원들이 상호 의존적이고 서로의 이해관계가 일치하는 장기적인 관계를 맺을 가능성이 크다.

창조자들과 8장에서 만날 종합격투기 선수형 혁신가는 조직의 목표를 지지하는 인재를 찾고 채용하기 위해서 자신들의 강력한 비전을 활용한다. 조직의 목표를 지지하는 직원들은 다른 기업의 직원들보다 근속기간이 50% 더 길고 실적이 우수한 직원으로 성장할 가능성도 크다.[33] 나는 수백 명의 창업가들과 인터뷰를 하면서 그들이 직원을 채용할 때 열정을 매우 중요하게 여긴다는 사실을 알았다. 그들은 조직에서 열정을 불태울 기회를 직원들에게 제공하여 직원 유지율을 높인다. 밀레니얼 세대가 노동력에 대거 유입되면서 이런 열정 전략이 갈수록 중요해질 것이다. 미국 직장인 3,000명을 대상으로 실시한 최근 조사에서 밀레니얼 세대의 85% 이상이 자신이 열정적으로 추구하는 인생 목표와 일치하는 기업에서 일할 수 있다면, 임금 삭감도 받아들일 의향이 있다고 답했다(반면에 이렇게 응답한 베이비부머들은 불과 7%다).[34]

프런티어 혁신가들은 직원들의 근속기간을 늘리고 그들의 성장을 지원하는 데 선제적으로 접근한다. 데이비드 러빈David Levine은 링Ring에 인수된 뒤에 아마존에 10억 달러에 매각된 오하이오 클리블랜드에 본사를 둔 스타트업 미스터빔Mr Beams의 CEO다. 데이비드 러빈은 채용 전략에서 지원자의 개인적인 성장을 돕는 것을 하나의 기준으로 삼았다.[35] 그는 초기에 상품 개발을 담당할 라이언 러스카Ryan Hruska를 영입하기 위해서 파워포인트 프레젠테이션을 만들었다. 회사의 비전을 소개하고 자신이 어떤 의미 있는 변화를 장기적으로 만들고 싶은지를 설명하는 것이었다. 그리고 라이언 러스카가 입사하면 그의 역할이 어떻게 성장할 것인지도 제시했다. 결국 라이언 러스카는 상품 엔지니어로 미스터빔에 합류했다. 장기적으로 라이언 러스카는 몇 개의 상품을 개발하여 출시하고 임원으로 성장할 것이다. 데이비드 러빈은 "라이언은 그 프레젠테이션을 보면서 원하는 것을 모두 얻었습니다. 그 프레젠테이션을 통해 그는 일찍부터 자신의 진로를 계획할 수 있었습니다."라고 말했다.[36] 라이언 러스카는 거의 5년 동안 미스터빔(지금은 링이다)에서 일했고 상품개발 책임자가 되었다. 데이비드 러빈은 그를 앞으로 회사를 이끌 인재 중 한 명으로 생각하고 있다.

프런티어 혁신가들은 직원들의 성장을 돕기 위해서 훈련 프로그램을 제도화하고 멘토 시스템을 도입한다. 멕시코의 금융 포용 촉진에 힘쓰는 주요 스타트업인 쿠에스키Kueski의 CEO 아달베르토 플로레스Adalberto Flores는 정기적으로 샌프란시스코로 가서 투자자들과 다른 기업의 관계자들을 만난다. 샌프란시스코로 출장을 갈 때마다 그는 실적이 우수한 직원들을 데려간다. 아달베르토 플로레스는 자신의 네트워크를 이용해서 쿠에스키 직원들이 실리콘밸리 스타트업에서 자신들과 같은 업무를 처리하는 동료들을 만날 기회를 마련했다.

브리트니 포사이스는 특이한 방식으로 채용된 사례다. 2010년 그녀는 21번째 직원으로 쇼피파이에 합류했다. 당시 쇼피파이는 시리즈 A를 준비하고 있는 초기단계의 스타트업이었다. 처음에 브리트니 포사이스는 오피스 매너지로 채용됐다. 그녀는 인적 자본을 관리한 경험이 있었기 때문에 인재 채용 업무도 맡았다. 쇼피파이가 시리즈 A에서 투자를 받고 인재 채용 속도를 높이자, 브리트니 포사이스는 인적 자본 관리를 책임지게 됐다. 성장을 위해서 쇼피파이는 브리트니 포사이스에게 인적 자본 관리와 관련된 교육을 받도록 했고 멘토를 소개해 줬으며 다른 스타트업 생태계를 둘러볼 기회를 제공했다. 현재 쇼피파이의 인적 자본 수석 부사장으로 근무하고 있는 브리트니 포사이스는 쇼피파이의 4,000명에 이르는 직원을 관리한다. 쇼피파이는 나스닥에 상장됐고 현재 기업가치가 300억 달러에 이른다.

## 보상은 정말 중요한 것으로 주어라

실리콘밸리는 무료 점심과 오후 요가 수업, 무제한 휴가나 스톡옵션과 같은 혜택으로 인재를 유혹한다. 프런티어 혁신가들은 인재를 끌어들이기 위해서 실리콘밸리를 참고하고 그곳의 스타트업 문화에 적합한 혜택들을 그대로 가져다 쓰고 싶은 충동을 느낄 수 있다. 하지만 실리콘밸리 스타트업들이 제공하는 혜택들은 때로 핵심을 비켜간다.

반면에 유능한 프런티어 혁신가들은 자신들만의 독특한 전략과 조직 구조, 입지의 특성이 그대로 반영된 혜택과 금전적 보상을 직원들에게 제공한다. 6장에서 봤듯이 브랜치는 직원들이 전 세계 지사 중에서 원하는 곳이면 어디서든지 근무할 수 있도록 항공료를 지원한다. 여기에는 브랜치의 글로벌 문화가 반영되어 있다. 사람들은 이렇게 자신들에게 중요하고 필요한 것을 보상해 주는 기업에서 일하길 바란다.

실리콘밸리 스타트업은 직원 유지율을 높이기 위해서 흔히 스톡옵션을 활용한다. 하지만 프런티어에서는 스톡옵션이 실리콘밸리만큼 매력적인 혜택이 아닐 수 있다. 프런티어 스타트업의 직원들은 스톡옵션을 제대로 이해하지 못하거나 원하지 않을 수 있다. 조슈아 시메이어는 이 사실을 몸소 경험했다. 그는 인수합병 전에 스킵더디시즈 지분을 직원들에게 나눠주고 싶었다. 인수합병으로 인한 경제적 이득을 함께 나누고 싶었던 것이다. 그는 93명 중에서 70명 이상에게 스톡옵션을 제공했다. 스톡옵션을 받은 직원들은 대체로 회사 지분이 없었다. "스톡옵션을 서둘러서 직원들에게 제공했죠. 그런데 스톡옵션을 받은 직원 대부분이 혹시나 뭐가 잘못되지는 않을까 엄청 두려워하더군요. 그들은 영화 <더 소셜 네트워크>에서 마크 저커버그가 스톡옵션으로 공동 창립자를 골탕 먹이는 장면을 봤던 거죠. 그래서인지 대다수가 스톡옵션을 거절했습니다. 스톡옵션이 뭔지 제대로 이해하는 이들이 거의 없었어요."[37] 설상가상으로 스톡옵션이 세금이나 구조적인 이유로 법적으로 허용되지 않는 나라들도 있다.

프런티어 스타트업의 직원들은 스톡옵션보다 현금을 더 선호한다. 이것은 어찌 보면 이성적인 사고의 결과다. 프런티어에서 엑시트는 아직 입증이 덜 됐고 투자금을 회수하기까지 더 오래 걸린다. 당장에 스톡옵션은 프런티어 생태계에서 유용성이 낮다. 이것은 더 발달된 유럽 생태계에서 분명해진다. 70개 이상의 유럽 스타트업을 조사하고 4,000건 이상의 스톡옵션을 분석한 결과, 스톡옵션에 대한 기대가 미국보다 훨씬 낮음을 확인할 수 있었다. 평균적으로 유럽계 스타트업에서 일하는 사람들이 보유한 스톡옵션은 실리콘밸리 스타트업의 절반 수준이었다.[*38] 신흥생태계로 넘어가면 훨씬 더 놀라운 통계수치가 나온다.

물론 스톡옵션을 덜 발행한다고 해서 프런티어 혁신가들이 직원들에게 회사 주식을 제공할 필요성과 욕구가 제거되는 것은 아니다(또는 직원들이 주식을 가질 필요성과 욕구가 사라지진 않는다). 인터뷰를 하면서 혁신가들은 일관되게 직원들에게 회사 지분을 제공하고픈 욕구를 드러냈다.

그래서 많은 프런티어 혁신가들은 회사에 대한 소유권을 직원들에게 나눠주기 위해서 새로운 모델을 시도하고 있다. 이것은 직원들의 성장에 더 도움이 되는 모델이다. 우간다에 본사를 둔 에너지 스타트업인 페닉스 인터내셔널[Fenix International]의 CEO 린제이 핸들러[Lyndsay Handler]는 암호명이 '페닉스 플레임즈[Fenix Flames]'인 유령 주식을 만들었다. 그녀가 유령 주식을 만든 데에는 많은 직원들이 보여주는 열정과 헌신을 회사 운영에 활용하고 싶은 목적도 있었다. 린제이 핸들러는 "어느 기준으로 보든지 아프리카에 있는 저희 직원들은 부자가 아니죠. 하지만 자신들이 열심히 일해서 모은 돈을 회사에 투자하고 싶어 합니다."라고 말했다.[39] 페닉스 플레임즈는 스톡옵션과 달리 회사 주식을 직접 소유하는 것에 가깝다. 그래서 직원들이 이해하기 훨씬 쉬울 뿐 아니라, 회사가 폭발적으로 성장하지 않더라도 그들에게 이득이 돌아간다는 점에서 더 중요하다. 린제이 핸들러는 우간다의 외딴 지역의 설비업자에 이르기까지 모든 직원들에게 페닉스 플레임즈를 지급했다. 이것은 직원들에게 획기적인 투자였다. 이후 페닉스 인터내셔널은 프랑스 에너지 대기업인 엔지[ENGIE]에 매각됐다.[41]

---

* 물론 여기에는 여러 가지 역학관계가 작용하고 있다. 직원들이 스톡옵션을 요구할 가능성은 적지만, 동시에 경영진 역시 스톡옵션을 제공할 가능성이 낮다.

프런티어에서 직원들에게 회사에 대한 소유권을 나눠주는 가장 효과적인 모델이 무엇인지 그 누구도 정확하게 알지 못한다. 현재 다양한 모델이 시도되고 계속 진화하고 있다. 프런티어 혁신가들은 자신들이 이끄는 스타트업이 추구하는 전략과 일치하는 혜택과 보상을 개발하고 실험하고 있다. 그들은 이런 혜택과 보상이 직원들을 유지하는 데 도움이 되기를 바란다.

# 최정예 요원 그 이상,<br>최정예 팀

성장하는 스타트업에 있어 강력한 팀은 가장 중요한 자산이다. 그리고 이런 팀을 구성하는 것은 그들이 넘어야 할 가장 높은 산이기도 하다. 실리콘밸리에는 최고의 인재를 채용하고 유지하는 것과 관련하여 수많은 전략들이 존재하고, 결국에는 이와 관련된 학문까지 등장했다. 하지만 이 학문은 최고의 인재(최정예 요원)를 찾아 채용하거나, 그들이 빠르게 이탈하면 그들을 대체할 인재를 구하는 데 그 목적이 있다. 그러나 애석하게도 실리콘밸리처럼 인재의 폭이나 깊이가 갖춰진 시장은 거의 없다.

실리콘밸리에서 효과가 있다고 다른 지역에도 항상 효과가 있는 것은 아니다. 싱가폴이나 토론토와 같은 지역은 실리콘밸리처럼 인재가 다양하긴 하지만 규모가 작기 때문에 깊이가 부족하다. 라틴 아메리카나 아프리카에 막 생겨난 스타트업 생태계에는 숙련된 인재가 훨씬 더 제한적이다.

전 세계의 어느 시장에서든 대규모로 유능한 인재를 찾고 교육하고 성장시키고 유지하는 것은 어렵다. 특히 프런티어에서 제일 힘들다.

그러나 더디지만 프런티어에서 상황이 개선되고 있다.

주요 프런티어 혁신가들은 독특한 철학으로 인적 자본을 관리한다. 프런티어 혁신가들은 이력서에 적힌 경력보다는 개인의 역량과 태도를 근거로 인재를 채용하여 최정예 팀을 꾸린다. 인재 파이프라인이 없다면 그들은 직접 자신들만의 인재 파이프라인을 만든다. 프런티어 혁신가들은 인적 자원을 확보하기 위해서 세계로 눈을 돌리고 이민 정책을 활용하거나 분산 방식으로 팀을 조직한다. 그리고 그들은 팀원들의 가치에 맞춰서 혜택과 보상을 제공하여 장기적으로 팀을 유지하고 성장시키고자 한다.

실리콘밸리에서도 보다 저렴한 지역으로 사업을 확장하고, 기존의 인재 채용 방식에서 벗어나 인재의 다양성을 강화하고, 여러 지역에 팀을 분산시키고, 장기적으로 직원을 유지하는 방안에 대한 논의가 활발하게 진행되고 있다.

인재 채용과 유지와 관련하여 가장 새롭고 가장 효과적인 모델이 실리콘밸리가 아닌 다른 지역에서 등장한다면, 그곳은 바로 프런티어가 될 것이다. 프런티어는 이미 나름의 모델을 마련하고 실험을 진행하고 있다.

# 08

# 종합격투기 선수가 되어라

### 영향력과 수익성을 결합하라

# 바빌론 헬스 Babylon Health

많은 국가에서, 헬스케어 서비스는 턱없이 부족하고 사람들은 작은 병에도 응급실을 찾아 큰돈을 쓰거나 치료받지 못한 채 앓아야 한다. 바로 여기서 바빌론 헬스가 탄생했다. 헬스케어의 접근성을 높이는 데 주안점을 둔 바빌론 헬스는, 문자 채팅 서비스로 의료 상담과 진단을 제공하고, 환자들이 직접 자신의 건강상태를 모니터할 수 있게끔 돕는다. 영국에서 시작한 바빌론 헬스는 르완다와 사우디아라비아에서 국가 차원의 의료까지도 책임지고 있다.

종합격투기(가라테, 복싱, 주짓수, 유도 등 다양한 격투기술이 결합된 무도)의
부상은 격투기 역사의 변곡점이다. 이전에는 같은 격투기술을 사용하는
사람끼리만 서로 실력을 겨뤘으나, 1990년대 UFC<sup>Ultimate Fighting Championship</sup>에
서 다양한 격투기술을 복합적으로 사용하는 선수들이 우승하면서 상황이
변했다. 이제 이종의 기술을 복합적으로 사용하는 방식이 표준이 됐다. 최
고의 선수는 하나의 격투기술을 완벽히 사용하는 사람이 아니고 다양한
격투기술을 자유자재로 사용하는 선수다.[1] 종합격투기는 빠르게 성장하
는 스포츠 중 하나이고 전 세계의 특공부대에서 대원들을 단련시키는 수
단이다.[2]

　　흥미롭게도 프런티어 혁신가들에게서 이와 유사한 사고의 진화가 목격
되고 있다.

　　가장 성공한 프런티어 혁신가들은 성장과 금전적 보상(수익성)만을 쫓
지 않는다. 그들은 처음부터 자신들의 비즈니스 모델이 사회에 미칠 영향
력도 중요하게 생각한다. 이런 태도는 그들이 해결하고자 하는 문제와 상

품과 서비스를 제공하려는 소비자들에게도 나타난다. UFC 챔피언들처럼 대다수의 프런티어 혁신가들은 다양한 전술을 활용하여 여러 가지 목표를 공격하는 '종합격투기 선수Multi-Mission Athletes'다. 그들이 추구하는 금전적 보상과 사회적 보상은 서로 떼려고 해도 뗄 수 없는 관계다.

바빌론 헬스Babylon Health의 창립자인 알리 파르사Ali Parsa는 대표적인 종합격투기 선수형 기업가다. 그는 이란에서 자랐다. 1979년 혁명 이후 그는 정치적 견해 때문에 부모님을 고향에 남겨둔 채 혈혈단신으로 고향인 라쳇에서 도망쳤다. 고된 육상 경로를 통해 파키스탄을 거쳐 유럽에 도착한 그는 런던에 정착했다.[3]

초기에 그는 런던에서 갖은 고생을 했다. 하지만 이에 굴하지 않고, 우등생으로서 유니버시티 칼리지 런던의 박사학위를 땄다. 그는 교수가 될 수도 있었지만 기업가가 되기로 결심했다. 오랜 시간 동안 그는 다수의 성공한 벤처기업을 설립했다.

2004년 알리 파르사는 무릎 수술을 받았다. 이 경험에 큰 충격을 받은 그는 더 좋은 헬스케어와 건강관리 서비스를 제공해야겠다고 마음먹었다. 그는 제일 처음 세운 스타트업인 서클 헬스Circle Health로 엄청난 돈을 벌었다. 그는 서클 헬스로 헬스케어 서비스를 대중에게 제공하면서 병원 경험을 재창조하고자 했다. 건축가들이 병원을 설계했고 호텔리어들이 병실을 운영했고 요리사들이 식단을 짜고 요리했다.[4] 서클 헬스는 2011년 런던증권거래소의 서브 마켓인 AIM에 1억 달러 이상으로 상장됐다.[5]

하지만 알리 파르사는 이런 결과에 만족하지 않았다. 도대체 무엇이 문제였을까? 높은 비용 때문에 서클 헬스의 서비스를 이용할 수 있는 사람들은 그리 많지 않았다. 그리고 서클 헬스는 헬스케어 분야의 핵심 골칫

거리인 1차 의료를 해결하지도 못했다. 알리 파르사는 1차 의료가 수준 높고 누구나 이용할 수 있는 헬스케어의 핵심이라고 봤다. 영국의 대대수 지역에서 헬스케어 시스템은 턱없이 부족하고 사람들은 진료나 치료를 받으려고 응급실을 찾는다.[6] 침상과 직원의 부족으로 응급실을 찾은 환자들은 장시간 기다려야 한다. 알리 파르사는 '구글이 정보에 대한 접근성을 높인 것처럼 헬스케어에 대한 접근성을 높이면 어떨까?'라고 혼자 생각했다.

바로 여기서 바빌론 헬스가 탄생했다. 문자 채팅 서비스인 애스크 바빌론 Ask Babylon 을 통해, 바빌론 헬스는 인공지능과 라이브 의료진에게서 자문을 얻어 자동으로 진단을 내린다. 이에 그치지 않고 바빌론 헬스는 환자와 의사가 직접 의사소통할 수 있도록 톡투어닥터 Talk to a Doctor 라는 서비스도 제공한다. 환자는 이 서비스를 통해 편안하게 집에서 실시간 화상 채팅으로 관련 분야의 전문의와 상담하고 진단과 처방을 받을 수 있다.[7] 바빌론 헬스는 최근에 환자가 직접 자신들의 건강상태를 모니터하는 헬스체크 Healthcheck 를 출시하기도 했다.

바빌론 헬스는 영국의 국가의료기관인 NHS와 제휴를 맺었고 성공을 거뒀다. 하지만 알리 파르사는 바빌론 헬스가 국가적으로 헬스케어 시스템이 훨씬 제한적인 시장에 더 큰 영향력을 미칠 것임을 알았다. 그는 르완다와 사우디아라비아의 보건부와 제휴를 맺었고 국가적 차원에서 바빌론 헬스의 서비스를 제공했다. 알리 파르사는 사람들이 위챗으로 바빌론 헬스 서비스를 이용할 수 있도록 텐센트와도 제휴를 맺었다.[8] 이제 바빌론 헬스에는 1,500명 이상의 의사와 엔지니어, 지원 인력이 있고 가입자는 거의 500만 명 이상에 달한다(수백 명의 시간제 의사들도 있다).[9] 바빌론 헬스는 최근에 20억 달러 이상의 가치평가를 받고 5억 달러 이상의 자금을 조달했다. 이는 유럽에서 디지털 헬스케어 스타트업이 진행한 최대 규모의 자금 조달이었다.[10]

알리 파르사에게 바빌론 헬스의 사회적 영향력은 핵심이자 존재 이유다. 이것은 그가 바빌론 헬스를 세운 이유와 이토록 성공한 원인을 모두 설명해 준다. 대다수의 프런티어 혁신가들은 이런 점에서 알리 파르사를 닮았다. 그들은 상업적으로 성공하고 성장하는 기업을 세워서 사회에 긍정적인 영향력을 미치길 바란다. 이런 마음가짐이 그들이 어떤 상품을 어떤 고객에게 제공할지, 가치 사슬을 형성하는 주체들과 어떻게 상호작용할지 그리고 산업 생태계를 형성하는 데 어떤 역할을 맡을지를 결정한다.

## 상품과
## 고객

1장에서 봤듯이, 프런티어 혁신가들은 새로운 산업을 만들어내는 창조자들이다. 대부분 경우 그들은 자신들의 혁신적인 상품이 공동체 차원에서 삶의 수준에 지대한 영향을 미치지만 아직 발달이 되지 않은 분야에서도 활동하게끔 한다.

에이브러햄 매슬로Abraham Maslow 는 《매슬로의 동기이론A Theory of Human Motivation》에서 '인간 욕구 5단계 이론'을 제시했다. 이 이론에 따르면 인간은 특정 중요도에 따라 욕구를 충족하는 데 집중한다.[11] 가장 낮은 단계는 아주 기본적인 욕구다. 여기에는 음식과 물, 수면, 안식처, 성욕 등의 생리적 욕구와 개인적 안정, 정서적 안정, 경제적 안정, 건강, 웰빙과 같은 안전 욕구가 포함된다. 이 두 욕구는 친밀감, 가족관계와 같은 사회적 소속 욕구나, 꼭대기에 위치한 존경과 자아실현 욕구를 포함한 다른 상위 욕구들의 기저가 된다.[12]

실리콘밸리와 비교해 프런티어 혁신가들은 주로 매슬로의 인간 욕구 5단계에서 낮은 단계에 자리하는 기본적인 욕구를 공략한다. 전 세계의 혁신 액셀러레이터들이 성공 사례와 경험을 공유하는 단체인 글로벌 액셀러레이터 러닝 이니셔티브Global Accelerator Learning Initiative, GALI의 분석이 이것을 확인시켜 준다. GALI는 전 세계 43개의 액셀러레이터를 분석하여 신흥시장의 기업가들은 농업, 에너지, 교육, 금융과 같은 분야에서 활동할 가능성이 크다는 사실을 알아냈다.[13]

규모가 어느 정도 되는 스타트업들도 마찬가지다. 빌리지 캐피털Village Capital의 조사에 따르면, 미국의 유니콘 기업 300여 개 중에서 겨우 18%만이 헬스케어와 식량, 교육, 에너지, 금융 서비스, 주거와 같은 분야에서 활동했다.* 반면에 라틴 아메리카와 사하라 사막 이남의 아프리카, 동남아시아의 주요 스타트업들을 분석한 결과, 훨씬 많은 비율이 인간의 기본적인 욕구와 관련된 분야에서 활동하고 있었다(사하라 사막 이남의 아프리카의 경우 비율은 무려 60%였다).** 매슬로의 인간 욕구 5단계에서 낮은

---

* 〈Capital Evolving: Alternative Investment Strategies to Drive Inclusive Innovation〉, Village Capital, 2018. 이 보고서에는 "2018년 10월 12일 기준으로 이 숫자는 CB Insights 데이터 집합에서 파생되었음."이라고 명시되어 있다. 방법론에는 산업(생명공학, 에드테크, 에너지, 핀테크, 식품, 건강관리 분야로 등재된 산업)의 기업 수를 총 기업 수로 합산하는 내용이 포함돼 있다. 이들 기업의 달러화 총액도 합산해 전체 기업의 13%에 불과했다.

** 아프리카, 라틴 아메리카, 동남아시아에서 가장 빠르게 성장하고 있는, 1억 달러 이상의 가치를 지닌 스타트업 표본으로 확인한 사실이다. 스타트업 명단은 각 지역의 벤처캐피털리스트들로부터 확보했다.

단계의 욕구에 집중하는 프런티어 혁신가들이 이 책에 많이 등장한다.

　프런티어에서 스타트업들은 주로 창업 초기부터 대중 시장을 공략한다. 그들은 우선 대중 시장에서 특정 집단을 선택하고 공략하지만, 상류층을 선택하지는 않는다. 프런티어 스타트업들이 대중 시장을 공략하는 것은 현실적인 이유에서다. 부유한 중상층이 볼록 튀어나온 종 모양의 소득 분포도를 보이는 다수의 선진국과 달리, 대다수 프런티어의 소득 분포도는 피라미드의 중간과 바닥으로 상당히 치우쳐 있다(그림 8-1 참조).

◆ 그림 8-1 대표적인 선진국 소득 분배 vs. 프런티어 소득 분배

　그 결과, 프런티어에서 살아남을 수 있는 소비 시장은 주로 대중 시장이다.

# 종합격투기 선수형 스타트업, 리비고

2013년 디팍 갈그[Deepak Garg]와 가잘 칼라[Gazal Kalra]는 인도의 경제 시스템을 변혁할 방법에 대해 고민하고 있었다.[14] 글로벌 컨설팅 회사인 맥킨지앤컴퍼니 출신인 두 사람은 인도 물류 시스템의 비효율성에 충격을 받았다. 도로와 철로, 해상을 통한 운송비용이 인도가 미국보다 30~70% 높았다. 이렇게 비효율적인 물류 네트워크로 말미암아 매년 무려 450억 달러에 이르는 비용이 발생했다. 인도 GDP의 14%에 달하는 금액이었다.[15] 게다가 인도는 극심한 운전기사 부족에 시달리고 있었다. 운송이 원활해지려면 운전기사 수를 2배 증가시켜야 했다.

운전기사 부족은 물류 산업과 관련하여 뭔가 문제가 있다는 방증이었다. 첫 번째는 운전기사의 근로 여건이었다. 그들은 안전하지 못한 도로를 달리고 부정부패와 장시간 운전에 시달리며, 며칠 동안 집을 나와서 지내야 했다.[16] 인도의 물류 산업은 연계가 잘되어 있지 않아서, 운전기사들은 때때로 며칠 동안 집으로 돌아올 때 실을 화물이 있을지 없을지도 모른 채로 배송 지역까지 화물을 운송해야 했다. 그들은 새로운 화물이 생길 때까지 기다리거나 빈 트럭으로 먼 길을 돌아와서 편도 운행에 대한 대가만을 받았다. 이렇게 불안정하고 비효율적인 산업 구조 때문에 트럭 운전기사들의 소득 수준은 낮고 고정적이지 않았다.

이 악순환의 고리를 끊고자 디팍 갈그와 가잘 칼라는 트럭 운전기사를 중심으로 삼고, 그들의 근무 여건을 개선할 물류 모델을 기반으로 리비고[Rivigo]를 설립했다. 리비고의 모토는 '물류의 인간화'다. 그들은 트럭 운전기사들이 처음부터 최종 배송지까지 이동하는 대신에 5~6시간 동안 중계점까지만 화물을 운송하도록 했다. 그러면 중계점에 있던 다른 트럭 운전기사가 화물을 넘겨받아서 그다음 중계점까지 운송했다. 이런 방식으로 화물은 최종 배송지까지 운송된다. 중계점에서 운전기사는 자신의 화물은 다른 트럭에 옮겨 싣고 새로운 화물을 싣고 본래 소속된 중계점으로 되돌아온다. 그리고 본래 중계점에서 자신이 가지고 돌아온 화물을 다음 트럭 운전기사에게 넘겨준다. 이러한 비즈니스 모델 덕분에 리비고에 소속된 트럭 운전기사들은 매일 집으로 퇴근할 수 있었다. 그리고 리비고의 화물 운송 일정 조율과 수요 관리를 자동으로 처리하는 기술 덕분에 운전기사들은 더 많은 화물을 운송하게 되었고 소득 수준도 향상됐다.

리비고와 같은 종합격투기 선수형 스타트업들은 단순히 일자리만 창출하지 않는다. 그들은 자신들의 가치 사슬을 통해 고용의 질도 개선한다. 일자리 창출은 그 자체로 기업가의 사회적 영향력과 직결되기에 중요하다. 인데버에 따르면, 빠르게 성장하는 스타트업의 기업가들은 4%에 불과한 시장 점유율로 자신들의 분야에서 창출되는 일자리의 40% 이상을 책임진다.[17] 실제로 미국에서는 지난 30년 동안 설립된 지 1년이 채 안 된 신생 기업이 매년 150만 개 이상의 일자리를 창출하고 있다.[18]

하지만 모든 일자리가 똑같이 만들어지는 것은 아니다. 리비고와 같은 종합격투기 선수형 스타트업은 직원을 포함해 비즈니스 모델을 구성하는 핵심 요소들의 니즈와 기대를 고려하여 비즈니스 모델을 설계한다. 리비고의 전략은 효과가 있었다. 2018년 가을을 기준으로 리비고에 등록된 화물 트럭 수는 1만 대를 넘어섰고 수많은 팀원이 공급업체들과 거래하는 500여 개의 미시 시장을 누비고 있다.[19] 리비고는 신선 화물 저장과 고속 중개, 화물 시장 등 다양한 분야로 물류 서비스를 확대했다.[20] 리비고는 5,000만 달러 규모의 시리즈 D를 마무리했고 10억 달러의 기업 가치를 인정받았다. 설립된 지 4년밖에 되지 않은 리비고가 조달한 투자금은 1억 7,000만 달러에 이른다.[21]

## 사회적 기업의 부상

종합격투기 선수형 사고방식은 **사회적 기업가 정신**<sup>Social Entrepreneurship</sup>과 유사하게 다가올지도 모르겠다. 사회적 기업가 정신은 정의에 따라서 시가총액이 수십억 달러에 달하는 대기업부터 작은 비영리 기구까지 아우른다. 지난 10년 동안 전 세계적으로 민간 투자자들과 공직자들, 대학교수들이 사회적 기업가 정신에 주목하기 시작했다. 사회적 기업에 관한 이니셔티브, 강좌, 컨퍼런스, 클럽이 전 세계적으로 일류 대학교에서 개최되고 있다. 이것은 사회적 영향력과 수익성을 동시에 추구하는 조직을 설립하려는 청년들이 증가하는 트렌드를 간접적으로 보여준다. 2003년과 2018년 사이에 사회적 기업가들은 전 세계적으로 각종 재단 기금형태로 약 16억 달러를 투자받았다.[22] 다시 말해, 사회적 기업가 정신은 많은 사람이 주목하는 하나의 산업이 되었다.

사회적 기업가 정신이 널리 확산되면서, 이 단어를 딱 한마디로 정의하기 어려워졌다. 사회적 기업의 핵심 요소는 사회적 문제를 해결할 때 비즈니스 관점에서 접근하는 것이다. 사회적 기업은 비영리 기업이거나 영리 기업일 수 있다. 아니면 두 모델이 합쳐진 하이브리드 기업일 수도 있다. 사회적 기업의 비즈니스 모델은 매우 다양하다. 일부 사회적 기업에 있어서는 사회적 영향력이 최우선이 되고 사업의 확장성이나 수익성은 차선이 된다. 영리 기업이든 비영리 기업이든 기업은 투자자와 주주의 니즈와 고객, 환경, 직원 등에 미치고자 하는 긍정적인 영향력 사이에서 저 나름대로 균형을 추구한다.

기술 혁신을 주도하는 테크 스타트업들 중에는 사회적 기업이 거의 없다. 하지만, 자신들의 분야에서 성과가 좋은 대다수 프런티어 스타트업에서는 사회적 기업의 특징이 나타난다. 종합격투기 선수형 기업가들은 상업성과 확장성을 보유한 비즈니스 모델과 긍정적인 사회적 영향을 동시에 추구한다. 그들은 수익을 위해 영향력을 포기하거나 그 반대의 행위를 하지 않는다. 비즈니스 모델 때문에 수익성과 사회적 영향력을 동시에 추구할 수밖에 없다.

반면에 실리콘밸리에선 대부분의 기업가가 스타트업과 사회적 기업을 먼 친척으로 여긴다. 설령 거의 모든 실리콘밸리 창업자들이 '세상을 바꾸겠다'라며 대담한 포부를 떠들고 다니고 있더라도 말이다.

수익성과 사회적 영향력이 균형 잡힌 비즈니스 모델을 만들고자 종합격투기 선수형 기업가들은 창업을 하려는 의도의 순수성에 덜 집중하고 비즈니스 모델 구축에 더 집중한다.

# 이익과 공익은
# 떨어져 있지 않다

바빌론 헬스와 리비고처럼 종합격투기 선수형 기업들은 비즈니스 모델에 사회적 영향력을 결부시킨다. 예를 들어 바빌론 헬스는 경제적 이익과 사회적 영향력을 완전히 연계시킨다. 바빌론 헬스는 사업 확장을 위해 NHS와 여러 국가의 보건부에게 바빌론 헬스가 다른 헬스케어 업체들보다 임상 결과가 훌륭하고 서비스 비용이 저렴하다는 사실을 보여줘야 한다. 사람들은 서비스의 수준이 높고 사용하기 편리한 헬스케어 플랫폼을 사용할 것이고, 바빌론 헬스는 그들로부터 즉시 피드백을 받아 비즈니스 모델을 개선하는 데 활용할 수 있다.

한편 리비고의 경우, 트럭 운전기사들은 출발지와 배송지 각각의 운송 화물이 보장되고 24시간 안에 집으로 퇴근할 가능성이 클 때 리비고 플랫폼을 활용할 것이다. 플랫폼을 활용하는 트럭 운전기사들이 많아지면, 리비고는 자사의 물류 플랫폼을 확장하고 전국의 고객들에게 효율적인 물류 서비스를 제공할 수 있다.

사회적 영향력과 경제적 이익이 연동된 비즈니스 모델을 만들어내기는 쉽지 않다. 실리콘밸리의 주요 기업들도 겨우 '해가 되지 말라Do no harm' 정책이나 백엔드 나눔 프로그램, 새로울 것 없는 기업의 사회적 활동 정책만을 도입했다. 예를 들면, 구글의 사훈 "사악해지지 말자Don't be evil"가 있다.[23] 설령 이윤 극대화가 회사와 주주들에게 (단기적으로) 경제적 이익을 가져다주더라도, 구글은 고객을 윤리적으로 대하겠다고 다짐한다. 그 윤리에는 더 많은 광고 수익을 올리려 고객 데이터를 사생활을 침해하거나 악의적인 방식으로 활용하지 않는 행위 등이 포함된다. 사회적 영향력을 갖추려고 하거나 부정적인 영향력을 피하려는 노력이 기업의 이익에 반할 때, '악을 피하자Avoid evil' 정책을 도입하는 움직임은 안도감을 주면서 걱정스럽기도 하다.

많은 기업이 선한 의도를 갖고 사회에 환원하기 위해서 여러 가지 프로그램을 실행한다. 플래지 원퍼센트The Pledge 1%는 기업의 주식, 근로시간, 상품과 수익의 1%를 기부하라고 기업들을 독려한다.[24] 몇몇 실리콘밸리 기업들은 자선재단처럼 이와 상응하는 기구를 설립했다. 상품이 팔릴 때마다 기부하거나 후원하는 보고 모델BOGO(Buy-One, Give-One) model을 도입한 기업들도 있다. 모두 선의에서 도입된 모델들이지만, 일부는 엇갈린 결과를 내놓는다. 특히 하나를 사면 하나를 기부하는 모델은 부정적인 외부효과로 비난받고 있다. 탐스Toms Shoes는 초기 보고 모델이 현지 신발 제조업체에 미칠 파급 효과를 생각하지 못했고 결국 아프리카의 신발 제조업계를 왜곡시켜 수많은 사람을 실직으로 내몰았다.[25]

구글부터 탐스까지, 이 기업들에 있어 사회적 영향력은 비즈니스 모델의 근본 요소가 아니다. 그래서 사업 실적이 악화되면, 쉽게 사회적 활동에 대한 예산을 줄일 수 있다. 그렇다고 해당 활동 자체를 줄인다는 의미는 아니다. 사회적 영향력에 관심을 두는 이 기업들도 칭찬받을 만하다. 하지만 이 기업들은 자신들이 수익을 낸 뒤에 사회에 수익 일부를 환원한다. 이런 식으로 사회적 영향력은 그들의 비즈니스 모델에 깊이 뿌리내리고 있지 않다. 빌리지 캐피털의 창립자 로스 베어드Ross Baird는 이를 두고 "두 주머니를 찬다"라고 말한다. 그들은 번 돈을 넣어두는 주머니와 사회에 환원할 돈을 넣어두는 주머니가 다르다.[26]

하지만 종합격투기 선수형 기업가들은 번 돈과 환원할 돈을 한 주머니에 넣어둔다.

## 당신은 당신이 평가하는 것이다

종합격투기 선수형 기업가들에게 사회적 영향력은 성공과 직결되는 중요한 요소다. 그들은 수익을 평가하고 수익이 증가하는 만큼 사회적 영향력도 커졌다고 추정하진 않는다. 종합격투기 선수형 기업가들은 사회적 영향력을 확인할 수 있는 요소를 정확히 평가하고 분석한다. 그들의 말처럼, "무엇을 평가하느냐가 그가 누구인지를 말해주는 법"이다.

최고의 종합격투기 선수형 기업가들은 어떤 사회적 영향력이 바람직한지 고민하고 성공 여부를 어떻게 평가할지 결정한다. 그들은 바람직하다고 판단한 사회적 영향력을 발휘하고 있는지를 추적하고 보고하고 널리 퍼트린다. 대개의 경우에 사회적 영향력 지표는 기업의 재무적 지표와 연동되거나 상호보완적이다. 왜냐하면 사회적 영향력이 비즈니스 모델의 핵심 요소이기 때문이다. 하지만 여전히 사회적 영향력을 평가하기란 쉽지 않다. 사회적 영향력을 정량적으로 평가할 보편적인 시스템이 없기 때문이다. 갈라파고스 제도에 서식하는 다윈의 핀치Darwin's finches처럼 종합격투기 선수형 기업가들은 필연적으로 자신들이 속한 산업과 사업 환경 그리고 추구하는 비스니스 모델에 적합한 사회적 영향력 지표를 선택해야 한다.

디팍 갈그는 다음과 같이 설명했다. "카르마의 원칙입니다. 우린 사회 환원과 문제 해결에 몰입합니다. 이것이 리비고가 사용하는 언어이고 공유하는 믿음이죠. 파일럿 매트릭스는 리비고의 현재 진행형인 성공 수준을 보여주는 지표입니다."[27] 리비고는 현금흐름과 매출과 같은 재무적 지표는 물론이고, 트럭 운전기사들의 삶의 수준이나 물류 시스템의 효율 같은 지표도 추적한다. 그래서 리비고는 24시간 이내 집으로 퇴근한 트럭 운전기사들의 비율과 화물을 가득 싣고 출발지와 도착지를 오간 트럭의 수를 측정한다.

엠페사, 엠코파, 오케이하이, 졸라 등 고객을 직접 대면하는 기업들에 있어 사회적 영향력은 상품 수용율과 연계된다. 따라서 핵심 평가지표는 고객의 수와 사용도에 연동된다.

고젝의 경우 사회적 영향력은 사회와 경제 시스템에 얼마나 파고들었는가로 평가된다. 나디엠 마카림은 시장 규모를 키우는 데 집중한다(그의 목표는 어떤 시장이든지 시장 규모를 2배 또는 3배 키우는 것이다). 나디엠 마카림은 운전기사들과 서비스 제공자들의 소득 수준이 점진적으로 얼마나 증가했는지와 자신이 일자리를 얼마나 창출했는지를 추적한다. 인도네시아에서는 많은 사람이 고젝을 통해 소득을 올리고 있다. 100만 명 이상의 사람들이 이 플랫폼을 활용하여 소득을 얻는다.[28]

궁극적으로 평가 지표는 사업의 목표와 기업의 미션에 연동된다. 디팍 갈그는 자신의 비즈니스 전략을 반얀 나무에 비교한다. 반얀 나무는 수백 년을 살면서 직경 190미터에 이르는 거목으로 성장한다.[29] 디팍 갈그는 "반얀 나무는 세계에서 가장 오래 사는 나무랍니다. 이게 다 나무의 전체성 덕분이죠. 뿌리는 자연에서 받은 것을 되돌려주죠. 반얀 나무는 안팎으로 영향력을 행사합니다. 이것이 나무의 성장과 생존으로 이어집니다."라고 설명했다.[30] 종합격투기 선수형 기업가들은 직원과 고객, 투자자, 더 나아가 생태계에 받은 것을 그대로 되돌려준다. 이것은 기업의 장기적인 성장에 근본이 되기 때문이다.

## 한 산업을 시작하는 거대한 힘

종합격투기 선수형 기업가들은 확장성 있고 사회적으로 영향력을 행사하는 성공한 기업을 만드는 데만 집중하지 않는다. 그들은 훨씬 광범위하게 영향력을 행사하여 새로운 산업을 만들어낸다.

1장에서 모바일 뱅킹 산업을 개척한 엠페사를 살펴봤다. 엠페사의 비즈니스 모델은 고객에게 직접적으로 영향을 미치며 완전히 혁명적인 산업을 창조해 냈다. 사람들은 엠페사 플랫폼을 통해 이전에는 존재하지 않았던 다양한 서비스를 이용할 수 있게 되었다. 사람들은 일정 기간 동안 엠페사 플랫폼으로 임대료를 지급하여 엠코파의 가정용 태양광 시스템을 사용하다가 목돈이 마련되면 시스템을 직접 구매했다. 이렇게 엠코파의 태양광 시스템이 서서히 위험한 등유 램프를 대체해 나갔다. 수십만 가구를 일일이 찾아다니며 임대료를 거둬들이면 엄청난 비용이 발생했을 것이다. 그러니 엠페사 플랫폼이 없었다면, 엠코파는 존재할 수 없었을 것이다. 브리지 인터내셔널 아카데미와 같은 사립학교부터 공공 위생 프로젝트에 이르기까지 다양한 영역에서 엠페사 플랫폼이 활용되고 있다.

이 생태계는 기반이 된 본래 사업의 직접적인 원동력이다. 엠페사 플랫폼을 기반으로 만들어진 비즈니스 모델은 엠페사 플랫폼의 이용 빈도를 높일 뿐만 아니라 고객들이 모바일 머니를 습관적으로 사용하도록 했다. 결국 경쟁 해자가 작동됐다. 종합격투기 선수형 기업가들은 교육, 헬스케어, 금융 서비스 등 다양한 분야에서 이런 성과를 달성한다. 바빌론 헬스가 확장하면서 약국과 병원, 기타 헬스케어 제공업체 등 다양한 서비스 제공업체가 바빌론 헬스 플랫폼에 참여했다.

성공한 종합격투기 선수형 기업가들은 다른 방식으로도 생태계의 형성과 발전을 촉진한다. 엠페사는 모바일 머니 플랫폼의 개발과 확장 가능성을 입증했고 전체 산업이 엠페사가 만들어낸 혁신에 힘입어 폭발적으로 성장했다. 현재 엠페사와 유사한 250여 개의 모바일 머니 플랫폼이 등장했고 전 세계적으로 6억 명 이상의 사람들에게 금융 서비스를 제공하고 있다.[31] 이러한 비즈니스 모델이 성공할 수 있음이 입증되면서 다른 시장에서 엠페사와 유사한 일이 벌어질 수 있다. 가령, 리비고가 트럭 운전기사들과 가족들의 삶의 질을 개선하면서 사업을 확장하면, 다른 플랫폼들이 리비고가 형성한 생태계를 기반으로 저렴하고 효율적인 물류를 활용하여 번창하는 것이 가능하다.

프런티어 혁신가들의 영향력은 생태계 전반으로 확대될 수 있다. 대표적인 사례가 현지 시장에서 인재 파이프라인을 구축하려 노력하는 호텔스닷엔지와 쇼피파이다. 11장에서 프런티어 혁신가들이 자신들의 생태계를 적극적으로 조성해내는 여러 방법을 살펴볼 것이다.

# 종합격투기 선수형 기업가들의 교훈

종합격투기 선수형 기업가들이 주는 교훈은 특히 의미가 있다. 실리콘 밸리는 최고의 사진 공유 앱을 세상에 내놓으려고 묵묵히 노력하지만, 프 런티어는 새로운 관점과 비즈니스 모델을 제시한다. 프런티어 혁신가들 이 제시한 대안은 미국과 선진국에서 활동하는 혁신가들에게 매우 중요 하다. 많은 사람이 사회적 문제에 대한 해결책을 기업, 특히 혁신가로부터 구하고자 한다. 미국에서는 6,000만 명의 사람들이 은행 서비스가 부족한 환경에서 살아가고 있다(여기에 흑인 가구의 53%와 히스패닉 가구의 46%가 포함된다).[32] 50만 명이 넘는 사람들이 노숙자다.[33] 학자금 대출자는 4,400 만 명에 이르고 대출 규모는 1조 5,000억 달러에 달한다.[34]

대중과 정부, 규제 기관은 10년 전보다 높은 기준으로 기업 활동을 평 가한다. 세계 최대 자산운용사인 블랙록BlackRock CEO 래리 핑크Larry Fink는 상장기업의 CEO에게 공개서한을 보내 다음의 이야기를 했다. "기업 활 동은 반드시 주주와 직원, 고객, 활동하는 지역 공동체를 포함하여 모 든 이해관계자에게 유익해야 합니다. 목적의식 없이, 상장기업이든 비 상장기업이든 그 어떤 기업도 잠재력을 완전히 실현할 수 없습니다."[35] 미국 대기업들을 이끄는 CEO들의 협의체인 비즈니스 라운드테이블 Business Roundtable은 최근에 기업의 목적을 다시 정의했다. 그들은 기업은 이 윤 극대화를 넘어서 직원, 공급업체, 지역 공동체, 환경 등 많은 외부 이해 관계자들을 지원해야 한다고 선언했다.[36] 그들이 스스로 뱉은 말을 실천 에 옮길지는 두고 볼 일이다. 하지만 이러한 문화적 변화는 사람들이 '해가 되지 마라'라는 포괄적인 방침을 넘어 기업들이 더 큰 역할을 맡기를 바라고 있음을 보여준다.

고객과 공급망을 형성하는 협력업체들이 성공해야 혁신가들도 성공한다. 영향력과 수익성을 연동시킨 종합격투기 선수형 비즈니스 모델을 만들어내기란 쉽지 않을 것이다. 하지만 효과가 있다면, 종합격투기 선수형 비즈니스 모델은 성공과 변화를 견인할 수 있다. 수익투자형 크라우드펀딩 플랫폼 서클업<sup>CircleUp</sup>은 전통적인 비즈니스 모델을 지닌 기업들과 영향력과 수익성을 연동시킨 기업들인 '비콥<sup>B Corps</sup>'의 실적을 비교했다. 평범한 소비재 기업들의 브랜드 인지도는 10점 만점에 5점이었지만, 비콥의 75%는 9점이나 10점의 브랜드 인지도를 기록했다. 이 결과는 매출 실적으로 이어졌다. 비콥의 매출 증가세가 일반적인 소비재 기업보다 3배 높았다.[37] 하버드 경영대학원과 노스웨스턴 대학교, 코즈웨이 캐피털<sup>Causeway Capital</sup>의 연구원들은 비즈니스 모델과 직접 연계된 지속 가능성 분야에서 등급이 높은 기업들은 상대적으로 등급이 낮은 기업들보다 실적이 우수했고 비싼 가격에 주식이 거래된다고 결론내렸다.[38] 여전히 초창기이지만, 기업 내에서 거버넌스*와 자산관리 방식에 대한 사명의 힘을 보여주는 조사 결과도 있다.[39]

이 책에 소개된 많은 전략이 효과적이려면 반드시 종합격투기 선수형 기업가가 되어야 한다. 최정예 팀을 만들 때, 종합격투기 선수형 기업가들은 조직의 사명을 지지하고 완수하려는 의지로 가득 찬 후보자를 더 쉽게 유인해 내며, 최고의 인재를 확보하기 위해 다른 기업들과의 전쟁도 불사

---

* 공동의 목표를 달성하기 위하여, 주어진 자원 제약하에서 모든 이해 당사자들이 책임감을 가지고 투명하게 의사 결정을 수행할 수 있게 하는 제반 장치. -편집자 주

한다. 종합격투기 선수형 기업가들은 사회적 영향력과 낮은 수익성을 동일시하는 잘못을 범하는 밴처캐피털 회사들로부터 자본을 조달하는 데 애를 먹을지는 모르지만, 대신 정부 지원금과 기부성 자본금 등 보다 다양한 자본풀을 확보할 수 있다. 그리고 그들은 자신들의 사명을 이해하고 지지하는 조력자와 스폰서를 생태계에서 찾아낼 수도 있다.

사업을 확장하려면 여러 사명을 추구해야 한다. 그래서 사업 확장성과 사회적 영향력의 균형을 잡으려면 무언가를 포기해야 한다고 말하는 사람들이 일부 있다. 하지만 종합격투기 선수형 기업가들에겐 이런 이분법이 존재하지 않는다.

실리콘밸리를 비롯해 많은 선진국이 노숙생활, 비싼 헬스케어 서비스, 부진한 공공 교육 등 해결하기 어려운 사회적 문제들로 몸살을 앓는다. 프런티어 혁신가들로부터 교훈을 얻고 그들의 비즈니스 모델을 받아들이면, 이러한 시급한 사회적 문제들이 해결될 가능성을 높일 수 있을 뿐만 아니라 차세대 실리콘밸리 혁신가들이 사진 공유 앱 개발을 넘어 사회적 문제를 해결하는 혁신을 고민할 동력을 갖게 될 것이다. 물론 난 실리콘밸리 혁신가들이 창조해낸 사진 공유 앱도 아주 좋지만 말이다.

# 09

# 리스크를 관리하라

## 무작정 빠르게 움직이지 마라

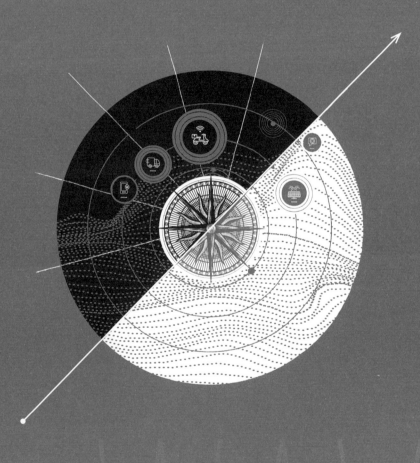

# 에어로팜AeroFarms

뉴저지 뉴어크에 위치한 에어로팜은 수직 농법을 이끄는 선도기업이다. 수직으로 화분을 쌓아 과일과 채소를 기르는 수직 농법을 이용하면 저렴한 가격에 신선한 작물을 공급할 수 있다. 더욱이 에어로팜의 수직 농법은 수기경재배가 접목된 것으로, 공중에 노출된 뿌리에 배양액을 직접 분무함으로써 기존 농법 대비 50% 이상의 효율을 달성한다. 비싼 도심의 생산성이 높은 농장은 보다 많은 사람들에게 건강한 식탁을 허락할 것이다.

실리콘밸리에는 위험을 감수하는 문화가 존재한다. 실패를 받아들이고 과감하게 새로운 상품을 개발하고 창업하는 것이다. 마크 저커버그는 "빠르게 움직여서 낡은 것들을 무너뜨려라."라고 말했다. 이 말은 페이스북의 모토였다. 게다가 그는 "현재 그 무엇도 무너뜨리고 있지 않다면, 충분히 빠르게 움직이고 있지 않다는 의미입니다. 무언가를 만들겠다는 목표는 실수하지 않겠다는 것이 아니라 정말 무언가를 만들겠다는 의지입니다."라고 말한 것으로 악명이 높다.[1]

실리콘밸리에선 상품이 완벽하지 않더라도 괜찮다. 테스트 버전을 빨리 출시하고 고객에게 피드백을 받는 것이 중요하다. 시간이 흐르면서 엉킨 실타래가 서서히 풀리고, 상품은 자연스럽게 개선될 것이기 때문이다.

실패를 수용하는 문화는 상품 개발과 회사 설립에만 국한되지 않는다. 이 문화는 실리콘밸리 스타트업들이 사회 시스템과 법 체계에 접근하는 방식에도 영향을 준다. 정확하게 이야기하면 빠르게 움직여서 낡은 것을 타파하는 태도는 준법정신에 유익하지 않다. 스타트업들의 많은 롤 모델들은 법적으로 애매모호한 영역에서 시작해서 소기업으로 법망에 걸리지 않게 활동하여 성공했다. 그들은 사업을 확장하면서 법을 바꾸려고 시도했다. 이것이 정확히 우버의 전술이었다. 우버는 어느 도시에 진출하여 빠르게 사업을 확장했고 고객의 지지를 등에 업고 현지법을 바꾸려고 시도했다.[2]

하지한 대부분의 신흥시장에선 상품 개발과 회사 설립에 따르는 리스크나 현지법과의 관계에 대한 실리콘밸리의 심드렁한 태도는 통하지 않는다. 프런티어 혁신가들은 리스크를 피해야 하거나 적어도 누그러뜨려야 할 외부효과로 여긴다. 리스크 관리의 목적은 미리 수용할 리스크와 협상의 여지가 없는 리스크를 결정하는 것이다. 그들은 리스크 관리 문화를 조성하고 상품이 낳을 수 있는 잠재적인 부정적 외부효과를 비판적으로 평가하고 생태계에 선제적으로 개입한다.

## 에어로팜: 죽이느냐 살리느냐

나는 에어로팜AreroFarms CEO 데이비드 로젠버그David Rosenberg에게 무엇 때문에 뜬눈으로 밤을 지새우느냐고 물었다. 그는 눈 한 번 깜빡이지 않고 "어떻게 해야 고객을 죽이지 않을까란 고민으로 밤을 지새운답니다." 라고 대답했다. 간략하게 말하면, 식품안전이 데이비드 로젠버그의 최대 관심사다.

에어로팜은 뉴저지 뉴어크에 본사를 둔 스타트업이고 수직 농법을 선봉에서 이끌고 있다. 수직 농법은 도심의 제한된 공간에서 수직으로 적층된 화분에 과일과 채소를 기르는 방식이다(일반적인 농법은 토양에 수평으로 또는 나란히 작물을 재배한다).

에어로팜은 설립된 지 얼마 안 된 기업이다(2004년에 설립됐다). 하지만 에어로팜의 수직 농법에 대한 연구는 수십 년 동안 진행됐다. 공동 창립자 중 한 명인 코넬 대학교 교수 에드 하우드Ed Harwood는 수직 농법에 수기경재배를 접목한 것으로 유명하다. 토양 없이 물과 수용성 영양분으로 만든 배양액에서 식물을 키우는 수경재배와 달리, 수기경재배는 공중에서 배양액을 분무하여 식물을 키운다. 에드 하우드는 천 배지를 설계하여 비용을 절감하고 효율성을 높였다. 공중에 매달린 해먹처럼 천 배지가 식물 아래 깔린다. 식물 뿌리는 마리오네트의 다리처럼 천 배지를 뚫고 공중으로 뻗어나간다. 식물 뿌리에 적시에 배양액이 적당하게 분무되어 식물이 최적의 상태로 성장한다.

에드 하우드의 수기경재배법은 전통적인 수직 농장을 근본적으로 변혁했다. 첫 번째, 인풋이 감소했다. 공중에 노출된 뿌리에 배양액을 분무하는 방식은 수경재배법보다 50% 이상 효율적이다(참고로 수경재배는 토양에 식물을 재배하는 것보다 70% 이상 효율적이다). 두 번째, 물동이가 없기 때문에 재배 설비가 가볍고 적층할 수 있었다. 재배 선반을 12층으로 쌓으면 그 높이가 무려 12미터에 이른다. 에어로팜은 이렇게 재배 공간의 효율을 극적으로 개선한다.[3] 선반을 더 높이 적층할 수 있고 인풋이 적게 들어가기 때문에 부동산이 비싼 도심에서 생산성이 높은 농장을 만들 수 있다.

수직 농법을 연구했던 마크 오시마Marc Oshima와 함께 데이비드 로젠버그는 2011년 에드 하우드에게 합병을 제안했고, 이를 기점으로 에어로팜은 사업을 확대했다. 세 사람은 수기경재배법에 데이터 분석과 프로세스 기반 혁신을 접목했다. 분 단위로 인풋(공기의 구성요소, 배양액과 물의 pH 농도 등)을 관리하고 식물의 발육 상태와 모양을 관찰하면서 재배 방식을 지속적으로 개선해 나갔다.[4]

에어로팜은 뉴어크에 플래그십 농장을 갖고 있으며, 추가로 8개의 농장이 더 있다. 직원은 150명 이상이고 약 2억 달러를 조달했다.[5]

에어로팜의 재배 방식에서는 식품안전이 기본이고 전 직원의 기준 목표다. 에어로팜은 잠재적인 리스크를 완화하기 위해 구조와 문화를 제도화하면서 사업을 확대했다.

에어로팜은 농업회사이기 때문에 식품안전을 최우선으로 여길 수밖에 없다. 데이비드 로젠버그의 농장에서 박테리아가 증식하면 말 그대로 고객의 목숨이 위험해질 수 있다. 에어로팜은 식품을 생산하고 유통하는 방식을 재창조하고 있기 때문에 식품안전에 집착할 수밖에 없다.

안전한 상품을 제공하는 것은 기본 중의 기본이다. 에어로팜이 식품안전을 보장하지 못하면, 모든 것이 수포로 돌아갈 것이다. 이러한 리스크에 대한 이해와 접근방식이 프런티어 혁신가들을 다른 지역의 혁신가들과 차별화한다.

## 다른 고객에겐 다른 상품을

식품 안전은 극단적인 사례로 여겨질 수 있다. 하지만 유일한 사례는 아니다. 이 책에 소개된 프런티어 혁신가들은 다른 고객에게 저마다 다른 종류의 상품을 제공하지만, 모두 고객의 생존에 유의미한 상품과 서비스를 제공한다는 공통점이 있다.

실리콘밸리에서 대다수의 스타트업은 죽고 사는 문제와 직결된 상품이나 서비스를 제공하지 않는다. 그래서 대체로 그들의 실패는 재앙적인 결과로 이어지지 않는다. 그들은 매슬로의 인간 욕구 5단계 이론에서 높은 단계의 욕구를 해소하는 데 집중한다. 우버가 서비스를 중단하면, 밀레니얼 세대는 택시를 탈 것이다(몇 년 뒤에도 택시가 존재한다면 말이다). 벤모Venmo가 실패한다면, 그들은 ATM에서 현금을 인출할 수 있다(몇 년 뒤에도 ATM이 존재한다는 가정에서다). 매슬로의 인간 욕구 피라미드에서 가장 높은 단계의 욕구인 자아실현 욕구를 공략하는 기업들도 있다. 온라인 강의 플랫폼 마스터클래스MasterClass처럼 재능을 활용하고 재정의하는 기업들이 있고, 명상 앱인 캄Calm이나 헤드스페이스Headspace처럼 심지어 초월성을 추구하는 기업들도 있다. 이들도 자신들의 고객에게 값진 서비스를 제공한다. 하지만 무언가 잘못됐을 때, 고객의 죽고 사는 문제와 직결되는 결과가 생기지는 않는다.

그래서 대체로 빨리 움직여서 낡은 것을 무너뜨리는 전략은 실리콘밸리 스타트업들에게는 효과적이다. 최악의 시나리오가 그렇게 나쁘지 않을 경우에 고객들과 신뢰를 쌓기가 훨씬 용이하다.

하지만 프런티어는 사정이 다르다. 알다시피 프런티어에는 사람들의 생존에 직결되는 문제를 해결하거나 결여된 인프라를 조성하는 스타트업들이 실리콘밸리보다 더 많다. 프런티어에는 에어로팜처럼 식량과 같은 생리적 욕구를 해결하거나 졸라처럼 빛을 제공하거나 바빌론 헬스와 11

장에서 만날 아프리카 리더십 대학교<sup>African Leadership University</sup>처럼 건강과 교육에 대한 니즈를 충족시키는 스타트업들이 있다. 프런티어 혁신가들은 정치적, 사회적, 경제적 소외 계층에게 상품과 서비스를 제공한다. 프런티어의 고객들은 스스로 신뢰할 수 있는 상품을 찾기 때문에, 그들에게서 신뢰를 얻으려면 실리콘밸리에서보다 훨씬 더 많은 노력이 필요하다.

고객과 신뢰를 쌓기 위해 프런티어 혁신가들은 리스크 관리에 집중하고, 위험요인을 관리하기 위해 자신들이 어떤 노력을 하고 있는지 고객에게 알려야 한다. 엠페사와 주나는 은행 서비스를 마음껏 이용하지 못하는 사람들에게 금융 서비스를 제공하고자 했다. 창업 초기에 그들은 고객이 자신들의 시스템을 이용하도록 설득하는 데 애를 먹었다. 상품이나 서비스가 신뢰할 만하고 안전하다고 생각돼야, 사람들은 새로운 상품이나 서비스를 받아들였다. 그래서 심지어 주나는 '쉽고 빠르고 안전한'이란 슬로건을 만들었다. 상품의 안전성은 사용 경험으로부터 비롯되는데, 특히 현금 인출 서비스가 그랬다. 일단 에이전트 네트워크로부터 현금을 인출할 수 있느냐가 중요했다. 그래야 처음부터 서비스를 사용해 보라고 사람들을 설득할 수 있었다(대다수의 사람들은 처음에는 현금 인출 기능을 테스트하기 위해서 소액을 거래했다). 에이전트들이 현금을 충분히 보유하고 있어서 언제든지 현금을 인출해 줄 수 있다면, 사람들은 해당 기술을 신뢰하고 엠페사에 기꺼이 현금을 맡길 것이다.

때때로 고객과 신뢰를 쌓는 데에 물리적인 무언가가 필요할 수도 있다. 크리스 폴라얀<sup>Chris Folayan</sup>은 아프리카의 주요 전자상거래 플랫폼 중 하나인 몰포아프리카<sup>Mall for Africa</sup>의 창립자다. 창업 초기에 사람들은 온라인 주문 상품이 제대로 배송될 것인가에 의구심을 품었다. 그래서 크리스 폴라얀은

'물리적인 신뢰 네트워크'를 구축해야만 했다. 그는 "사람들은 시장에 가서 상인들을 대면하는 데 익숙하죠. 하지만 디지털 세상에서는 불가능한 일이에요."라고 설명했다.[6]

몰포아프리카는 픽업 장소를 지정해서 이 문제를 해결했다. 미국에서 아마존의 강점은 온라인으로 주문한 상품을 집 앞까지 배달해 주는 서비스다. 하지만 몰포아프리카는 사람들이 자신들이 주문한 상품을 만드는 회사가 실존함을 두 눈으로 확인하고 직접 주문 상품을 찾아오는 비즈니스 모델로 성공했다. 크리스 폴라얀은 유명 브랜드와 제휴를 맺어 고객과의 신뢰를 강화했다. 신뢰할 수 있는 브랜드와 제휴를 맺고, 물리적 실체를 직접 확인하게끔 한 비즈니스 모델은 사람들이 전자상거래 서비스를 쉽게 받아들이게 했고 몰포아프리카를 아프리카의 최대 전자상거래 플랫폼 중 하나로 성장시켰다.

이처럼 프런티어 혁신가들은 신뢰할 가치가 있는 믿을 만한 상품을 만들고 고객들과 관계를 형성하여 신뢰를 구축한다.


## 수용할 수 있는 리스크를 선택하라

혁신은 과학이 아니라 예술이다. 기업가들은 "날려 보면서 비행기를 만든다."라는 말이 있다. 실리콘밸리냐 프런티어냐는 중요치 않다. 스타트업 설립에는 높은 리스크가 따라오기 마련이다. 프런티어 혁신가들은 우선 받아들일 수 있는 리스크와 받아들일 수 없는 리스크를 구분한다. 대표적인 사례가 닥터컨설타다. 2011년 토마즈 스로우기[Thomaz Srougi]가 설립한 닥터컨설타는 의료 서비스를 제공하는 브라질의 주요 스타트업이다.

무료 헬스케어는 브라질 헌법에 명시되어 있다. 1차 의료부터 장기 병원 진료까지 모든 의료 서비스가 헬스케어에 포함된다. 하지만 애석하게도 브라질의 공공 헬스케어 시스템은 자금 부족에 시달리고 의료 서비스를 받으려면 상당한 시간을 기다려야 한다. 그 결과 브라질 전체 인구의 4분의 1 이상이 보다 빠르게 공공 의료와 비슷한 수준의 의료 서비스를 제공하는 민간 의료 보험에 가입해 있다. 나머지 4분의 3은 그렇지 않지만 말이다. 닥터컨설타는 양질의 의료 서비스를 받을 경제적 여유가 없는 4분의 3에게 저렴하게 의료 서비스를 제공하고자 한다. 닥터컨설타는 기술을 이용하여 백엔드 프로세스를 완전히 단순화하고 의료진이 최상의 의료 서비스를 효율적으로 제공할 수 있도록 의료 서비스 모델을 혁신했다.

고객의 일상과 직결되는 상품이나 서비스를 제공하는 많은 프런티어 혁신가들과 마찬가지로 리스크에 대한 토마즈 스로우기의 생각은 닥터컨설타의 비즈니스 모델과 사업 확장 전략에 지대한 영향을 미쳤다. 그는 말한다. "환자 안전에 대해선 그 어떤 리스크도 용인할 수 없습니다. 그 외의 부문에선 면밀한 계획에 따라 리스크를 받아들이고 있습니다."[7] 닥터컨설타는 최고의 의료진을 채용하는 등 환자들에게 최고의 의료 서비스를 제공하기 위해서 그 무엇과도 타협하지 않았다. 하지만 그 외의 부문에서는 실험하고 혁신을 시도했다. 이례적으로 닥터컨설타는 아주 투명한 가격 정책을 도입했다.

최근 〈비즈니스 인사이더[Business Insider]〉에는 닥터컨설타의 가격 정책이 패스트푸드 레스토랑의 가격 정책과 유사하다는 기사가 실렸다. "닥터컨설타는 보험을 받지 않고 맥도날드 메뉴판처럼 의료 서비스의 비용을 공개한다. ... 진료실에는 의료 시술 가격이 게시되어 있다. 예를 들어, 일반의에게 진료를 받으면 비용은 대략 30달러다(브라질 통화로 환산하면 110레알이다)."[8]

근래 도입된 MRI 기기(브라질 최초)와 같이 새로운 의료 서비스를 시작할 때, 닥터컨설타는 장비의 프로세스를 시험하지 않는다. 대신에 의료 공간과 실제 활용률에 대해서만 고민한다. 최근에 닥터컨설타는 치료 결과를 예측하고 의료 서비스를 개선하기 위해서 환자 트렌드를 리뷰하는 분석 플랫폼을 도입했다(이것은 연구진이 보다 효과적인 치료법을 찾거나 새로운 치료법을 조사하는 데도 도움이 된다).[9]

게다가 닥터컨설타는 상품 개발 단계에도 리스크 관리를 도입했다. 닥터컨설타가 의료 서비스를 제공한 첫 번째 지역은 의료 서비스가 전무한 상파울루의 빈민 지역이었다. 이것은 의도적인 행보였다. 그들은 자신들의 비즈니스 모델이 가장 어려운 시장에서 안전하게 자리를 잡고 고객들로부터 가치를 인정받는다면, 다른 지역에서도 자연스럽게 성공할 수 있으리라 생각했다. 빈민가에서 의료 서비스를 무리 없이 제공할 수 있게 된다면, 다른 지역에서 의료 서비스를 제공하는 것은 그들에게 식은 죽먹기나 다름없어질 것이었다.

닥터컨설타는 50여 개 이상의 병원을 소유하고 2,000명이 넘는 의료진을 거느리고 있으며 100만 명 이상의 고객에게 의료 서비스를 제공하고 있다. 브라질 전역으로 사업을 확대하기 위해서 전 세계의 벤처캐피털 회사들로부터 1억 달러 이상의 자금을 조달했다.[10] 닥터컨설타는 혁신적인 서비스를 제한된 환경에서 실험하고 점진적으로 확대하고 있다. 하지만 여전히 환자에게 양질의 의료 서비스를 안전하게 제공하는 것을 협상의 여지가 없는 최우선 목표로 삼는다.

신흥시장에 저렴하게 안경을 제공하고자 설립된 비전스프링<sup>VisionSpring</sup>은 상품 개선 계획에 리스크 관리를 반영한다. 비전스프링은 어린이들에게 안경을 제공하고 싶었다. 하지만 어린이용 안경은 성인용 안경보다 제작 과정이 섬세하고 복잡했다. 그래서 비전스프링은 단계적으로 상품을 개발하면서 서서히 역량을 개선했고 불량 상품을 생산하는 리스크를 줄여나갔다. 독서용 안경에서 시작하여 경제활동이 가능한 연령의 성인들을 위한 처방 안경을 제작했다. 이 모든 단계를 완벽하게 숙지하고 나서 비로소 어린이용 안경 제작을 시도했다.<sup>11</sup>

프런티어 혁신가들에게 양질의 상품과 서비스는 면밀한 리스크 관리의 직접적인 결과물이다. 그들은 식품 안전이나 환자 안전처럼 리스크를 감수해선 안 되는 영역을 결정하고 나머지 영역에선 혁신을 시도한다.


## 리스크 관리는 하나의 문화다

프런티어 혁신가들은 양질의 상품을 개발하고 고객과 신뢰를 쌓고자 리스크를 관리한다. 그들은 리스크가 될 요인을 포착하면 언제든지 해당 요인을 제거할 수 있도록 직원들에게 권한을 부여한다.

에어로팜의 데이비드 로젠버그는 리스크 관리를 중심으로 조직을 설계했다. 그는 이사회에 (1) 인명 안전, (2) 품질과 식품 안전, (3) 수확량, (4) 운영 효율성, (5) 인풋(영양소, 씨앗, 에너지 등), (6) 가격, (7) 노동력으로 구성된 7가지 핵심성과지표를 보고한다. 안전과 관련된 핵심성과지표가 2개이고 가장 우위에 있다는 것이 놀랍다. 8장에서 말했듯 무엇을 평가하느냐가 어떤 가치를 추구하느냐를 보여준다. 데이비드 로젠버그는 "사람들의 안전과 상품 품질을 확보하지 못하면, 나머지는 의미가 없습니다."라고 말했다.[12]

에어로팜은 식품 안전과 관련한 보고 체계를 설계했고 조직의 문화와 구조에 식품 안전을 반영했다. 엔지니어링 책임자인 팀 벤더[Tim Bender]는 에어로팜 COO 로저 포스트[Roger Post]에게 무슨 일이든 직접 보고한다. 에어로팜에 합류하기 전에 팀 벤더는 미국 식품기업 콘아그라[ConAgra]와 유럽 냉동제과업체 기업 아리스타[ARYZTA]에서 임원진으로 15년간 일했다. 두 업체 모두 각자의 분야를 주도하는 일류 기업이다. 에어로팜에서 팀 벤더의 역할 중 하나는 '어디에 박테리아가 번식할 수 있을까?' '무엇이 식품 안전을 해칠까?' '품질을 보장하기 위해서 무슨 프로세스를 도입해야 할까?' 등 식품 안전을 확보하기 위해서 관련 질문을 끊임없이 던지는 것이다.

각 농장에는 식품 안전 책임자가 있다. 그들은 식품 안전을 점검하고 정해진 체계에 따라 식품 안전과 관련한 사항을 보고한다. 식품 안전 책임자는 품질 보증 책임자에게 보고하고, 품질 보증 책임자는 농장 책임자가 아닌 COO에게 직접 보고한다. 데이비드 로젠버그는 "식품 안전을 위해 운영의 효율성을 포기하거나 그 반대의 상황이 발생할 수도 있죠. [그래서] 우리는 식품 안전과 관련한 독자적인 보고 체계를 마련했습니다. 장기적으로 모든 이해관계자에게 이익이 되는 의사결정을 내리기 위해서입니다."라고 말했다.[13]

에어로팜은 자신들이 새로운 식량 생산 프로세스를 개발하고 있다는 사실을 잘 알고 있다. 그리고 해당 업계에 식량 안전에 관한 명확한 기준이 전무하다는 사실도 정확히 자각하고 있다. 리스크를 줄이는 최고의 방법은 주기적인 청소였지만, 에어로팜에서 가장 많은 비용이 발생하는 부문이 청소와 관련된 인건비였다. 얼마나 자주 청소를 해야 할까? 이에 대하여 데이비드 로젠버그는 다음과 같이 설명했다.

온실 책임자들에게 마지막으로 시설을 청소한 게 언제냐고 물어보면, 특히 유럽에 있는 온실 책임자들은 특정한 [부정적인] 사건이 발생한 이후에 청소했다고 답했습니다. 그래서 청소 시기가 다양했죠. 한마디로 어떤 '사건'의 결과로 시설을 청소했다는 것이죠. 저흰 1년에 25번 시설 청소를 시행합니다. 이것이 적당한 횟수인지는 모르겠어요. 좀 과하게 시설 청소를 하고 있는 것이 아닌가, 하는 생각이 드네요.[14]

시설 청소를 연간 25회 실시하는 것은 회사 정책이나 엔지니어링 책임자에 의해 결정되지 않았다. 하위 직원들의 제안에 의한 결정이었다. 안전팀 직원들이 수확 기간에 맞춰 시설 청소를 하자고 제안했다. 에어로팜은 14일 주기로 과실을 수확한다. 이것은 연간 25회 수확이 이뤄진다는 의미다. 데이비드 로젠버그는 "저희는 리스크에 대해서 현실적이고 매우 보수적으로 접근하고 기준을 높게 잡습니다. 거기서부터 적정한 수준을 찾아가고 있습니다."라고 말했다.[15]

에어로팜은 판매와 공장 가동을 준비 중이다. 추가적으로 청소 비용이 발생하기 때문에 청소 용역비가 그들의 발목을 잡는다. 하지만 데이비드 로젠버그는 과하다 싶을 정도로 시설 청소를 하는 것이 가치 있다고 생각한다. 지금은 너무 과할 수 있지만, 다양한 종류의 상품으로 사업을 확대하는 데 필요한 과정이라 여기는 것이다. 시장에 출시할 식품으로 실험하면서 식품 안전에 관한 기준을 익힐 순 없다.

식품 안전과 같은 요소에 관하여 종합적인 보고 체계를 구축하면 팀원들이 회사의 가치를 지지하고 동기와 관행을 형성할 수 있다. 찰스 두히그Charles Duhigg는 저서 《습관의 힘The Power of Habit》에서 이런 구조는 반복적인 행동 패턴을 형성하는 데 도움이 된다고 말했다. 궁극적으로 이러한 구조는 리스크를 평가하고 완화하는 프로세스와 조직 건전성을 지탱하는 선순환을 만들어낸다.[16]


## 부정적인 외부효과를 고려하라

혹자는 스타트업은 처음부터 신기술이 초래할 부정적인 결과를 평가하고 고민해야 한다고 주장한다. 기술과 사회를 위한 솔루션 실험실Technology and Society Solutions Lab과 제휴를 맺은 미래를 위한 기관The Institute for the Future은 최근에 신상품이 부정적으로 사용될 가능성에 대비하고 피할 방법을 담은 안내서를 발간했다. 안내서는 상품 추가에 따른 신뢰, 허위 정보, 과대선전 등 8가지 핵심 리스크 요인을 다루고 있다. 다음은 안내서의 일부 내용을 발췌한 것이다.

기술자로서 우리가 개발하는 기술이 세상을 어떻게 보다 살기 좋은 곳으로 바꿀지를 고민하는 데 상당한 시간을 투자하는 것은 당연한 일이다. ... 하지만 어느 면에선 '유리잔에 물이 반밖에 안 찼네'라는 부정적인 시각을 가지는 것이 더 유용할지도 모른다. 새로운 기술이 세상을 어떻게 구할지 상상의 나래를 펼치기만 할 게 아니라, 가끔은 그 기술이 세상을 모두 망쳐버리면 어떻게 할지를 두려워하는 것은 어떨까?[17]

이어서 안내서는 스타트업이 상품 개발에 처음부터 윤리적 의사결정 시스템을 반영하도록 전략을 소개한다.

페이스북에서 신기술의 잠재적 리스크에 대해서 이렇게 접근했다면 어땠을지 생각해 보자. 페이스북 이사회가 자신들의 플랫폼에서 확산되는 거짓 뉴스의 양, 거짓 계정의 숫자나 반향실 효과*의 폐해 등에 관하여 보고서를 요청하고 검토했었다면, 의도치 않았지만 충분히 예측 가능했던 외부효과 중 적어도 일부를 피할 수 있었을지도 모른다. 그러나 페이스북은 그 길을 택하지 않았고, 비난을 면치 못했다. 하지만 프런티어에서는 이야기가 달라진다. 리스크에 보다 조심스럽게 접근하는 경향이 프런티어 혁신가들과 사법 체계의 관계에도 자연스럽게 영향을 미치기 때문이다.

---

* 이용자가 미디어가 전하는 여러 정보 중 같은 입장을 지닌 정보만 지속적으로 되풀이 수용하며 기존 신념이 폐쇄적 구조의 커뮤니케이션에 의해 증폭, 강화되는 현상을 비유적으로 나타낸 말이다. -편집자 주

# 법을 부술 것이냐
# 만들 것이냐

프런티어 혁신가들은 현지 생태계의 사법 체계에 독특하게 접근한다. 이것이 프런티어에서 일어나는 혁신의 흥미로운 점 중 하나다. 앞서 만난 인도네시아 전자상거래 플랫폼인 부칼라팍의 공동 창립자이자 CEO인 아흐마드 자키Achmad Zaky가 이를 명쾌하게 요약했다. "[경제적 비공식성이 높은] 많은 신흥시장에는 규정이 존재하지 않죠. 그러니 우리는 규정을 어기고 있는 것이 아닙니다. 오히려 정부와 규정을 만들려고 허심탄회한 대화를 많이 나누죠."[18]

미국의 우버와 프런티어의 차량 공유 플랫폼을 비교해 보자. 선진국에서 우버는 승하차 지역과 운전기사 신원조회와 관련된 법을 회피했다. 그 결과 우버는 영향에 대한 조사를 받았고 영업권을 잃었다.[*19] 그야말로 규제와 노조가 존재하는 택시업계에 우버는 규제받지 않는 파괴적인 힘이었던 것이다.

이와 대조적으로 신흥시장에는 규제를 받는 택시업계가 존재하지 않는다. 대신에 규제를 받지 않고 무면허에 보험도 가입하지 않은, 추적 불가능한 정체불명의 택시들이 존재한다. 동남아시아의 그랩이나 고젝 또는 라틴 아메리카의 99와 같은 차량 공유 플랫폼들이 이것을 바꿔놓았다(대다수 신흥시장에서 우버도 이런 역할을 하고 있다). 그들은 사진이 있는 신분증을 제시해야 택시 운전기사로 등록할 수 있고 보험에 가입해야 플랫폼

---

\* 런던은 2017년 가을 우버의 운영면허를 갱신하지 않기로 했다. 우버는 이 결정에 항소했고 시내에서 계속 영업을 하고 있다.

에 등록할 수 있는 규제를 만들었다. 모든 차량의 운행이 추적되기 때문에 납치나 사고 등 불미스러운 일이 발생해도 걱정할 것은 없다. 그렇다고 이 시스템이 실패할 우려가 전혀 없다는 소리는 아니다. 예를 들어, 인도에서는 우버 운전기사가 여성 승객을 납치하는 사고가 여러 번 발생했다.[20] 그럼에도 대다수의 사람이 비공식적이고 추적되지 않는 불법 택시보다 우버가 더 안전하다고 주장한다.

이와 유사한 일은 여러 산업에서 일어난다. 대표적인 핀테크 기업인 스퀘어Square는 소상공인들이 신용카드를 결제수단으로 활용할 수 있는 혁명적인 상품을 내놓았다. 스퀘어는 소상공인들에게 휴대전화에 부착할 수 있는 신용카드 단말기를 제공했다. 이 덕분에 소상공인들은 쇼핑몰에 입점한 상점들이 구입하는 고가의 신용카드 단말기를 구매할 필요가 없어졌다. 스퀘어에 등록된 소상공인들은 휴대폰으로 카드결제를 처리하고 이메일로 영수증을 보낸다. 한편 미국에서 스퀘어 서비스를 이용하는 상인들은 이미 세금신고를 하고 규제를 받는 공식적으로 등록된 사업자들이다. 그들은 어쩌다 보니 결제대금을 신용카드로 처리하지 않았을 뿐이었다.[21]

스퀘어와 유사한 스타트업들이 전 세계에서 속속들이 등장했다. 멕시코에는 클립Clip, 남아프리카에는 요코Yoco, 인도에는 이지탭Ezetap이 있다. 많은 소상공인이 그들의 서비스를 이용하여 체크카드와 신용카드를 결제수단으로 활용한다. 이것은 그들에게 공식적인 금융 시스템상에서 거래를 진행한 첫 경험이었을 것이다. 멕시코시티에서, 요하네스버그에서, 델리에서 그들은 노점에서 신발을 파는 사람들, 사람들로 붐비는 거리에서 중고 휴대전화를 파는 사람들, 구석에 자리한 구멍가게들이었다. 사실상 그들은 스퀘어와 같은 스타트업들 덕분에 처음으로 공식적인 경제 시스템에서 활동할 수 있었다.

프런티어 혁신가들이 현지 정부와 면밀하게 움직여야 하는 예외적인 경우도 있다. 중동의 주요 벤처캐피털 펀드인 베코 캐피털<sup>BECO Capital</sup>의 유수프 하마드<sup>Yousef Hammad</sup>는 "정부들이 깊이 관여되어 있어요. 그들의 승인이 없으면 민간 영역은 생존할 수 없죠. 그러니 사실상 정부와 경쟁을 하는 것이죠."라고 말했다.[22] 유수프 하마드는 두바이의 택시업계에 대해 언급했다. 두바이의 택시업계는 정부와 긴밀히 연계되어 있다. 이는 우버나 카림이 단지 공식적이거나 비공식적인 산업이 아닌, 정부가 지지하는 산업과 경쟁한다는 뜻이었다. 그러므로 기존 시스템 안에서 움직이는 것은 선택이 아니라 전제 조건이었다.

프런티어 혁신가들은 단순히 산업의 투명성만을 강화하지 않는다. 그들은 갓 태어난 산업을 위한 규제 시스템을 만들기도 한다. 에어로팜의 데이비드 로젠버그는 자신이 비즈니스 모델뿐만 아니라 완전히 새로운 도심 농업을 개척하고 있음을 알고 있다. 그래서 그는 기존 업계의 상품과 맞먹거나 품질이 더 우수한 상품을 생산해내야 한다고 생각한다. 옛말에 "IBM 제품을 선정했다고 해고되는 사람은 아무도 없다."라고 했다. 달리 말하면 에어로팜이나 소규모 경쟁업체들이 하는 실수는 초기 고객으로 하여금 소외감을 느끼게 할 뿐 아니라, 수직 농업을 10년 뒤로 후퇴시킬 위험이 있다는 것이다.

그러므로 건강과 안전에 관련된 기준은 매우 중요하다. 자칫 잘못하면 고객들을 사망에 이르게 하고 기업과 업계의 지속적인 성장을 저해할 수 있기 때문이다. 데이비드 로젠버그는 "수직 농업에 관한 언론보도 횟수를 계산해보면, 그중에서 수직 농업에 진출한 초기 기업이자 현재 시장을 주도하고 있는 에어로팜에 관한 보도가 대략 50%죠. 사람들은 에어로팜을 수직 농업의 선구자라 여깁니다. 하지만 언론보도는 경쟁업체들의 유입을 초래하죠. 갈수록 많은 업체가 수직 농업에 뛰어들고 있습니다. 문제는 많은 유망한 신생기업들이 저희는 이미 고민하고 해법을 찾은 리스크(시설 청소 빈도 등)에 대하여 고민조차 하지 않는다는 겁니다. 그래서 저는 동종업계를 체계화하는 것이 저의 의무라고 생각했습니다.”라고 말했다.[23] 결과적으로 에어로팜은 식품 안전과 도심 농업 연합체 Food Safety and Urban Agriculture Coalition를 공동으로 발족시켰다. 주요 수직 농업 기업들이 참여한 이 기구는 업계 표준을 제시하고 적절한 규제를 도입하기 위해서 정부에 로비하고 있다(산업의 특성상 더욱 엄격한 규제가 될 것이다).

이와 유사하게 졸라는 글로벌 오프그리드 라이트닝 협회Global Off-Grid Lighting Association, GOGLA를 설립하는 데 참여했다. 엠페사는 모바일 머니 계좌를 생각해 내기도 전에 규제 기관과 소통하며 움직였다.[24] 멕시코의 결제 플랫폼인 클립은 규제 기관과 깊이 소통하고, 최근 제정된 멕시코 핀테크 법 Mexican Fintech Act(혁신자들이 신중한 접근이 필요한 고객의 상황을 고려해 금융 상품과 서비스를 제공하도록 방법과 범위를 정의하는 법률)에 관해 관계 기관에 자문했다.[25] 필요에 의해서든 아니면 현명한 비즈니스 행위든 프런티어 혁신가들은 규제를 만들고 산업을 공식화한다. 이것이 고객뿐만 아니라 그들 자신이 감수할 리스크를 줄여주기 때문이다.

## 리스크 관리는
## 왜 중요한가?

지각변동이 일어나고 있다. 소비자들은 리스크에 대한 실리콘밸리 스타트업들의 무신경한 태도를 더 이상 용인하지 않는다. 그들은 스타트업들에 리스크에 보다 책임감 있게 접근하라고 요구하고 있다. 멀리 볼 것도 없다. 러시아의 2016년 미 대선 개입과 고객 데이터의 불투명한 사용에 관련해 일어난 페이스북과 트위터를 향한 소비자들의 반발을 생각해보라. 기술 분야의 대기업들에 신기술이 초래할 부정적인 결과를 완화하고 보다 모범적인 시민으로서의 기업이 되라는 요구가 쏟아지고 있다. 이런 상황에서 최근에 페이스북이 슬로건을 "안정적인 인프라를 보유한 상태에서 빠르게 움직여라."로 변경한 것은 우연이 아니다.[26] 마크 저커버그는 슬로건을 변경한 이유를 다음과 같이 설명했다.

"오랜 시간이 흘러 우리가 깨달은 것은 남들보다 더 빨리 움직이는 것이 우리에게 도움이 되지 않았다는 겁니다. 우린 문제를 해결하기 위해서 천천히 움직여야 했습니다. 더 빨리 움직인다고 사업이 빠르게 확장되는 것은 아니었습니다."[27]

실리콘밸리 스타트업들의 거만함은 프런티어에선 설 자리가 없다. 그리고 실리콘밸리에서도 설 자리를 잃고 있다.

프런티어 혁신가들은 상품이나 비즈니스 모델과 관련한 리스크를 무시하는 사치를 부릴 수가 없다. 그들은 소비자들의 일상생활에 필수적인 상품과 서비스를 제공하고 있고, 그들의 소비자들은 대체로 취약계층이다. 그러므로 프런티어 혁신가들은 큰 부담 없이 감수할 수 있는 리스크에는 어떤 것들이 있는지 세심하게 고민하고 안전한 영역의 테두리를 넘어서지 않는 범위에서 활동한다. 그러면서 자신들이 제공하는 상품의 부정적인 외부효과를 고민하고 부정적인 외부효과를 줄일 전략을 수립한다. 다시 말해 그들은 리스크 관리를 조직 문화에 편입시킨다. 대부분 프런티어 혁신가들은 자신들이 직접 산업을 만들어나간다. 그래서 그들은 산업을 공식화하고 적절한 규제를 만들고 모범 사례를 강화하기 위해서 생태계와 소통한다.

2018년 하반기에 페이스북의 시가총액은 6,300억 달러에서 3,800억 달러로 곤두박질쳤다. 거의 2,500억 달러가 공중으로 사라진 것이다. 가장 큰 이유는 케임브리지 애널리티카$^{Cambridge\ Analytica}$ 스캔들처럼 사용자의 개인정보와 관련된 불미스러운 사건을 계기로, 페이스북이 리스크에 대처하는 방식에 대하여 사용자와 사회의 신뢰가 하락했기 때문이다.[28] 프런티어 혁신가들은 리스크에 더욱 조심스럽게 접근한다. 이 과정에서 그들은 실리콘밸리의 오만함에 대한 귀중한 대안과 우리 모두가 지향해야 하는 비즈니스 모델의 모범을 제시한다.

# 10

# 금융을 재창조하라

### 거친 생태계에 적합한 새 모델을 개발하라

# 내스퍼스 Naspers

S T A R T U P   W A V E

실리콘밸리식 벤처 투자 모델은 일방적으로 자금을 쏟아붓다가 엑시트 단계에서 한꺼번에 회수하는 방식이다. 따라서 엑시트에 대한 압박이 거셀 수밖에 없다. 반면 프런티어에서는 엑시트 단계에 이르는 데 더 긴 시간이 필요하므로, 자금 조달에 어려움을 겪기 마련이었다. 내스퍼스는 대안적 투자 모델인 에버그린 펀드를 운용하며 이 문제를 해결했다. 에버그린 펀드는 반드시 정해진 일시에 투자금을 회수하지 않아도 되기 때문에, 보다 장기적이고 유연한 관점에서 스타트업의 자금 공급원으로 활약할 수 있다.

혁신에서, 가장 강력한 공생관계는 기업가와 벤처캐피털리스트 사이에 있다. 벤처캐피털이 없다면 기업들은 혁신적인 아이디어를 품을 수는 있지만, 사업화하진 못할 것이다. 기업가들은 성장에 필요한 자본을 조달하고 귀중한 조언을 얻기 위해 지분 일부를 기꺼이 내놓는다. 물론 기업가 말고 스타트업을 번듯한 회사로 키워내려고 최선을 다할 사람은 벤처캐피털리스트에게도 마찬가지로 없다.* 하지만 이 상호 의존적인 관계는 종종 균형을 잃을 수 있다.

카를로스 안테케라Carlos Antequera는 기업가 출신의 벤처캐피털리스트다. 그는 스타트업 업계의 특이점들을 몸소 경험하며 기존과는 다른 방식으로 벤처 투자를 하기로 결심했다. 볼리비아 출생인 카를로스 안테케라는 캔자스에서 컴퓨터 과학과 수학을 공부했고 소프트웨어 엔지니어로 일했

---

\* 유명한 하버드 경영대학원 교수인 조시 러너는 폴 곰퍼스와 공저한 논문 〈The Venture Capital Revolution〉에서 "기업가들이 아이디어는 있고 자본은 없을 때, 그리고 투자자들이 자본은 있고 좋은 아이디어가 없을 때, 벤처캐피털이 존재한다."라는 말로 이러한 유대감을 형성하는 역학관계의 특징을 정확하게 묘사했다.

다. MBA 학위를 취득한 뒤에 그는 캔자스에 넷케미아<sup>Netchemia</sup>를 설립했다. 넷케미아는 본래 인터넷 컨설팅 업체로 라틴 아메리카 기업들이 프로세스를 온라인화, 디지털화하는 것을 도왔다.

어느 날 지인이 그에게 캔자스 토피카 교육구에서 특수교육을 자동화하는 것을 도와 달라고 했다. 곧 다른 교육구도 이 소식을 듣고 그에게 도움을 청했다. 넷케미아는 여기서 틈새시장을 발견하고 교육구를 대상으로 교사와 교직원을 채용하고 교육하는 인재관리 플랫폼을 개발했다. 이후 넷케미아는 해당 틈새시장을 지배하는 기업으로 성장했고 3,500여 개의 교육구에 채용 게시판, 이력서 자동 심사, 경력관리, 실적관리 등 다양한 서비스를 제공하고 있다.

카를로스 안테케라는 전통적인 벤처캐피털 없이 넷케미아를 설립했다. 그는 엔젤 투자자들로부터 85만 달러의 시드머니를 조달할 때까지 4년 동안 오롯이 혼자 힘으로 넷케미아를 키웠다. 그로부터 오랜 시간이 흐른 뒤, 그는 비즈니스의 투자 일부를 지원하기 위해 벤처캐피털 단계를 뛰어넘고 사모펀드를 통해 650만 달러의 자금을 조달했다.[1]

자신의 경험으로 미뤄보아 카를로스 안테케라는 전형적인 벤처캐피털은 넷케미아의 비즈니스 모델에 적합하지 않다고 결론 내렸다. 넷케미아의 비즈니스 모델은 탄탄했고 성장률도 무난했으며 예상 매출도 좋았다. 하지만 사업 규모가 100배 확대될 잠재력이나 야망은 그에게 없었다. 넷케미아는 성장하고 있었지만, 은행 대출을 받을 때 담보를 설정할 자산도 그리 많지 않았다.

벤처 투자 모델도 넷케미아에게 효과적이지 않았다. 카를로스 안테케라는 "넷케미아를 벤처 투자에 적합한 기업으로 만들려면, 저는 이미 성공적으로 진입한 틈새시장을 포기해야 했습니다. 벤처캐피털리스트들로부터 투자를 유치하기 위해서는 틈새시장보다 더 큰 시장이 필요하기 때문입니다. 하지만 아무런 경험도 없이 더 큰 시장에 진출하면 제가 피땀 흘려 쌓아온 것들을 한순간에 잃을 수 있었습니다."라고 설명했다.*

사업을 시작한 지 15년이 지난 2016년에 카를로스 안테케라는 넷케미아를 사모펀드에 매각했다. 그 후 그는 넷케미아처럼 실리콘밸리의 전통적인 벤처 투자 모델에 적합하지 않은 비즈니스 모델을 추구하는 기업가들이 보다 쉽게 자금을 조달할 수 있도록 지원하고 싶었다.

카를로스 안테케라는 벤처 투자 모델의 어떤 부분이 자신과 맞지 않는다고 생각했을까? 이에 대한 해답을 얻기 위해서는 우선 전통적인 벤처캐피털의 투자 원칙들에 대하여 살펴봐야 한다. 이 원칙들은 실리콘밸리와 깊이 연관되어 있다.

## 고래와 대양: 벤처캐피털의 기원

벤처캐피털리스트들은 스타트업 투자의 전문가들이다. 그들은 투자금을 조달하여 펀드를 조성하고 3~4년 동안 운용한다. 벤처캐피털리스트는 자신이 투자한 스타트업들이 성장하여 궁극적으로 엑시트할 수 있도록 돕는다. 벤처펀드의 운용기간은 평균 10년이다. 벤처캐피털 회사들은 투

---

* 전형적인 벤처캐피털 펀드는 '2&20' 구조를 지닌다. 여기서 2&20은, 자본 투자자들의 투자금에 대하여 연간 2%의 관리비를 부과하고 발생 수익의 20%를 공유한다는 뜻이다.

자를 지속하기 위해서 첫 번째 투자가 마무리될 때마다 새로운 벤처펀드를 조성한다. 일반 파트너들(벤처캐피털리스트)은 자신의 자본을 벤처펀드에 맡긴 유한 파트너들(패밀리 오피스, 연금펀드, 대학 기부금, 재단, 기업 등)의 자본을 투자한다. 벤처캐피털리스트들은 천편일률적인 투자 모델로 벤처펀드를 운용한다. 그들의 투자 모델은 보수와 수익 공유체계(통상 '2 & 20'라고 하는 벤처펀드의 전형적인 보수 체계로, 운영보수와 일종의 성과보수인 '캐리carry'를 포함한다)로 구성된다.[2]

학생들에게 벤처 투자 모델이 어디서 유래했다고 생각하는지를 물으면, 대부분이 실리콘밸리 초창기이지 않느냐고 답한다. 하지만 실제로 벤처 투자 모델의 기원은 그보다 훨씬 오래됐고 테크 업계와는 전혀 관계가 없다. 사실상 현재 표준으로 여겨지는 벤처 투자 모델의 수익 공유체계는 1800년대 매사추세츠의 뉴베드퍼드에서 시작됐다. 그 배경에는 포경업이 있다. 뉴베드퍼드는 포경업을 승인한 많은 항구 도시 중 하나였고 전 세계 고래 무역을 장악했다. <이코노미스트Economist>에 따르면, 뉴베드퍼드의 포경업체들이 전 세계 고래 무역을 지배할 수 있었던 이유는 "새로운 유형의 배나 고래 추적 시스템을 개발했기 때문이 아니었다. 그 대신 그들은 목숨을 잃을 수 있는 엄청난 위험을 무릅쓰고 자본과 숙련 노동자를 모으는 데 매우 효과적인 비즈니스 모델을 만들어냈다."라고 한다.[3] 1859년에는 전 세계를 통틀어 900척의 포경선이 있었다. 그중에서 700척이 미국선이었고, 이 중 70%가 뉴베드퍼드에서 출항했다.[4]

뉴베드퍼드에서 포경업체들은 현대의 벤처캐피털 시스템과 놀라울 정도로 유사하게 움직였다. 벤처캐피털 회사에 해당하는 포경업체들은 투자자들을 모집했고, 그들로부터 배를 구입하고 필요한 설비를 확보할 자금을 조달했다. 그리고 그들은 포경선을 잘 운용한 대가로 고래 무역 수익의 일부를 받았다(포경선을 출항시켜 안전하게 항구로 돌아오게 한 사람의 몫으로, 이런 행위를 영어로 'carry off'라고 한다). 현대 기업가에 해당하는 선장들은 직접 자본을 투자하고 항해에서 돌아오면 상당한 수익금을 돌려받았다. 선원들은 항해 수익금에서 보수를 지급받았는데, 이는 스타트업 직원들에게 주어지는 스톡옵션과 유사했다. 항해 기간은 길었다. 선장과 선원들은 포경선에 고래가 가득 실려야 항구로 돌아왔다. 수년이 걸릴 수도 있었고, 그 과정에서 상당한 포경선들이 항로를 잃고 바다에서 표류했다.[5]

19세기 중반의 포경업처럼 벤처 투자는 위험한 투자전략이다. 스타트업에 대한 투자는 실패할 리스크가 높다. 저명한 샌프란시스코 연구기관은 실리콘밸리 스타트업이 유니콘 기업으로 성장할 확률은 1% 미만이라고 추정했다. 약 70%의 스타트업들은 아예 실패해 사라진다.[6]

벤처 투자 모델에 내재된 리스크는 잠재 수익으로 상쇄된다. 주식 투자라면 모르지만, 벤처 투자의 수익률은 10~20%가 아닌 무려 100~200%에 육박한다. 심지어 그 이상인 경우도 있다. 벤처캐피털리스트들은 자신들이 조성한 펀드로 다양한 스타트업에 투자하고, 그중에서 소수라도 그동안의 손실을 보상하고도 남을 정도로 큰 성공을 거두기를 바란다.

벤처펀드의 수익률은 매우 높을 수 있다. 극단적인 사례로 엑셀은 페이스북에 1,200만 달러를 투자하고 무려 90억 달러를 벌었다는 소문이 있다.[7] 유사한 사례로 왓츠앱WhatsApp에 투자한 세쿼이아는 투자금을 회수할 때 지분 가치가 투자원금의 50배에 달하는 30억 달러였다고 한다.[8] 두 사례 모두 예외적이긴 하지만, 벤처 투자에서 어떤 경제 법칙이 작용하는지를 보여준다. 수익이 극단적일 정도로 높은 소수의 투자가 벤처펀드의 총 수익이나 다름없고 나머지 투자의 손실을 만회한다. 하지만 전반적으로 여전히 벤처 투자의 수익률은 매력적인데, 지난 10년 동안 연평균 9.6%이고 지난 30년을 통틀어 보면 거의 20%다.[9]

벤처 투자 모델에는 그 나름의 독특한 유인 요소와 특이점도 있다. 이것이 혁신 업계에 영향을 미친다. 바로 약 10년 뒤, 투자자들이 출구를 찾고 있을 즈음에 결승선을 설정하는 관행이다. 벤처캐피털리스트들은 펀드 수익의 20%를 캐리로 받는다(다시 말해 투자자들을 위해 벌어들인 수익의 20%가 벤처캐피털 회사의 몫이 된다). 그래서 벤처캐피털 회사들은 정해진 기간에 자본 수익을 최대화하는 충분한 수익을 낼 수 있는 스타트업을 찾으려 혈안이 된다. 2% 관리보수는 펀드를 운용하는 비용이다.

당연히 이런 투자 모델이 어디서나 효과적이지는 않다.

## 프런티어 벤처 투자의 현실

벤처 투자 모델이 전 세계적으로 활용되고 있긴 하지만, 실리콘밸리 이외의 지역에서 완벽하게 통용되진 않는다. 프런티어 혁신가들에게 그렇듯, 벤처캐피털리스트들에게도 신흥시장은 투자하기 어려운 지역이다. 그들은 실리콘밸리에서는 존재하지 않는 문제로 고전한다.

가장 큰 문제는 자본의 부족이다. 실리콘밸리에서는 거의 1,000개에 달하는 벤처펀드가 운용되는 반면, 아프리카에서는 54개국을 통틀어서 90

개가 채 안 된다(국가당 2개 미만인 것이다).[10] 라틴 아메리카에는 150여 개의 벤처캐피털 회사가 존재할 뿐이다.[11] 이런 격차는 미국 내에서도 나타난다. 미국 전역에서 운용되는 벤처펀드 중에서 중서부 벤처캐피털 회사가 운용하는 벤처펀드가 차지하는 비중은 겨우 0.7%다(서부해안 지역은 무려 40%다).[12]

설상가상으로 3장에서 살펴본 거시경제 요인도 프런티어 벤처 투자의 불확실성을 높이고 수익률을 위협한다. 한 국가의 통화가치가 30% 하락하면 투자 수익률이 직격탄을 맞을 수 있다.

엑시트하기까지의 기간도 더 길다. 실리콘밸리에서 벤처캐피털리스트들은 이미 존재하는 인수합병 생태계와 안정적인 기업 공개 시장을 기반으로 출구전략을 짜지만, 신흥생태계는 사정이 다르다.* 제한된 자본, 다른 투자자들에 대한 의존, 특히나 까다로운 엑시트와 거시경제 리스크는 프런티어 벤처 투자 전망을 암울하게 만든다.

이렇게 많은 난관이 존재하지만, 프런티어 벤처펀드도 생존 가능성이 엿보이면서 독특하게 매력적인 비즈니스 모델을 갖는다. 투자 컨설팅 업체인 케임브리지 어소시에이츠Cambridge Associates의 추정치를 보면, 신흥시장에서 지난 15년 동안 벤처펀드와 사모펀드의 평균 수익률은 10% 이상이었다.[13] 일부 전문지표에 따르면 신흥시장의 투자수익률이 여러 면에서 미국을 앞선다.[14]

프런티어 투자자들은 투자에 성공하기 위해 투자 포트폴리오를 탄력적으로 구성하고, 스스로 본 글로벌이 되어 전 세계의 스타트업을 투자 대

---

* 일례로, CB Insights의 〈The Google Acquisition Tracker〉에 따르면 구글은 2017년에만 15개의 회사를 인수했다.

상으로 검토하며, 장기적인 관점으로 접근한다.

## 탄력적인 투자 포트폴리오

벤처캐피털리스트들은 실리콘밸리와 다르게 프런티어 스타트업들이 안고 있는 리스크와 그들의 수익성을 전망한 후에 포트폴리오를 작성한다.

벤처캐피털 회사들은 프런티어에서 소수로부터 조달한 자금으로 펀드를 구성하고 운용한다. 프런티어에서는 모든 비즈니스 아이디어마다 복수의 스타트업들이 존재하고, 그중에서 오직 하나의 스타트업이 시장을 장악하고 벤처캐피털 회사에 돈을 벌어다 준다. 쉽게 말하면 프런티어에는 수많은 마이스페이스<sup>Myspace</sup>*가 존재하고 그중 하나가 페이스북이 되는 것이다. 스타트업은 어느 정도 성장하면 빠르게 사업을 확장하여 시장 점유율을 높이고자 상당한 자금을 조달한다. 이런 현상을 **멱법칙**<sup>Power Law</sup>**으로 설명할 수 있는데, 그림 10-1은 멱법칙을 나타내는 그래프다. 표준 분포와 달리 멱법칙 그래프에선 한두 개의 상위 기업들이 대성공을 거두고 나머지는 수수한 수준이거나 수익을 전혀 내지 못한다.

멱법칙은 벤처캐피털에도 작동한다. 벤처캐피털 회사 중에서 거의 절반이 관리수익 등을 제외하고 투자자금을 전혀 회수하지 못한다는 통계

---

*  페이스북이 등장하기 전인 2005년부터 2008년 사이 가장 인기 있었던 소셜미디어 사이트. -편집자 주

** 한 수가 다른 수의 거듭제곱으로 표현되는 두 수의 함수적 관계. 예를 들어, 특정 인구수를 가지는 도시들의 숫자는 인구수의 거듭제곱에 반비례하여 나타난다. -편집자 주

가 있다(투자자금 회수율은 0이거나 마이너스다). 그리고 오직 5%만이 초기 자본의 3배 이상을 회수한다(10년 동안 연평균 회수율은 12%다). 이것은 10년이 지나면 벤처캐피털 회사들 중 절반이 저금리 예금상품보다 낮은 수익률을 낸다는 의미다(즉, 수익률은 훨씬 낮은데 리스크는 훨씬 높다).[15]

벤처캐피털 업계의 절반이 형편없는 실적을 내지만, 평균 자본 회수율은 여전히 꽤 매력적이다. 그 이유는 수익률이 몇몇 기업들 사이에, 그리고 그 기업들 안에서 수익의 대부분을 창출하는 몇몇 거래에 고도로 집중되기 때문이다.

하지만 프런티어에서는 더 미묘하고 덜 극단적인 현상이 나타난다.

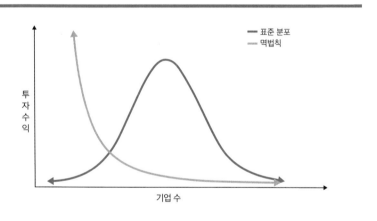

◆ 그림 10-1 표준 분포 vs. 멱법칙

10. 금융을 재창조하라: 거친 생태계에 적합한 새 모델을 개발하라 ·

지금까지 살펴봤듯이 프런티어 혁신가들은 실리콘밸리 기업가들과는 다른 전략을 활용하여 스타트업을 설립하고 있다. 프런티어에서는 어느 분야든지 1위 자리를 두고 다투는 업체가 5개가 채 안 된다. 그래서 프런티어 혁신가들은 회사를 계속 성장시키면서 시장 점유율을 확대하는 데 혈안이 되기보다 탄탄한 비즈니스 모델과 반복 가능한 성장 전략을 확보하는 데 더 관심을 쏟는다. 낙타 기업이 되는 것을 목표로 삼으면, 크게 성공하기까지 좀 더 긴 시간이 걸릴 것이다. 하지만 그만큼 회사가 완전히 망할 리스크가 줄어든다. 실제로 어느 연구에 따르면 프런티어 스타트업들은 실리콘밸리 스타트업들보다 생존율이 높았다.[16] 이것은 프런티어에서 벤처캐피털리스트들이 실패율이 낮은 스타트업들에게 투자한다는 의미도 된다.

실패율을 줄이면 그 나름의 단점이 생긴다. 성층권을 뚫을 정도의 수익을 안겨줄 벤처 투자 성공 사례가 가뭄에 콩 나듯 나타난다. 중국을 제외하고 지난 10년 동안 실리콘밸리만큼, 아니면 더 많이 유니콘 기업을 배출한 지역은 없다. 전 세계 유니콘 기업의 50%가 미국에서 탄생했고, 중국은 25%를 배출했다. 영국과 독일, 한국, 인도를 제외하고 3개 이상의 유니콘 기업을 배출한 지역은 없다. 아프리카 대륙에서 기업 공개를 한 첫 번째 스타트업은 쥬미아다. 심지어 미국에서도 캘리포니아와 뉴욕 이외의 주는 단 한 개의 유니콘 기업도 배출하지 못했다.[17]

프런티어 벤처캐피털에 대한 학술적 연구가 이제 막 시작됐다. 하지만 초기 데이터에 따르면 프런티어에서 벤처캐피털리스트들이 스타트업을 유니콘 기업으로 키워낼 가능성은 실리콘밸리보다 낮긴 하지만, 투자에 실패할 가능성 역시 더 낮았다. 왜냐하면 프런티어 혁신가들은 수익성과 지속 가능성을 동시에 추구하기 때문이다. 그렇다고 프런티어 벤처캐피털리스트들이 대성공할 가능성이 큰 스타트업에 투자하지 않는다는 의미는 아니다. 그들 역시 유니콘 기업으로 성장할 가능성이 농후한 스타트업들을 쫓는다. 하지만 그들의 포트폴리오는 실리콘밸리와는 다르다. 이와 관련하여 그림 10-2를 참조하기 바란다.

동남아시아 벤처캐피털 회사인 아시아 파트너스<sup>Asia Partners</sup>는 다른 자산 등급과 비교하여 동남아시아의 샤프 지수<sup>Sharpe ratio</sup>*를 조사했다. 벤처펀드는 거의 모든 영역에서 가장 매력적인 투자 모델에 속했고 놀랍게도 리스크 수준은 부동산과 유사했다.**

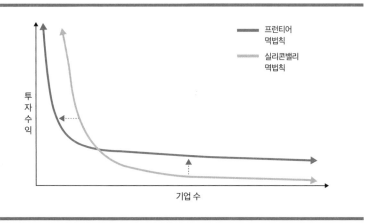

◆ 그림 10-2 프런티어 멱법칙 vs. 실리콘밸리 멱법칙

---

* 특정 펀드가 한 단위의 위험자산에 투자해서 얻은 초과수익의 정도를 나타내는 지표. 펀드의 가치를 판단하는 데 주로 사용된다. 1990년 노벨경제학상을 받은 미국의 윌리엄 샤프(William F.Sharpe)가 1954년부터 1963년까지 34개 펀드의 실적을 분석하여 개발했다. -편집자 주

** 아시아 파트너스는 2018년 8월 산업의 샤프 지수와 내부 분석을 행했다. 이는 2002~2017년 기간을 다루며 동남 아시아 기술주를 산업으로서의 기술 대용으로 본 것이다.

프런티어 벤처캐피털리스트들은 포트폴리오의 회복 탄력성을 높이기 위해 다른 투자자들과 협업한다. 이렇게 이해관계로 얽혀 있는 경제 주체들이 임시로 조직을 만들어 협력하는 일을 **신디케이션**syndication이라 한다. 이러한 신디케이션은 두 가지 방법으로 투자 리스크를 줄인다. 첫 번째, 각 펀드가 단일 투자 목적물에 상당한 금액을 할당할 필요가 없다. 그래서 소형 투자펀드들이 포트폴리오를 다양하게 구성할 수 있다. 두 번째, 벤처캐피털리스트들이 후속 투자펀드를 조성할 때 신디케이션을 활용하면 자금을 조달할 수 있는 대상이 주변에 더 많아진다.* 그리고 신디케이션은 보다 높은 평가가치에서 자금을 회수할 가능성을 높인다.[18]

실리콘밸리에선 신디케이션이 흔하지 않다(초기 단계는 예외다). 실리콘밸리의 경우, 주요 투자자들이 지속적으로 10억 달러 이상의 자금을 투자하기 때문에 벤처펀드의 크기는 계속 커지고 있다.[19] 그 결과 실리콘밸리 투자자들은 스타트업에 거금을 투자하고(소액 투자는 수십억 달러의 펀드에는 의미가 없다), 상당한 지분을 확보하길 바란다(스타트업이 성공하면, 투자자는 상당한 수익을 얻게 된다). 이것이 실리콘밸리에서 신디케이션을 통해 벤처펀드를 조성하거나 다른 펀드들이 벤처펀드에 참여하기 더 어렵게 만든다.

프런티어에서 벤처캐피털리스트들이 신디케이션을 통해 벤처펀드를 조성하는 것은 실리콘밸리의 역사를 공부했던 사람들에게 '옛것이 새것

---

* 물론 오로지 혁신가들을 지원하기 위해서 투자자들을 모으자는 것이 아니다. 내가 말하는 것은 5개 이상의 펀드로 구성된 시드 라운드를 경멸적으로 지칭하는 '파티 라운드'가 아니다. 파티 라운드에서 펀드는 기부금을 모으기 위해서 모자를 돌리는 기회로 생각된다. 옵션을 매입하는 것과 유사하게 다음 투자 라운드를 기대하며 소액을 투자한다. 이론적으로 파티 라운드는 사업을 도와주거나 전략적 조언을 공유할 사람들이 많음을 의미하지만, 안타깝게도 파티 라운드에서 충분히 도움이 될 정도로 투자를 받는 이는 거의 없다. 궁극적으로 시드 라운드에서 소규모 투자는 벤처캐피털 펀드에서 의미 있는 비중을 차지하지 않고, 따라서 우선순위에서 밀리게 된다.

이다' 운동의 신호탄을 쏘는 것인지도 모른다. 실리콘밸리 초창기에는 벤처펀드들도 협업했었다.[20]

## 본 글로벌
## 벤처캐피털

역사적으로 벤처캐피털은 미국 내 스타트업을 대상으로 운용됐다. 물론 그럴 만한 이유가 충분히 있었다. 기업가들을 성공적으로 지원하려면 산업의 애로사항은 물론 정치적, 규제적, 경제적 여건에 대한 깊은 이해와 지식이 필요했다. 그리고 실리콘밸리 투자자들이 자신들의 거주지와 가까운 곳에 투자하기를 선호하는 성향도 이유 중 하나였다. 벤처펀드를 분석한 결과, 실리콘밸리에 본거지를 둔 투자자들의 포트폴리오의 3분의 2이상이 실리콘밸리에 소재한 기업이었고 80%는 미국 서부해안에 소재한 기업이었다.[21]

다수의 프런티어 벤처캐피털리스트들은 의도적으로 포트폴리오에 다지역주의를 반영한다. 5장에 소개된 처음부터 세계 시장을 공략하는 프런티어 스타트업들처럼 많은 프런티어 벤처캐피털 회사들은 처음부터 다양한 지역에 있는 스타트업들을 투자 대상으로 삼는다. 그들은 필요에 의해서 이러한 투자전략을 활용한다. 단일 지역을 중심으로 활동하는 벤처캐피털 회사는 큰 수익을 올리기 어렵다. 특히 프런티어 스타트업들은 태생적으로 여러 지역에서 사업을 확대하기 때문에 어느 지역에 등장한 승자가 현지 기업일 수도 있고, 외국 기업일 수도 있다.

게다가 혁신 트렌드는 이제 더 이상 실리콘밸리에서 출발하여 다른 지역이나 국가로 흘러가지 않는다. 이제 혁신 트렌드는 글로벌 공급망을 타고 전 세계로 이동한다. 설상가상으로 신흥시장에서는 단 하나의 벤처펀드를 조성할 정도로 충분한 자금을 조달하는 것조차도 힘들다(특히 브라질, 중국, 인도 등 최대 신흥시장 이외의 지역에서는 시리즈 A와 시리즈 B를 넘어선 단계의 투자 라운드는 거의 전무하다). 결과적으로 벤처캐피털 회사들은 벤처펀드를 운용하기 위해서 현지 시장을 넘어 세계 시장으로 눈을 돌릴 수밖에 없다. 처음부터 세계 시장을 공략하는 스타트업들의 경쟁자들은 도처에 존재한다. 따라서 그들의 투자자들은 어느 한 지역에 국한되지 않고 일찍이 다른 지역에서 트렌드를 포착하고 포트폴리오에 포함된 스타트업이 세계 시장이나 적어도 지역 시장을 주도하는 기업으로 성장할 수 있도록 돕는다.

예를 들어, 캐세이 이노베이션<sup>Cathay Innovation</sup>은 전 세계 기업에 투자하는 벤처캐피털 회사로 아시아와 아프리카, 유럽, 북아메리카에 지사를 두고 있다. 캐세이 이노베이션의 비전은 혁신 트렌드에 대한 정보와 지식 등을 공유하고 스타트업들이 사업을 세계적으로 확대할 수 있도록 지원하는 글로벌 플랫폼을 만드는 것이다.

## 에버그린 펀드: 장기적 전망

시간적 제약 때문에 (특히 실리콘밸리에서) 벤처캐피털리스트들은 특정 타임라인 안에서 사고할 수밖에 없다. 그래서 그들은 스타트업의 성장 곡선을 통제하고 기업가의 니즈를 제한한다. 이런 관행은 유한 파트너들의 이익에 반한다. 그들은 장기적으로 자본을 극대화하길 바라기 때문이다.

이런 시간적 제약요인들은 프런티어에서 벤처캐피털리스트들이 직면하는 최대 난제다. 지금까지 살펴봤듯이 프런티어 스타트업은 벤처캐피털 회사들이 투자 자본을 회수할 수 있는 엑시트 단계에 이르는 데 더 긴 시간이 걸린다. 이 문제에 대한 가장 설득력 있는 해결방안이 **에버그린 펀드**<sup>Evergreen Fund</sup>다.

에버그린 펀드를 운용하는 투자자 혹은 벤처캐피털리스트들은 정해진 일정에 따라 펀드를 운용하여 원 투자금과 함께 수익을 유한 파트너들에게 돌려줘야 할 필요가 없다. 에버그린 펀드는 수익을 끊임없이 재투자하는 펀드다. 남아프리카 대기업이자 세계적인 벤처 투자회사인 내스퍼스<sup>Naspers</sup>는 사실상 에버그린 펀드를 운용한다.

내스퍼스의 첫 벤처 투자는 텐센트였다. 내스퍼스 CEO는 중국의 미디어 기업을 인수할 계획이었다. 2001년 내스퍼스는 우연히 많은 기업가가 사용하는 위챗이란 커뮤니케이션 앱을 발견했다. 기업 인수를 위해 시작된 논의는 3,200만 달러에 텐센트의 지분 50%를 인수하는 것으로 변모했다. 거의 20년이 지난 현재 텐센트의 시가총액은 5,000억 달러 이상이고 내스퍼스의 텐센트 지분은 그 가치가 무려 1,000억 달러가 넘는다(지난 10년 동안 내스퍼스의 자체 시장 평가액은 10억 달러에서 1,000억 달러 이상으로 급증했는데, 주로 이 단일 거래에 힘입은 바 크다).[22] 이 투자는 틀림없이 역대 가장 성공적인 벤처캐피털 거래다.[23]

그 후에 내스퍼스는 전 세계 기업들을 대상으로 투자를 진행했고 브라질과 홍콩, 인도, 이스라엘, 네덜란드, 싱가폴, 남아프리카에 지사를 설립했다.[24] 고정된 일정에 따라 투자금을 회수할 필요가 없어서 상장기업인 내스퍼스는 장기적인 관점에서 투자를 진행하고 원하는 수익을 얻는다.

이와 유사하게 2015년에 설립된 보스톡 이머징 파이낸스Vostok Emerging Finance, VEF는 전 세계의 금융 스타트업에 투자한다. 스톡홀름증권거래소에 상장된 VEF는 내스퍼스와 마찬가지로 원하는 기간 동안 펀드를 운용한다.[25] 에버그린 펀드로서 VEF는 투자할 스타트업의 성장단계나 투자 규모와 구조를 유연하게 결정할 수 있다. VEF는 전 세계를 대상으로 초기 스타트업부터 후기 스타트업에 이르기까지 다양한 성장단계의 기업들에 투자하고 있다.[26]

내스퍼스와 VEF는 상장기업이지만, 비상장기업이 에버그린 펀드를 운용할 수도 있다. 하지만 지금은 상장기업이든 비상장기업이든 에버그린 펀드를 운용하는 경우는 드물다. 이런 구조의 펀드는 비주류이기 때문에 많은 유한 파트너가 아직 에버그린 펀드에 투자하길 꺼리기 때문이다.[27] 하지만 한편으로는 현재 프런티어 투자자들이 실험하는 또 다른 형태의 장기 투자펀드도 존재한다(예를 들어, 투자금 회수기간이 10년 이상인 펀드들이다).*

여전히 주류는 아니지만, 이러한 펀드들은 프런티어 벤처캐피털 업계에서 중요한 트렌드가 생기고 있음을 보여준다. 바로 장기적인 관점으로 기업 투자에 접근할 필요성의 인식이다.

---

* 새로운 글로벌 펀드를 위해, 글로벌 사모펀드 회사인 칼라일(Carlyle)은 장기 펀드를 출시했다. 이것은 가장 잘 문서화된 사례들 중 하나다. 칼라일이 제공하는 보도자료("The Carlyle Group Raises $3.6 Billion for First Long-Dated Private Equity Fund")를 참조하라.

투자수단, 포트폴리오 구성, 펀드구조가 변하고 있다. 이에 따라 프런티어에서 기업에 투자하는 투자가들 사이에서도 변화가 나타나고 있다. 법인 투자자와 임팩트 투자자처럼 새로운 형태의 투자자가 등장했다.

## 법인 투자자의 등장

법인 투자자들은 프런티어 생태계 발전을 이끄는 주요 동력이다. 이와 반대로 실리콘밸리에서 대기업들의 투자전략은 두 갈래다. 대부분 그들의 주된 관심사는 기업 인수다. 그들은 스타트업이 성숙해지길 기다렸다가 자신들과 큰 시너지를 낼 것으로 보이거나 그대로 두면 나중에 큰 위협이 될 것이라 판단되는 기업을 인수해 버린다. 페이스북은 당시 빠르게 성장하던 신생 소셜 네트워크 기업인 왓츠앱과 인스타그램을 인수했다. 그들이 자신의 비즈니스 모델을 모방하거나 성장하도록 내버려 둘 수 없었던 것이다. 이 사례는 후자에 해당된다. 일부 법인 투자자들은 한 술 더 떠서 기업형 벤처캐피털 펀드<sup>Corporate Venture Capital Fund, CVC</sup>*를 조성한다. 실리콘밸리에서 CVC가 증가하는 추세지만, 여전히 규모 면에선 전통적인 벤처펀드가 우세하다.

하지만 중국 등 프런티어의 몇몇 지역에서 역학관계가 역전됐다. 중국에는 주요 IT 기업 3총사인 바이두와 알리바바, 텐센트가 있다(영문명의

---

\* 대기업이 출자한 벤처캐피털(VC)을 가리킨다. 미국, 중국 등지에서는 흔히 볼 수 있는 벤처캐피털 형태이다. 모기업의 사업 포트폴리오에 보탬이 되도록 투자 포트폴리오를 짠다는 게 일반 벤처캐피털과의 차이점이다. -편집자 주

앞글자만 따서 이들을 'BAT'라 부른다). BAT는 스타트업에 투자하는 대표적인 투자자이자 파트너다. 실리콘밸리의 대형 IT 기업들과 달리, BAT는 그저 출자를 하거나 기업을 인수하지 않는다. 그들은 자신들의 플랫폼(텐센트의 위챗이나 알리바바의 앤트 파이낸셜 등)을 활용하여 포트폴리오에 있는 스타트업에게 강력한 유통 채널과 인프라를 제공하여 성장의 기반을 마련해 준다. 바이두와 알리바바, 텐센트는 파트너로서 중국 유니콘 기업 25% 이상의 성장을 지원하고 있다.[28]

중국의 법인 투자자들은 다른 생태계에도 영향을 주고 있다. 빠르게 성장하고 있는 앤트 파이낸셜은 개발도상국의 금융 스타트업에 투자할 전문펀드를 조성하려고 거의 30억 달러를 조달했다.[29] 보도에 따르면, 텐센트는 2015년과 2017년 사이에 300억 달러를 스냅챗Snapchat, 쇼피파이, 테슬라, 우버 등 다수의 스타트업들에 투자했다.[30]

동남아시아에서는 법인 투자자들이 성장 단계의 스타트업에 주로 투자한다. 현재 수십억 달러의 자금을 조달했고 알리바바와 소프트뱅크를 등에 업은 그랩과, 텐센트와 제이디닷컴JD.com(중국에서 가장 큰 기술 기반 전자상거래 기업들 중 하나)이 지지하는 인도네시아의 주요 차량 공유 플랫폼인 고젝이 동남아시아의 차량 공유 플랫폼 시장을 두고 치열한 경쟁을 벌이고 있고, 법인 투자자들이 여기에 자금을 조달하고 있다.[31]

물론 중국에서만 법인 투자자들이 부상하고 있는 것은 아니다. 프런티어에서 스타트업에 가장 많은 투자를 하는 내스퍼스도 법인 투자자다. 사실상 법인 투자자가 세계에서 가장 큰 벤처펀드를 운용한다. 2016년 일본에 본사를 둔 소프트뱅크는 비전펀드Vision Fund를 설립하고 전 세계의 스타트업들에 투자하기 위해서 거의 1,000억 달러의 자금을 조달했다. 소프트

뱅크는 최근에 이와는 별개로 50억 달러의 라틴 아메리카 전용 벤처펀드를 조성했다.[32]

2013년과 2018년 사이에 CVC 투자는 100억 달러에서 500억 달러 이상으로 5배 증가했다. 현재 CVC는 전체 벤처 투자의 4분의 1 가까이에 참여한다(2013년에는 16%였다).[33] CVC를 운용하는 대기업은 75개의 포춘 100 기업들을 포함하여 1,000여 개에 달한다.[34] 세일즈포스Salesforce부터 세서미스트리트Sesame Street에 이르기까지 많은 기업이 CVC를 운용한다. CVC는 글로벌화되고 있다. 출자금의 60%가 북아메리카 이외의 지역에서 들어온다.[35] 프런티어가 어떤 지표가 된다면, 글로벌 CVC는 스타트업에 투자하거나 인수하는 실리콘밸리 CVC와는 다르다. 프런티어 CVC는 중국 등 실리콘밸리 이외의 지역에서 지지하는 스타트업을 육성하고 파트너가 되어 함께 성장하는 투자 모델을 지닌다.


## 임팩트 투자*의 부상

프런티어 혁신가들은 사회적 영향력과 사업 성공 사이에 균형을 유지하고자 노력한다. 8장에선 영향력과 수익성을 동시에 추구하는 그들의 노력을 집중적으로 살펴봤다. 이와 유사하게 주요 투자회사들은 **임팩트 투**

---

* 투자행위를 통해 수익을 추구하는 것뿐 아니라 사회나 환경에 긍정적인 영향을 미치는 사업이나 기업에 돈을 투자하는 행태. 사회적 책임 투자(SRI)의 하위 개념으로, 구체적인 수익률을 가지고 사회문제나 환경문제에 긍정적인 영향력을 발휘할 수 있는 사업이나 기업을 보다 적극적으로 찾아나서며 장기적으로 투자한다는 점이 특징이다. - 편집자 주

자$^{Impact\ Investment}$를 개척하고 규모를 확대하고 있다. 사실상 임팩트 투자는 프런티어 생태계 성장의 동력이다.

내가 이전에 몸담았던 오미디야르 네트워크는 최초로 조성된 임팩트 투자펀드 중 하나를 운용했다. 오미디야르 네트워크는 비영리 조직과 유한회사형 벤처캐피털 모델이 결합된 독특한 구조를 지녔다. 이런 독특한 사업 구조 덕분에 오미디야르 네트워크는 전 세계의 기업가들에게 지원금을 주고 투자를 하는 데 있어 대단한 유연성을 발휘할 수 있었다.

초창기에 오미디야르 네트워크는 몇 안 되는 임팩트 투자자 중 하나였다. 하지만 이제 임팩트 투자분야에는 많은 기관이 참여하고 있다. 많은 재단과 비영리 기구가 비즈니스 모델에 매력을 느끼며 임팩트 투자를 시도한다. 임팩트 투자를 통해 수익과 함께 자본을 회수하고 재투자도 가능하며 다양한 조직을 지원할 수 있다. 대형 투자회사들도 임팩트 투자자로서 활동하고 있다. 2017년 세계 최대 사모펀드 그룹인 텍사스 퍼시픽 그룹$^{Texas\ Pacific\ Group}$은 20억 달러의 임팩트 투자펀드를 조성했다.[36] 그리고 포드 재단$^{Ford\ Foundation}$은 최근에 임팩트 투자에 10억 달러를 할당했다고 발표했다. 2007년 록펠러 컨퍼런스에서 임팩트 투자라는 용어가 처음 만들어진 이래, 2,200억 달러 이상의 자금이 임팩트 투자에 활용되고 있다.[37]

종합격투기 선수들처럼, 이제 막 생겨난 스타트업 생태계에서 프런티어 벤처캐피털리스트들은 사회적 영향력을 비즈니스 모델의 본질적인 요소로 간주하는 기업가들을 적극적으로 지원한다. 모든 투자자는 프런티어 혁신가들, 즉 모든 기업가를 지원하고 사회를 혁명적으로 바꿀 긍정적인 영향력을 행사하는 비즈니스 모델을 찾으려는 그들의 노력에 힘을 보태고 있다.

# 수익 공유형
# 투자 모델의 탄생

고젝과 그럽허브, 구아볼소 등 이 책에 등장하는 프런티어 혁신가 중 대다수는 전형적인 벤처펀드뿐만 아니라 법인 투자자와 임팩트 투자자를 통해 자금을 조달했다. 대부분의 스타트업들이 이런 식으로 사업에 필요한 자금을 조달한다.

하지만 프런티어의 투자자들은 또다시 새로운 투자 모델을 시도하기 시작했다. 그들은 새로운 구조로 투자펀드를 조성하고 출자금 조달과 의사결정에 인공지능을 활용한다. 심지어 소비자를 투자에 참여시킨다.

2016년 미국 중서부 지역에서 활동하는 벤처캐피털리스트인 키스 해링턴<sup>Keith Harrington</sup>은 전형적인 벤처 투자 모델로부터 깊은 좌절감을 맛봤다. 그는 좀처럼 벤처 투자 모델에 적합한 스타트업을 만날 수가 없었다. "그 스타트업들은 훌륭한 비즈니스 모델을 보유하고 있었습니다. 하지만 전통적인 벤처 투자 모델에는 적합하지 않았죠. 그럼에도 그들은 여러모로 인상적인 성장세를 기록했죠. 연간 20%를 육박했어요. 물론 이것은 스타트업에겐 그리 높은 성장률은 아니에요 … [그들은 벤처 투자를 받지 않고] 스스로 회사를 꾸려나가고 있었습니다. 현금 흐름을 면밀히 관찰하고 수익성을 관리하고 있었죠."라고 키스 해링턴은 말했다.[38]

알다시피 벤처 투자 모델은 포경업에서 아이디어를 얻어 만들어졌다. 그래서 키스 해링턴은 새로운 투자 모델을 고안하고자 다른 산업들을 살펴봤고 로열티 시스템으로 운영되는 금 채굴업에서 아이디어를 얻었다. 채굴업자들은 수익이 나면 그중 일부를 투자자들에게 투자 수익금으로 돌려줬다. 그래서 투자자들은 채굴업자들과 함께 호황과 불황을 함께 견뎌냈다. 채굴업자들이 성공해야 투자자들은 투자에 대한 보상을 받을 수 있었다. 그러지 않으면 그들에게 주어지는 보상은 줄어들었다.

키스 해링턴은 넷케미아의 카를로스 안테케라와 손을 잡고 노블 그로스 파트너스<sup>Novel Growth Partners</sup>를 설립했다. 키스 해링턴과 카를로스 안테케라는 채굴업에서 영감을 얻은 새로운 벤처 투자 모델을 개발했다. 바로 수익 공유형 투자 모델이다. 투자자들은 스타트업의 지분을 인수하는 대신에 정해진 기간에 기업에서 영업수익 일부를 투자 수익으로 받는다.

수익 공유형 투자 모델은 투자기간이 길다는 문제와 투자금 회수가 불가할 수 있다는 리스크를 동시에 해결했다. 전통적인 벤처 투자 모델과 달리 수익 공유형 투자 모델은 유동성을 보장한다. 실리콘밸리 벤처캐피털리스트들은 투자금을 회수하기 위해서 누군가가 자신들의 지분을 사주길 기다려야 한다. 아니면 스타트업이 큰 기업에 인수되거나 상장되는 우연에 기대야만 한다. 그래서 전통적인 벤처 투자 모델의 결과는 아주 불확실하다. 하지만 수익 공유형 투자 모델은 당기수익에 기반을 둔다. 대체로 기업이 향후 2~3년 동안 얼마의 수익을 올릴 것이냐는 예측할 수 있다. 투자자들은 정해진 일정에 따라 투자금 회수와 배당금을 보장받는다. 기업가들에게도 이런 투자 모델이 이롭다. 기업가는 회사에 대한 지분을 유지할 수 있어서 회사를 완전히 통제하고 관리할 수 있다.

노블 그로스 파트너스가 처음 투자한 스타트업들 중에 마이메이저스<sup>MyMajors</sup>가 있었다. 1964년에 설립된 마이메이저스는 최근에 대학생들과 대학 전공을 매칭시켜주는 알고리즘을 개발했다. 새롭게 개발된 소프트웨어는 중요하지만 종종 간과되는 틈새를 메웠다. 키스 해링턴은 "대부분의 대학교가 학생들을 졸업시키기까지 6년 이상이 걸립니다. 중간에 학생들이 전공을 변경하기 때문이죠. 이것은 모두의 문제입니다. 대학교는 학생 유지율과 졸업률을 높이는 방안을 찾길 원하고, 학생들은 대학교육에서 최대한의 가치를 얻으려고 하죠."라고 말했다.[39] 마이메이저스는 학생들이 입학 초기부터 전망이 밝은 분야를 전공으로 삼아서 해당 분야에 매진할 수 있도록 돕는다.

이렇게 '참신한' 수익 공유형 투자 모델은 여전히 초기 단계이지만, 벤처캐피털 업계에서 호응을 얻으면서 빠르게 확산되고 있다. 미국에는 최소한 8개의 수익 공유형 투자 모델을 기반으로 하는 투자회사가 존재한다. 당연하게도 댈러스와 파크시티, 토론토, 시애틀과 같은, 실리콘밸리 이외의 지역에서 수익 공유형 투자 모델을 지닌 투자회사들이 등장했다.*

## 투자결정의 자동화

인공지능 기술은 실리콘밸리와 프런티어에서 벤처펀드의 출자금을 조달하고 투자결정을 내리는 데 갈수록 중요한 도구가 되고 있다. 전 세계적으로 80여 개에 달하는 벤처캐피털 회사들이 공개적으로 인공지능 기술을 활용하고 있다. 하지만 많은 벤처캐피털 회사들이 은밀하게 인공

---

* 이들 펀드에는 시애틀의 라이터 캐피털(Lighter Capital, 모델의 초기 개척자), 댈러스의 사이프러스 그로스 캐피털(Cypress Growth Capital), 유타주 파크시티의 데카슬론 캐피털 파트너스(Decathlon Capital Partners) 등의 기업이 포함된다.

지능 기술을 활용하여 투자펀드를 운용하고 있다.[40]

실리콘밸리와 비교하여 프런티어에는 벤처펀드를 조성할 출자금이 부족하고 이동거리가 길고 여러 국가에 소재하는 스타트업의 투자성을 평가하는 데 큰 비용이 들기 때문에, 데이터 기반 기술은 프런티어 혁신가들이 투자를 결정하는 데 요긴하다.

예를 들어, 토론토 핀테크인 클리어방크<sup>Clearbanc</sup>는 벤처 투자와 관련한 의사결정을 자동화하는 시스템을 개발했다. 스타트업은 자세한 거래 내역과 함께 은행계좌와 소셜미디어 계정을 시스템에 연결한다. 가장 눈에 띄는 부분은 클리어방크의 투자 모델은 신속하고 공평하다는 것이다. 스타트업은 클리어방크 시스템에 접속하고 20분 뒤에 수익공유를 조건으로 투자 제안서를 받는다.[41] 이와 유사하게 소셜 캐피털<sup>Social Capital</sup>은 기업의 실적을 객관적으로 분석하여 향후 실적을 예측하는 '서비스로서의 자본<sup>Capital as a Service, CaaS</sup>'이라는 플랫폼을 고안해 냈다. 결과가 만족스럽다면, 소셜 캐피털은 그 즉시 해당 기업에 투자를 결정한다. 투자 규모는 최대 25만 달러다.[42]

예로부터 벤처캐피털 회사들은 기업의 가치를 분석한 결과와 펀드 파트너들과 상의한 내용을 기반으로 투자결정을 내렸다. 클리어방크의 의사결정 시스템과 소셜 캐피털의 CaaS는 알고리즘에 기반을 둔다. 알고리즘이 데이터를 검증하고 투자를 결정하고 스타트업에 조언을 한다.[43] 클리어방크와 소셜 캐피털은 객관적인 지표에만 의존하여 전통적인 벤처캐피털 회사들은 투자하지 않는 창업자들에게 투자한다. 소셜 캐피털은 75건 이상의 CaaS 투자를 진행했다. 이 중에서 투자를 받은 창업자의 80%가 유색인종이고 30%가 여성이었다. 그리고 소셜 캐피털이 투자한 창업자들은 여러 국가에 분포되어 있었다. 이런 통계적 수치는 전통적인 벤처 투자 모델에선 나타나지 않는다.[44]

이런 시스템들이 인간 벤처캐피털리스트를 완전히 대체하진 않을 것이다. 대체해서도 안 된다. 결국에는 거래 구조와 팀 구성처럼 정성적인 요인들이 벤처 투자에서 중요하다. 월스트리트 헤지펀드 회사들은 100만 분의 1초라는 찰나의 경쟁 우위를 선점하기 위해서 인공지능 알고리즘을 기반으로 거래를 진행하고 있다. 하지만 벤처캐피털 업계는 헤지펀드만큼 시간에 쫓기지 않기 때문에 사람이 검토할 충분한 여유가 있다. 게다가 투자자와 기업가의 인간적인 관계는 벤처캐피털 업계에서 매우 중요한 요소다(나는 학생들에게 기업가와 벤처캐피털 회사의 관계가 평균적으로 유지되는 기간은 미국에서 혼인관계가 유지되는 평균 기간보다 길다는 사실을 상기시키곤 한다).* 프런티어에서 인공지능 알고리즘은 스타트업에 대하여 통찰력을 얻는 데 중요한 도구다. 하지만 그렇다고 인공지능 알고리즘이 인간 투자자를 대체할 날이 당장 오진 않을 것이다.


## 가장 새로운 투자자: 고객

이론의 여지는 있지만, 프런티어의 가장 새로운 투자자는 고객일 수 있다. 본래 전통적인 벤처캐피털과 관련하여 스타트업에 자금을 지원하

---

* 프런티어에서의 평균 엑시트 시간은 3장에서 논의한 바와 같이 10년을 초과할 수 있다. 미국의 평균 결혼 지속 기간은 8.2년이다.

는 투자자와, 스타트업이 상품이나 서비스를 제공하는 고객은 별개였다(예를 들어, 우버 탑승자들이 우버 주식을 소유하는 경우는 극히 드물다). 대체로 스타트업에 합법적으로 직접 투자하려면 공식적인 승인이 필요하다(미국에서 벤처 투자자로 활동하려면 급여가 20만 달러 이상이거나 100만 달러 이상을 순유동자산으로 보유하고 있어야 한다).[45] 스타트업 직원이나 고객은 주식을 거의 구입할 수 없다(스톡옵션은 제외다). 그런데 많은 창업자는 고객이 자신의 소비로 발생한 혜택을 누릴 방법을 찾으려 애쓴다.

암호화폐 분야에서 탄생한 혁신적인 기술이 이런 상황을 완전히 뒤엎을 수 있을지 모른다. 가상화폐공개Initial Coin Offerings, ICOs는 일종의 크라우드펀딩이다. 기업 공개와 달리 가상화폐공개에 참여하는 투자자들은 기업에서 지분을 받지 않는다. 그리고 전통적인 크라우드펀딩 캠페인과 달리, 그들은 투자를 하고 기업에서 상품이나 서비스를 제공받지도 않는다. 대신에 가상화폐공개는 스타트업이 만들어낸 새로운 생태계나 네트워크에 접근할 수 있는 일종의 토큰을 판매하는 것이다.[46] 살 수 있는 토큰의 수는 유한하다. 그래서 그 생태계나 네트워크가 인기를 얻으면, 토큰의 수요와 가치가 올라간다.

많은 이들이 가상화폐공개가 벤처캐피털 생태계를 완전히 바꿀 것으로 기대했다. 2017년 기업가들은 가상화폐공개를 통해 무려 60억 달러를 조달했다.[47] 사실이라기에 너무 장밋빛이지 않느냐는 생각이 들었다면, 감이 좋은 사람이다. 전 세계의 많은 지역에서 가상화폐공개의 합법성은 여전히 문제가 되고 있고, 더 나아가 대체로 실패했다. 가상화폐공개의 첫 대열에 참여한 기업 중 무려 80%가 투자자들에게 사기를 칠 의도가 있었다는 충격적인 추정도 일부 있었다.[48] 가상화폐공개에 참여한 기업 대다수가 아주 초기단계의 비스니스 모델을 지니고 있었고, 그들은 아주 제한적인 사업 계획으로 엄청난 자본을 조달했다.* 이런 맥락에서 대다수가 실패했다는 사실이 그리 놀랍지는 않다. 지난 1년 동안 가상화폐공개 시장은 상당히 침체됐고, 규제 기관은 가상화폐공개 시장을 단속하기 시작했다.[49] 가상화폐공개 시장에 대한 심판의 날이 다가오고 있는 것이다.

가상화폐공개는 벤처캐피털 업계에서 목격되는 거대한 트렌드의 일부분일 뿐이다. 벤처캐피털 업계에서 주목할 또 다른 트렌드 중 하나는 크라우드펀딩의 부상이다. 킥스타터Kickstarter와 고펀드미GoFundMe 등 크라우드펀딩 플랫폼은 기업가들에게 지분을 희석시키지 않는 자본에 접근할 수 있도록 돕는다. 스타트업들이 크라우드펀딩을 통해 자금을 성공적으로 조달했다는 것은 그들의 상품이나 서비스에 대하여 시장 수요가 존재한다는 방증이다. 미국에서만 375개의 크라우드펀딩 플랫폼으로 170억 달러 이상의 자금이 모여들었다.[50] 2019년 중반에 중국의 크라우드펀딩 규모는 미국의 8배에 이르렀다.[51] 미국의 잡스법JOBS Act과 같은 규제가 스타트업에 대한 개인 투자를 보다 용이하게 만들 것이다. 크라우드펀딩 투자 모델 덕분에 기업가들은 전 세계 어디서든지 자본을 조달할 수 있다.

임팩트 투자자와 법인 투자자의 부상처럼, 개인이 스타트업에 투자하는 것은 분명 주목할 만한 트렌드이고 시간이 흐르면서 자금 부족 문제를 해결하는 데 큰 도움이 될 것이다.

---

* 많은 가상화폐공개가 백서(코인이 무엇이 될 것이며 그 돈이 어떻게 쓰일 것인지에 대한 설명)로 사업 계획을 간략하게 설명하는 회사들에 의해 진행된다. 반면 전통적인 벤처캐피털에서 비슷한 규모의 자금을 조달하려면 훨씬 더 매력적인 사업 설명이 필요할 것이다.

# 프런티어와 벤처캐피털의 미래

벤처캐피털이 프런티어에 흘러들어간 지 얼마 되지 않았다. 이 책에 등장하는 대부분의 혁신가는 전통적인 투자 모델을 지닌 벤처펀드를 통하여 자금을 조달했다. 자금을 조달할 방법이 그것밖에 없었기 때문이기도 했다.

생태계가 안고 있는 문제를 해결할 효과적인 솔루션을 개발하는 것은 매우 중요한 일이다. 11장에서 만날 에릭 허스만Erik Hersman은 케냐의 주요 스타트업인 BRCK와 우샤-히디Usha-hidi를 설립했다. 에릭 허스만은 "주객이 전도되는 일이 벌어져선 안 됩니다. 현재 많은 스타트업들이 투자를 받으려고 실리콘밸리에 기댑니다. 그래서 그들은 [기존 투자가들로부터 투자금을 조달하고자] 자신들의 이야기를 현실에 맞게 각색하죠."라고 설명했다.[52]

벤처캐피털 모델은 오래전에 잊힌 포경업에 착안하여 탄생했고 특정 지역에서만 특히 효과적이다. 그러므로 스타트업들은 벤처캐피털을 조달하기 위해서 벤처캐피털 모델의 주관적인 제약요인에 따라 자신들의 비즈니스 전략을 수정하고 바꿔서는 안 된다. 실리콘밸리는 현재의 벤처캐피털 모델에 대하여 '망가져서 못 쓸 정도가 아니면, 그냥 그대로 써라'는 태도를 취한다. 하지만 우리는 망가져 제 기능을 제대로 수행하지 못하는 부분에서 진정한 혁신을 목격하고 있다. 프런티어에서 벤처캐피털리스트들은 기업가이자 혁신가이다. 그들은 투자를 받는 대상의 니즈에 맞게 벤처캐피털 모델을 새롭게 만들고 있다.

한 가지 분명한 것이 있다. 벤처캐피털 업계의 새로운 투자 모델은 망망대해에서 고래를 잡는 포경선이 아닌 프런티어 생태계의 해안에서 등장할 것이다.

# 11

## 초석을 놓아라

### 차세대 기업가들을 지원하라

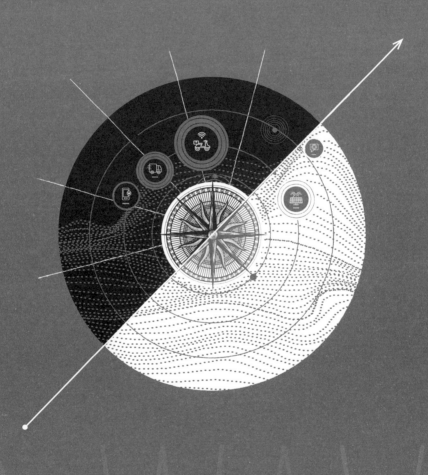

# 아프리카 리더십 그룹 African Leadership Group

실리콘밸리 바깥 지역에서 유능한 인재를 구하는 건 호락호락한 일이 아니다. 먼저 성공한 현지 기업가들이 이 문제를 해결하기 위해 두 팔을 걷었다. 아프리카의 젊은이들이 지식을 습득하고 경험을 쌓을 기회는 심각하게 제한되어 있으며, 이들의 부모는 가난하므로 교육에 투자하기도 어렵다. 아프리카 리더십 그룹이 설립한 아프리카 리더십 아카데미는 이런 인재들을 사실상 무료로 가르치며 현지에 기여할 차세대 리더들을 키우고 있다. 이들은 아프리카 경제와 사회에 훌륭한 대들보가 될 것이다.

프런티어에서 스타트업을 설립할 때 창업자들이 마주하는 최고의 도
전은 프런티어라는 생태계. 특히 1세대 기업가라면 이 도전에 좌절하기
쉽다. 알다시피 프런티어 혁신가들은 실리콘밸리 혁신가들보다 난도가
더 높은 문제를 풀고 있다. 설상가상으로 그들의 환경은 더 열악하다.

최고의 프런티어 혁신가들은 테라포밍*에 맞먹는 대담한 행보를 이어
나가고 있다. 그들은 미래 혁신 생태계의 초석을 놓고 생태계 발전에 시
동을 건다. 창업 초기단계에서 규모의 경제에 도달하여 엑시트한 극소수
의 프런티어 혁신가들은 프런티어 생태계에 지대한 영향력을 행사한다.
미래의 기업가들을 위해서 길을 닦고 그들에게 도움의 손길을 기꺼이 내
민다. 그런 그들을 지금부터 프런티어 생태계에서 살아남은 '형님들'이라
고 부르자.

---

\* 지구가 아닌 다른 행성이나 위성 및 천체를 지구의 환경과 비슷하게 바꾸어 인간이 살아갈 수 있게 꾸미는 일. -편
　집자 주

# 라틴 아메리카의 형님들

헤르난 카자흐<sup>Hernan Kazah</sup>는 그 누구보다 앞서 프런티어 생태계를 경험했다. 그는 부에노스아이레스에서 태어났고 대학교를 졸업하자마자 프록터앤갬블<sup>Procter & Gamble</sup>에서 브랜드를 관리했다. 1997년 헤르난 카자흐는 스탠퍼드 경영대학원에 입학했다. 거기서 그는 급속도로 기술 분야와 새로운 산업 생태계를 만들어낼 기회와 사랑에 빠졌다. 실리콘밸리에 남는 대신에 그는 대학원 동기인 마르코스 갈페린<sup>Marcos Galperin</sup>과 손을 잡았다. 당시 마르코스 갈페린은 최초의 라틴 아메리카 전자상거래 플랫폼을 구축하고자 했다. 인터넷 보급률이 겨우 3%에 불과하고 벤처캐피털 회사가 단 하나도 없는 지역에서 전자상거래 플랫폼을 만들겠다는 것은 그야말로 대담한 도전이었다.[1]

그들은 1999년 메르카도리브레<sup>MercadoLibre</sup>를 설립했다. 하지만 그들의 여정은 순탄치 않았다. 스타트업 생태계가 열악하고 적대적이었다. 이베이<sup>eBay</sup> 등 미국 기업과 충분한 자금을 보유한 현지 경쟁업체가 라틴 아메리카의 전자상거래 시장에 언제든지 진출할 수 있는 상황이었다. 이를 우려한 몇몇의 투자자들은 메르카도리브레가 성공하기 어려울 것으로 생각했고 헤르난 카자흐와 마르코스 갈페린에게 사업을 접고 자신들에게 거의 남지 않은 투자금을 되돌려 달라고 요구했다. 두 사람은 회사의 생존을 위해서 격렬히 싸웠고, 결국 자신들의 사업 전략이 성공할 수 있다고 투자자들을 설득해 냈다.

헤르난 카자흐와 마르코스 갈페린은 비관적인 투자자들이 틀렸음을 증명했다. 현재 메르카도리브레는 라틴 아메리카의 최대 전자상거래 플랫폼이고 세계 상위 10개 업체에 속한다. 이용자는 무려 2,800만 명에 달하고 판매자는 900만 명 이상이다(수만 명의 사람에게 메르카도리브레는 1차 수입원이다). 1억 8,100만 개의 상품이 메르카도리브레에서 거래된다.[2] 메르카도리브레는 라틴 아메리카에서 최초로 2007년 나스닥에 상장됐으며 현재 기업 가치는 무려 290억 달러 이상이다.[3]

기업 공개 이후에 헤르난 카자흐는 경영 일선에서 물러났다. 완전히 은퇴하는 대신에 그는 차세대 기업가들을 돕고 자신이 메르카도리브레를 설립하면서 경험한 문제들을 해결해 나가기로 결심했다. 이번에 그는 메르카도리브레의 전 CFO 니콜라스 스제카시Nicolas Szekasy와 손을 잡았다. 헤르난 카자흐는 기업가들에게 멘토십과 네트워크를 제공하고 그들이 계속 도전할 수 있도록 지원하고 격려하고 싶었다. 물론 그 자신 역시 초기에 매우 애를 먹은 바 있는 투자자금으로써도 말이다. 이런 배경에서 카스젝 벤처스Kaszek Ventures가 탄생했다. 카스젝 벤처스는 처음에는 자기 자본만을 투자했지만, 서서히 외부에서도 투자금을 조달하여 스타트업에 투자했다. 최근에 카스젝 벤처스는 6억 달러 이상 자금을 조달하여 4번째 펀드를 조성했다.[4] 카스젝 벤처스는 누뱅크와 구아볼소, 닥터컨설타 등 유망 프런티어 스타트업에 투자했다.[5] 카스젝 벤처스가 투자한 스타트업들은 대체로 사회적인 영향력을 중요하게 생각하는 곳이었으며, 그들 역시 스타트업 생태계와 지역 커뮤니티에 공헌하는 데 집중했다.

카스젝 벤처스뿐만 아니라 헤르난 카자흐는 라틴 아메리카 사모펀드 및 벤처캐피털 협회Latin American Private Equity and Venture Capital Association, LAVCA의 이사회에서 활동했고 아르헨티나 사모 벤처캐피털 협회인 ARCAP를 설립했다.

그는 스타트업 생태계 조성을 위해 조직된 기구뿐만 아니라 여러 분야에서 활동했다. 헤르난 카자흐와 마르코스 갈페린은 수십 명의 기업가에게 멘토가 되어줬다. 예를 들어, 글로반트 창립자들은 두 사람을 보면서 다음 세대 기업가들을 위해서 뭔가 해야 한다는 동기를 얻었다고 말했다.[6]

대체로 집안에서 부모의 반대에 가장 먼저 저항하며 반기를 드는 사람은 형 누나 아니면 언니 오빠다. 프런티어 기업가들도 마찬가지다. 이제 막 생겨난 스타트업 생태계에서 활동하는 기업가들은 성공한다는 것이 참 힘든 일이란 사실을 깨닫게 된다. 그들은 성공을 위해 필요한 생태계와 환경을 스스로 조성해 나간다. 그렇게 장애물을 깨부숨으로써, 프런티어의 1세대 기업가들은 라틴 아메리카에서 헤르난 카자흐가 그러하듯 그들의 동생들, 다음 세대 기업가들에게 도움이 되고자 한다. 새로운 길을 개척하는 몇몇 혁신가들이 많은 것을 바꿀 수 있다. 라틴 아메리카에서는, 헤르난 카자흐와 마르코스 갈페린을 포함한 3개 기업 출신의 형님들이 라틴 아메리카 스타트업 80%와 어떤 식으로든 연결되어 있다.[7]

## 한 번에
## 한 장씩

물론 스타트업 생태계를 조성하는 책임이 '성공한' 기업가들에게만 있는 것은 아니다. 그리고 촉매제 역할을 하는 초대 기업가들만의 책임도 아니다. 모든 프런티어 혁신가들은 스타트업 생태계의 설계자이다. 그래서 그들은 최선을 다해서 생태계의 초석을 하나씩 놓으며 후배들을 위해

길을 닦는다.

그들은 스타트업 문화를 촉진하고 실패를 인정하고 받아들이는 풍조를 조성한다. 기업가 정신 등 혁신 활동에 유용한 지식과 전략 등을 가르치고 협업 공간을 마련한다. 자신들의 사업을 확대하면서 후배 기업가들에게 멘토가 되어주고 재정적 지원도 아끼지 않는다. 산업 조직을 만들고 규제를 마련하는 데도 개입한다. 동시에 자신들의 스타트업을 매우 성공한 기업으로 키워낸다. 이것이 선배 기업가들이 스타트업 생태계를 조성하고자 하는 노력이다. 지금부터 그들의 노력을 하나씩 차례로 살펴볼 것이다. 우선 스타트업 문화를 정의하는 특징부터 살펴보자.

# 실패를 인정하고 공유하라

이야기는 (모든 이야기가 대개 그렇듯) 6명의 친구가 멕시코 화주인 메스칼주를 마시면서 허심탄회하게 주고받은 대화에서 시작된다. 그들은 자연스럽게 실패를 혐오하는 멕시코의 스타트업 문화를 개탄했다. 모두가 이런 문화가 멕시코의 갓 태어난 스타트업 생태계의 발전을 방해하고 있다고 생각했다. 하지만 그 누구도 기업가라면 적어도 한 번은 경험하는 프라카소fracaso, 즉 실패에 대해 이야기하지 않았다. 사람들은 어떻게 해야 성공할 수 있을지도 모르고 실패할까 봐 두려웠기 때문에 기업가로서 성공하길 꿈꾸면서도 창업을 주저했다. 그 자리에 모인 6명 모두 이런 감정을 경험했다. 알다시피 실패는 프런티어에서 용인되지 않는다.

그들은 멕시코의 스타트업 생태계에 익숙했다. 예를 들어, 페페 빌라토로Pepe Villatoro는 멕시코에서 가장 가난한 지역에 속하는 치아파스에서 나고 자랐다. 그는 잡지, 공유 오피스 등 다양한 분야에서 창업을 시도했다. 위워크는 멕시코가 가장 빠르게 성장하는 시장이 될 것으로 생각하고 지사를 설립하기 위해서 페페 빌라토로를 채용했다. 이 과정에서 페페 빌라토로는 많은 실패를 경험했다.

멕시코시티의 어느 바에 모인 페페 빌라토로와 그의 친구들은 모든 것을 내려놓기로 했다. 술기운이었는지 모든 것을 털어놓았다는 후련함 때문이었는지 모르겠다. 어쨌든 페페 빌라토로와 그의 친구들은 기업가가 감수해야 할 리스크에 대해 한결 편하게 생각하며 바를 나섰다. 그들은 자신들의 실패 경험의 결과가 아주 나쁘지 않다는 사실을 깨달았다. 많은 실패를 경험했지만, 그들은 각자의 분야에서 기업가로 성공하고 있었다. 그렇게 그들은 각자 다음 사업을 구상할 힘을 얻은 채로 바를 떠났다. 그 뒤로 그들은 매달 한자리에 모여서 기업가로서 감수해야 할 리스크와 실패 경험에 대해 솔직하게 생각을 공유하기 시작했다.

이 아이디어는 바이러스처럼 널리 확산됐고, 퍽업 나이츠Fuckup Nights, FUN가 탄생했다. 페페 빌라토로와 그의 친구들은 다른 기업가들도 자신들의 스타트업 생태계에서 FUN과 유사한 행사를 개최할 수 있도록 플랫폼을 만들었다. 목표는 리스크를 감수하고 실패를 받아들이는 문화를 조성하면서 참가자들이 직업적 실패나 개인적 실패에 관한 이야기를 서로 공유하는 것이었다. 몇 년 뒤에 FUN은 전 세계 기업가들이 실패 경험과 거기서 얻은 교훈을 공유하고 다른 사람들이 같은 실수를 하지 않도록 돕는 글로벌 플랫폼으로 변모했다. 이는 유기적이고 예측하지 못한 전개였다.

FUN은 참가자들이 실패 경험을 공유하고 그로부터 얻은 경험을 활용하여 실패한 프로젝트에 재도전하여 성공할 수 있도록 도왔다.

페페 빌라토로는 FUN의 CEO가 됐고 조직을 제도화했다. 그는 네트워크를 활용하기 위해서 컨설팅 조직을 마련했고 FUN의 성명서를 작성했다. 이후에 FUN은 실패 연구소Failure Institute를 출범시켰다. 실패 연구소는 멕시코의 창업 실패사례를 수집하고 분석하고 지역별, 산업별 그리고 스타트업 유형별로 실패율을 추적하고 업계의 회복 탄력성을 강화하는 방안을 강구한다.[8] FUN은 교육 분야에서 맛본 실패를 만회하기 위해서 최근에 학회를 출범시켰고 200여 곳의 법인 파트너들과 스타트업 문화와 사고방식을 바꾸기 위해서 협업하고 있다.[9]

이미 전 세계 90개국 330여 개 도시에서 FUN 행사가 열렸다. 수만 명의 사람이 100만 명이 넘는 사람들에게 자신들의 실패 경험을 공개적으로 이야기했다.[10] FUN은 기업가 정신을 널리 퍼트리는 주요 운동으로 자리 잡았다.

페페 빌라토로와 그의 친구들처럼 프런티어 혁신가들은 사람들이 리스크를 스타트업 문화의 일부로 받아들이게 하고 징벌적 파산법 등 규제에 영향력을 행사하여 실패 때문에 초래되는 실질적 비용을 줄여나가고 있다. 그리고 창업을 하나의 직업으로 받아들이고 사업 확장 단계에서 기업가들이 리스크를 감수하도록 지원하고 완전히 하나의 창업에 몰입할 수 있게 하는 문화를 육성해 나가고 있다.

물론 실패를 인정하고 기념하는 것은 실리콘밸리의 유서 깊은 전통이다. 하지만 이것은 창업 문화를 조성하는 노력의 일부에 지나지 않는다.

# 기업가 정신을
# 가르쳐라

많은 프런티어에서 창업 문화를 조성하려면 사람들에게 창업 활동이 어떻게 그리고 왜 유망한 직업이 되는지를 가르쳐야 한다. 심지어 창업 혹은 기업가 정신이 무엇인지부터 가르쳐야 하는 경우도 있다.

제프리 시$^{Geoffrey See}$는 혁신가이자 기업가이고 벤처캐피털리스트다. 그는 기업가 정신을 고취시키기 위해서 북한에 조선 익스체인지$^{Choson Exchange}$를 설립했다. 지난 9년 동안 제프리 시는 비즈니스와 경제 정책, 법에 관한 워크숍을 열었다. 물론 북한의 정치적 상황을 고려하면 조선 익스체인지의 활동 영역은 좁을 수밖에 없다. 점점 많은 사람이 장사를 하거나 작은 사업체를 운영하면서 북한에서 시장경제체제가 급성장하고 있다. 이에 따라 조선 익스체인지는 북한 사람들에게 시장경제체제를 이해할 기회를 제공한다. 북한의 예비 기업가들은 국영 기업과 제휴를 맺어서 창업할 수도 있다. 이렇게 설립된 스타트업은 '민간이 투자한 국영 기업'으로 분류된다. 일반적으로 기업가는 독자적으로 회사를 운영하고 수익의 30~70%를 제휴를 맺은 국영 기업과 공유한다. 규모는 국영 기업이 스타트업에 무엇을 기여하였는가로 결정된다.[11]

조선 익스체인지의 핵심 목표는 젊은 기업가를 교육하는 것이다. 성별을 막론하고 이미 수백 명의 기업가를 배출했다. 제프리 시는 북한에서 첫 번째 스타트업 인큐베이터가 설립되는 데도 기여했다. 그는 북한의 국립 과학대학교$^{State Academy of Sciences, SAS}$와 손을 잡고 창업에 관심 있는 2만 명의 과학자들을 유치했다. 그리고 전 세계에서 자원한 교사들로 조직된 워

크숍을 개최하여 귀중한 문화 교류의 기회도 제공했다.[12]

제프리 시에게 창업 문화에 대한 북한의 니즈는 다른 곳의 니즈와는 완전히 달랐다. "많은 시장에서 창업 리스크는 성공한 기업가가 되겠다는 열망을 압도하죠. 역설적이지만 북한에선 성공도 커다란 리스크일 수 있습니다. 북한에서 기업가들은 정부가 자신들의 사업체를 몰수해 버릴까 봐 걱정하죠. 그래서 과거에는 현금을 벌려고 창업을 하고 수익을 회사에 재투자하지 않았습니다."라고 제프리 시가 설명했다.[13] 용감하게도 조선익스체인지는 보다 안정된 사업 환경을 조성하고 재산권을 더 잘 보호하는 정책과 법률을 만드는 데 상당한 노력을 기울였다. 그리고 제프리 시는 강좌와 교환 학생 프로그램을 제공하여 북한에 기업가 커뮤니티가 서서히 형성되도록 힘을 보태고 있다.

볼리비아부터 마다가스카르, 몽골, 튀니지에 이르기까지 많은 신흥시장에 창업 문화를 조성하는 데 목적을 둔 스타트업 위켄드Startup Weekend와 같은 조직들이 있다(스타트업 위켄드는 신흥시장의 스타트업들을 육성하는 엑셀러레이터인 테크스타즈Techstars에 속해 있다). 스타트업 위켄드는 창업 활동에 대한 이해를 돕고자 일주일 동안 행사를 진행한다. 54시간 넘게 진행되는 행사는 아이디어를 사업화해서 창업하려는 예비 기업가들을 위한 프로그램으로 채워진다. 스타트업 위켄드는 멘토와 자문가, 현직 기업가를 초청하고 행사 참가자들에게 '희비가 엇갈리고 재미와 압박감이 동시에 존재하는 스타트업 생활'을 경험할 기회를 제공한다.[14] 현재까지 스타트업 위켄드가 150여 개국의 20만 명의 예비 기업가들을 위해서 개최한 행사는 거의 3,000회 이상이다.

일부 프런티어 혁신가들은 예비 기업가들에게 도약대와 안전망을 동시에 제공하고자 한다. 야세르 바시르Yasser Bashir는 파키스탄 테크 스타트업인 아르비소프트Arbisoft의 창립자다. 그는 사내 스타트업 인큐베이팅 프로그램을 운영한다. 야세르 바시르는 '사내 기업가entrepreneurs-in-residence' 프로그램을 통해 예비 기업가들이 회사에서 월급을 받으면서 창업 활동을 하도록 지원한다. 프로그램 수혜자는 주로 아르비소프트 직원이다. 사내 기업가로서 성공하면, 별도의 법인이 설립되고 아르비소프트는 그 법인의 지분을 받는다. 실패하면 예비 기업자는 아르비소프트에서 다른 직무를 맡게 된다. 야세르 바시르는 이 프로그램을 통해 5개의 스타트업을 인큐베이팅 해냈다.[15] 차량 호출 플랫폼인 사바리Savaree는 18개월 동안 아르비소프트에서 인큐베이팅 됐다. 사바리는 성공적으로 분사됐고 두바이의 차량 공유 플랫폼인 카림에 매각됐다.[16]

기업가 정신에 대한 이해를 돕고 교육하고 인큐베이팅 프로그램을 제공하는 것은 창업 문화가 성장하고 번창하는 데 모두 도움이 된다. 하지만, 많은 지역에는 핵심적인 교육 인프라가 존재하지 않는다.

## 교육과 훈련 프로그램을 제공하라

지금까지 살펴봤듯이, 프런티어에는 훈련되고 경험 있는 인재가 부족하다. 프런티어에는 예비 기업가들과 현지 인력들이 필요한 기술을 익히고 경험을 쌓을 기회가 턱없이 부족하기 때문이다.

프레드 스와니커Fred Swaniker와 아프리카 리더십 그룹African Leadership Group을

검색해 보자. 프레드 스와니커는 아프리카에서 차세대 기업가들을 키워내고 있다.

프레드 스와니커는 내게 아프리카의 정치 리더십의 변화를 이렇게 설명했다. "제1의 물결은 용감하게 1950년대와 1960년대 아프리카를 식민주의에서 해방시킨 지도자들이었습니다. 제2의 물결은 전쟁과 부패, 통치 부재 속에서 탄생했습니다. 이제는 아프리카 전역에서 많은 국가들이 제3의 물결을 목격하고 있습니다. 민주적이고 책임감 있는 지도자들이 등장한 것이죠. 그들은 지역 내 정부를 안정시켰습니다." 프레드 스와니커는 더 나아가 지척에서 아프리카에 제4의 물결이 다가오고 있다고 말한다. 제4의 물결을 일으킨 장본인인 아프리카 청년들은 기업가적 관점에서 복잡한 경제적 이슈와 사회적 이슈, 거버넌스와 관련된 이슈에 접근하고 해결책을 찾고 있다.[17] 그들은 아프리카 전역에 사회적, 경제적 포용과 함께 번영의 확산도 주도해 나갈 것이다.[18]

하지만 이러한 행보를 방해하는 커다란 걸림돌이 있다. 제4의 물결을 주도하는 아프리카 젊은이들이 필요한 지식을 습득하고 경험을 쌓을 기회가 제한되어 있다는 점이다. 1억 2,000만 명 이상이 향후 10년 안에 노동력으로 편입될 것이고 분명히 자신의 경쟁력을 키울 유의미한 기회를 찾아 나설 것이다.[19]

그렇게 되면 대학 교육에서 심각한 병목 현상이 나타난다. 그래서 프레드 스와니커는 부상하고 있는 차세대 지도자들을 훈련시키기 위해서 아프리카 리더십 대학교<sup>African Leadership University, ALU</sup>를 세웠다.

프레드 스와니커는 아프리카의 교육 환경과 리더십 개발의 현황을 잘 알고 있다. 그는 가나에서 태어났다. 어린 프레드 스와니커는 가족들과 함께 정치 소요를 피해서 잠비아를 거쳐 보츠와나로 피신했다. 그의 어머니는 기업가였다. 그녀는 보츠와나에 초등학교를 세웠다. 프레드 스와니커는 자신의 어머니가 세운 초등학교의 교장을 맡았다. 그때 그의 나이는 이제 막 고등학교를 졸업한 18살이었다.[20]

거의 15년 전인 2004년 스탠퍼드에서 MBA 학위를 취득한 뒤에 프레드 스와니커는 아프리카 사람들이 수준 높은 고등교육을 받을 수 있기를 바라며 아프리카 리더십 아카데미[African Leadership Academy, ALA]를 설립했다. ALA는 2년 과정의 교육 프로그램으로 매년 오직 250명의 선별된 학생들만이 ALA에 입학한다. ALA 재학생의 대략 85%가 사실상 무료로 학교에 다닌다. ALA는 기부자들의 후원을 통해 모은 자금을 활용하여 학생들에게 일종의 학자금 대출을 해준다. 이는 상환면제가 가능한 자금이다. 대출 계약서에는 대학교를 졸업하고 아프리카에서 최소한 10년 동안 일해야 한다는 조건이 명시되어 있다. 그러지 않으면 거의 6만 달러에 이르는 등록금 전액을 상환해야 한다.[21] 지금까지 ALA 졸업생은 983명으로, 아프리카 46개국 출신이다.[22] 그들은 세계 일류 대학교에 진학했고, 대다수가 대학교를 졸업하고 아프리카로 돌아와서 난민촌, 창업 금융, 초등 교육 등과 관련한 이슈를 해결하고자 노력하고 있다.[23] ALA에 그치지 않고, 프레드 스와니커는 영향력 있는 리더들을 연결하기 위해서 아프리카 리더십 네트워크[African Leadership Network]도 설립했다.[24]

ALU를 설립하는 것은 아주 대담한 도전이었다. ALU는 전통적인 대학 교육기관이 아니었다. 교과 과정은 시장에서 요구하는 '21세기 인재가 갖추어야 할 역량(리더십, 기업가적 사고방식, 수리적 사고, 비판적 사고와 의사소통 능력 등)'을 육성하도록 설계됐다. 학생들은 주도적으로 프로젝트를 수행하면서 이러한 역량을 익힌다. 전공을 선택하는 대신 ALU 재학생들은 거버넌스와 헬스케어부터 도시화와 야생동식물 보호에 이르는 다양한 분야에 걸쳐서 선별한 아프리카와 전 세계가 직면한 '중대한 도전과제와 기회' 14가지 중에서 하나를 선택한다.

프레드 스와니커는 ALU 학생들의 니즈에 맞춰 교과 과정을 개발하고 졸업생들의 취업을 지원하기 위해서 대기업들과도 협업했다. 예를 들어, ALU 보험학과<sup>ALU School of Insurance</sup>는 스위스재보험<sup>Swiss Reinsurance</sup>, 아프리카재보험<sup>Africa Reinsurance</sup>, 알리안츠<sup>Allianz SE</sup>, 리버티 뮤추얼<sup>Liberty Mutual</sup> 등과 같은 파트너 기업에서 일할 때 필요한 지식이나 기술을 학생들에게 제공한다.[26] 이와 유사하게 ALU의 컴퓨터 과학 프로그램은 기술 역량과 리더십을 결합하여 학생들이 코딩뿐만 아니라 새로운 소프트웨어를 개발하고 확장시킬 때 필요한 기업가적 사고방식을 연습할 기회를 제공한다.[27]

지금까지 ALU는 8,000만 달러를 조달했고 모리셔스와 르완다에 캠퍼스를 열었다.[28] 프레드 스와니커는 '남-남 지식 교류'의 기회를 확인하고 인도와 브라질로 ALU의 활용 범위가 확장되길 바란다. 성공한다면, 그는 아프리카와 주변 지역에서 제4의 물결을 주도할 차세대 리더를 육성하는 데 크게 기여하게 될 것이다.

프런티어에서 사람들이 이런 기회를 적극 활용하여 창업하면, 그다음 장애물이 그들을 기다리고 있다. 프런티어에선 파트너를 찾기가 쉽지 않다.

## 스타트업 문화와
## 파트너십을 위한 공간

에릭 허스만은 케냐 테크 생태계의 개척자다. 2010년 그는 케냐의 기업가들과 기술자들, 투자자들이 안고 있는 문제를 해결하고자 했다. 그들의 문제는 서로 단절되어 있다는 것이었다. 에릭 허스만은 그들을 서로 연결하면 시너지가 발휘되고 소통이 활발해지며 하나의 공동체가 형성될 것으로 생각했고 2010년 아이허브[iHub]를 세웠다.

아이허브는 기업가와 프로그래머, 투자자 등 기술에 관심 있는 사람들에게 공유 오피스를 제공한다. 설립 이후, 170개 이상의 스타트업이 아이허브에 입주했고, 회원은 무려 1만 6,000명에 이른다. 아이허브는 회원들에게 컨설팅과 같은 서비스는 물론 테스팅 랩과 같은 물리적인 시설도 지원한다(기업가들은 테스팅 랩에서 자신들이 개발한 스마트폰 앱을 테스트할 수 있다). 그리고 아이허브는 연구기관, 기술 생태계 등과 네트워크를 형성하길 바라는 법인 파트너들에게도 물리적인 공간을 제공한다.[29] 게다가 아이허브는 매달 20개가 넘는 행사를 개최하고 있다. 모든 행사는 전 단계의 스타트업과 기술 커뮤니티의 니즈에 맞춰서 조직된다.[30]

아이허브는 혁신적인 아이디어를 지닌 예비 창업자들이 한곳에 모여 서로의 아이디어를 공유하고 협업할 수 있는 공간을 제공하여 케냐의 스타트업 생태계 조성을 촉진했다. 아이허브가 성공하자, 아프리카 전역에 아이허브와 유사한 비즈니스 모델을 지닌 조직이 생겨났다.[31] 에릭 허스만은 이 외에도 여러 스타트업을 세웠고, 그중에는 아프리카의 인터넷 보급률을 높이고자 설립된 브릭[BRCK]이 있다.

스타트업 생태계에서 활동하는 주체들이 서로 긴밀한 유대관계를 유지하면, 스타트업을 세울 창업 파트너를 찾기가 쉬워진다. 앙트러프러너 퍼스트 Entrepreneur First, EF 는 혁신적인 스타트업을 지원하고 인재에 투자하는 기업이다. CEO 맷 클리포드 Matt Clifford 는 프런티어의 상황을 이렇게 설명했다. "실리콘밸리에는 낯선 사람과 함께 스타트업을 만들 수 없다는 말이 있죠. 대다수 스타트업 생태계의 네트워크 밀도는 낮습니다. 쉽게 말해서 인맥이 약한 거죠. 그래서 예비 창업자들은 현지에서 함께 스타트업을 세울 파트너를 찾기 어려운 겁니다. 우린 이 상황을 바꾸고 싶습니다. 문턱을 낮춰 모르는 사람과 함께 시작해서 회사를 설립할 수 있도록 돕는 거죠."[32] EF는 프런티어에 집중하고 있으며, 벵갈루루와 베를린, 홍콩, 런던, 파리, 싱가폴에 지사가 있다.

EF는 예비 창업자들이 되도록 많은 사람과 협업하면서 자신과 업무 스타일이 가장 잘 맞는 사람을 찾을 수 있도록 지원한다. 이것은 스피드 데이트와 유사하다. 일이 잘 안 풀린다 싶으면 미련 없이 다음 아이디어로 넘어간다. EF의 비즈니스 모델이 효과가 있음이 몇몇 데이터를 통해 증명됐다. 설립된 지 8년 동안, EF에서 200개 이상의 스타트업이 탄생했다. EF가 지원한 스타트업들의 기업 가치를 종합하면 15억 달러가 넘는다.[33]

사람들 사이의 물리적인 거리를 좁히면, 예비 창업자들은 자신과 비슷한 것을 경험한 누군가와 아이디어를 공유하고 그들로부터 피드백을 얻을 수 있다. 이것은 자연스럽게 프런티어에서 창업 문화를 조성하는 데 반드시 필요한 핵심 요소인 멘토십을 제공한다.

# 동행하는
멘토십

옛말에 한 아이를 키우려면 온 마을이 필요하다고 했다. 스타트업도 마찬가지다. 강력한 멘토십은 스타트업의 성공에 직접적으로 영향을 준다. 벵갈루루 스타트업 생태계를 분석한 결과, 성공한 혁신가들이 멘토가 되어주는 스타트업의 성공 확률은 그렇지 않은 스타트업보다 2배 높았다.[34] 아르헨티나에서도 유사한 연구가 진행됐다. 멘토링을 받은 기업가는 그렇지 않은 기업가에 비하여 매출 증가율과 일자리 창출 속도가 각각 3배와 6배 높았다. 그리고 멘토링을 받은 기업가가 다른 누군가에게 멘토가 되어줄 가능성도 8배 높았다.[35]

실리콘밸리에서 멘토십은 성공 사다리를 중심으로 형성된다. 성공 사다리에서 높은 곳에 있는 기업가가 자신의 뒤를 따라서 성공 사다리를 올라오는 기업가에게 멘토가 되어준다. 이렇게 멘토링을 받은 기업가가 또다시 성공하면 자신보다 몇 단계 아래에 있는 기업가에게 멘토가 되어준다. 하지만 프런티어에서 성공 사다리는 촘촘하지 못하다. 성공한 기업가는 턱없이 부족하고, 심지어 성공한 기업가가 존재하지 않는 산업도 있다.

그래서 프런티어 혁신가들은 **창업 활동과 멘토링을 병행**한다. 그들은 자기 사업을 확장하면서 이제 막 스타트업 생태계에 뛰어든 기업가들에게 엔젤 투자자와 조언자가 되어준다. 2장에서 소개한 벤 글리슨은 구아볼소를 세우자마자 다른 기업가들에게 투자했고 필요한 조언도 해줬다. 이와 유사하게 에릭 허스만은 브릭을 운영하면서 동아프리카 스타트업 생태계에 활발히 투자하고 있다.

뉴욕에서 스타트업 생태계가 급성장하자, 그 이유를 파악하기 위해 연구가 진행됐고 멘토십과 관련 있음이 밝혀졌다. 다른 기업의 엔젤 투자자들이 뉴욕 스타트업의 25%에 공동 창립자로 참여했다. 기업가들의 투자가 뉴욕에서 전체 엔젤 투자의 거의 절반 이상을 차지했다. 대부분의 기업가가 모든 것을 자신의 사업에 쏟아붓고 상당한 임금 삭감까지 감수한다는 사실을 고려하면 이는 굉장히 인상적인 통계 수치다.[36]

일부 프런티어 혁신가들은 다른 기업가들에게 오직 멘토십만을 제공하기 위한 조직을 설립하기도 한다. 인데버$^{Endeavor}$는 스타트업에 멘토링 프로그램을 제공하는 대표적인 조직이다. 린다 로텐버그$^{Linda\ Rottenberg}$와 피터 켈너$^{Peter\ Kellner}$가 설립한 인데버는 (이제 막 사업을 확장하기 시작한) '유망 기업가'에게 현지에서 각 분야에서 존경받는 최고의 멘토들을 소개하고 성공적으로 사업을 확장할 수 있도록 처음부터 끝까지 지원한다. 인데버는 현지 시장에 지부를 열고 그곳의 대기업들로부터 자금을 조달한다. 본부 역할을 하는 중앙 지부는 다른 지부들이 공유한 정보를 관리하고, 특정 산업군을 전문적으로 지원하고, 글로벌 선발 프로세스를 통해 멘토링 프로그램에 참여할 기업가를 선정한다. 인데버의 비즈니스 모델은 선순환을 만들어내길 바란다. 멘토링 프로그램에서 들은 어느 누군가의 성공담은 새로운 기업가들이 멘토링 프로그램에 자금을 지원하고 멘토로 참여하게 한다. 이런 방식으로 인데버는 스타트업 생태계에서 기업가 정신을 고취시키고 있다.

22년 전에 설립된 인데버는 지금까지 1,900명의 기업가를 지원했다(프로그램 지원자는 6만 5,000명이다). 인데버는 샘이 날 정도로 우수한 실적을 내고 있다. 인데버가 지원한 기업들의 연간 매출액은 200억 달러가 넘고 창출한 일자리는 300만 개 이상이다.[37] 인데버는 분명히 신흥시장에 뿌리를 두고 있다. 인데버는 라틴 아메리카에서 아프리카, 아시아와 중앙아시아로 영역을 넓혀나갔다. 현재 인데버는 자사의 비즈니스 모델을 유럽과 미국과 같은 선진국의 초기 스타트업 생태계에 적용하고 있다.

## 기준과 규제를 마련하라

프런티어 혁신가들은 자신들의 업계의 이익을 보호하고 대변하기 위해서 협업 체계를 구축해야 한다. 일부 지역에서 그들의 협업 체계는 에어로팜이 다른 기업들과 함께 출범시킨 식품 안전 및 도심 농업 연합체 Food Safety and Urban Agriculture Coalition, FSUAC나, 고글라GOGLA와 같은 산업협회다. 고글라는 졸라와 페닉스Fenix, 디닷라이트, 엠코파 등을 회원사로 둔 독립형 에너지 산업협회로, 그 미션은 '지속 가능한 독립형 에너지 시장을 조성하고 품질이 우수한 상품과 서비스를 저렴한 가격에 개발도상국의 많은 가정과 기업, 지역공동체에 공급하는 것'이다.[38]

협업 체계는 기준 설립 기구, 로비 단체 등 다양한 형태로 존재한다. 프런티어 혁신가들은 업계를 규제하는 방안에 대하여 정책 입안가들과 직접 소통하기 위해 협업 체계를 구성하기도 한다. 클립의 공동 창립자이자 CEO인 아돌포 바바츠Adolfo Babatz는 핀테크에 관한 법률을 제정할 때 멕시코 정부와 긴밀히 소통했다. 이와 유사한 사례로 나이지리아의 대표적인 모바일 결제업체 파가Paga의 창립자이자 CEO인 타요 오비오수Tayo Oviosu가 있다. 타요 오비오수는 나이지리아 중앙은행과 손을 잡고 모바일 뱅킹과 금융 포용에 관한 규제를 마련했다. 이런 행보는 산업 생태계가 스타트업과 협업하는 데 익숙하지 않거나 심지어 스타트업에게 적대적인 곳에서 중요하다.

확실히 프런티어 혁신가들은 산업 생태계를 조성하고자 다각도로 접근한다. 그들의 모든 활동이 스타트업 생태계를 조성하는 데 도움이 된다. 스타트업을 성공적으로 성장시키는 것이야말로 기업가가 현지 생태계를 위해 할 수 있는 그 무엇보다도 강력하고 파괴적인 일일 것이다.

## 중동의 형님들

1980년대 파디 간도르의 목표는 중동의 페덱스$^{FedEx}$를 세우는 것이었다. 그리하여 그는 아라멕스$^{Aramex}$를 설립했다. 아라멕스는 1990년대까지 일반배송, 특급배송, 화물 배송 등 다양한 서비스를 제공하는 물류업체였다. 1997년 아라멕스는 (이스라엘을 제외하고) 중동 최초로 나스닥에서 기업 공개를 했다. 현재 아라멕스는 65개국에 600개가 넘는 지사를 설립하고 1만 5,000명이 넘는 직원을 고용하고 있다. 그야말로 아라멕스는 종합 물류와 운송 솔루션을 제공하는 세계적인 기업으로 성장했다.[39]

아라멕스는 파디 간도르가 매진할 지역 생태계를 조성하기 위한 노력의 포문을 연 것에 불과하다.

마크툽$^{Maktoob}$은 중동의 성공한 첫 번째 테크 스타트업이고 파디 간도르의 투자실적 중에서 가장 성공한 사례다. 처음에 마크툽은 아라멕스라는 옥에 생긴 티였다. 1997년 아라멕스가 기업 공개를 할 때, 은행가들은 손실이 나는 부문에서 핵심 사업과 전혀 무관해 보이는 소규모 자회사를 찾아냈다. 그들은 기업 공개 전에 해당 자회사를 정리하라고 요청했다. 그러자 파디 간도르는 직접 자회사를 인수했다.

그 자회사가 바로 마크툽이었다. 당시 마크툽은 초기 웹메일 서비스 업체로 독특하게도 아랍어로 서비스를 제공했다. 마크툽은 사미 토우칸Samih Toukan과 후삼 코리Hussam Khoury가 아라멕스와 나란히 설립한 웹사이트 개발업체였고 파디 간도르의 멘토링을 받으며 빠르게 성장했다. 2009년 마크툽은 1억 6,400만 달러에 야후에 매각되면서 당시 중동에서 가장 비싼 값에 팔린 기업이 됐다.[41]

놀랍게도 아라멕스와 마크툽의 사례와 유사한 일들이 반복적으로 일어나고 있다. 마크툽에는 내부적으로 소형 프로젝트를 진행했고, 그중에는 중동의 아마존을 세우겠다는 포부에서 시작한 온라인 경매 웹사이트 수크Souq가 있었다.[42] 이 프로젝트는 어엿한 기업으로 성장했고 비즈니스 모델은 대안 결제 수단과 사내 물류 시스템을 개발하고 여러 시장에서 활동하는 등 중동에 맞게 재편됐다. 2017년 수크는 5억 8,000만 달러에 아마존에 매각됐고 7개국에서 활동하며 1억 3,500만 명 이상의 고객들에게 서비스를 제공하고 있다.[43]

파디 간도르와 사미 토우칸, 후삼 코리는 자신들의 스타트업을 대기업으로 성장시켰고 이 성공을 바탕으로 현지 생태계를 독특한 방식으로 지원했다. 파디 간도르는 왐다 캐피털Wamda Capital을 설립했고 후배 창업자들에게 투자하고 조언해 주는 투자자이자 멘토가 됐다. 사미 토우칸은 오아

시스500<sup>Oasis500</sup>의 창립 투자자이고 후삼 쿄리와 함께 자바르<sup>Jabbar</sup>를 통해 지역 투자자로 활동한다(오아시스500은 요르단의 최대 인큐베이터다). 인데버는 마크툽의 직접적인 영향력을 연구했고 창립자들이 멘토가 되어주거나 직접 투자를 하거나 이전 직원들이 설립한 기업이 20여 개가 넘는다는 사실을 발견했다. 심지어 마크툽의 간접적인 영향력은 훨씬 더 광범위하게 발휘됐다. 마크툽은 시작에 불과했다.

파디 간도르는 중동을 대표하는 차량 공유 플랫폼 카림에도 투자했다. 카림은 2019년 우버에 30억 달러에 매각됐고 이스라엘을 제외한 중동에서 가장 성공적으로 엑시트한 스타트업이었다.[44] 이것은 중동에서 분수령이 된다. 루미아 캐피털<sup>Lumia Capital</sup>에 소속된 투자자이자 넥스텔 커뮤니케이션즈<sup>Nextel Communications</sup>의 공동 창립자인 크리스 로저스<sup>Chris Rogers</sup>는 "카림은 중동의 첫 번째 유니콘 기업이고 최초로 수십억 달러로 엑시트하고 엄청난 값에 매각된 최초의 스타트업이죠. ... 카림의 성공에 자극을 받은 중동 인재들은 공격적으로 창업하기 시작했습니다. 이미 카림 출신들이 곳곳에서 자신의 스타트업을 세워서 활동하고 있죠."라고 말했다.[45] 여기에 그치지 않고 사상 유례없는 대규모 엑시트의 직간접적 효과는 중동에서 아주 광범위한 영향력을 발휘할 것이다.[46]

## 성공이 더욱 폭발적인 성공을 이끈다

파디 간도르와 헤르난 카자흐와 같은 프런티어 혁신가들은 성공적으로 키워낸 자신들의 스타트업을 엑시트시키면서 스타트업을 세우는 데 필요한 기술과 네트워크, 신용, 자본을 차세대 기업가들에게 제공한다. 그들은 앞서 살펴본 생태계 조성을 위한 각종 이니셔티브에 적극적으로 참여하기도 전에 이런 일을 해낸다.

마크톱, 메르카도리브레, 카림처럼 성공한 기업들은 기업가 정신을 교육하고 퍼뜨리는 비공식 학교나 마찬가지다. 인데버는 스타트업의 일자리 창출 효과를 분석하고 소수가 고용 성장을 주도했다고 결론 내렸다. 예를 들어, 나이로비에서 650여 개 현지 기술 기업 중에서 1%가 채 안 되는 8개 기업의 고용 규모가 2008년과 2018년 사이에 100여 명 이상으로 증가했다.[47] 이 8개 기업이 창출한 일자리가 스타트업이 창출한 전체 일자리의 40% 이상을 차지했고 나이로비에서 조달된 벤처캐피털의 3분의 2 이상을 차지했다. 이와 유사하게 벵갈루루에서 인포시스<sup>Infosys</sup> 출신들이 세워서 성공적으로 키워낸 스타트업이 200개가 넘는다.[48] 스타트업을 성공적으로 엑시트한 경험이 있는 기업가들은 자신들의 기업을 확장시키고, 그들이 키워낸 기업은 다음 세대가 기업가 정신을 배울 수 있는 학교이자 신용의 상징이 된다.

덧붙이면 엑시트가 임박한 스타트업의 직원들은 엑시트 시점에 스톡옵션을 매각하여 자본을 챙긴다. 그들은 이 자본으로 직접 스타트업을 세우거나 다른 스타트업에 투자한다. 플립카트<sup>Flipkart</sup>가 월마트<sup>Walmart</sup>에 매각될 때, 백만장자가 된 직원이 100명이었다. 아마도 그들 중 대다수는 차세대 엔젤 투자자가 될 것이다.[49]

성공적인 엑시트 경험이 있는 기업가들은 주로 또 다른 사업에 도전한다. 올월드 네트워크<sup>AllWorld Network</sup>의 조사에 따르면 신흥시장에서 활동하는 기업가들이 세운 스타트업이 미국 서부해안에서 활동하는 기업가들이 세운 것보다 25% 더 많았다.[50] 조사 대상이었던 신흥시장 기업가들의 80% 이상이 향후 2년 이내에 또 다른 사업을 시작할 생각이라고 답했다.[51] 예를 들어, 5장에서 만났던 디브얀크 투라키아는 18살이 되기 전에 첫 번째 스타트업을 세웠다. 그의 스타트업 3개는 각각 2억 달러와 10억 달러 사이에 매각됐다.[52] 앙드레 스트리트André Street는 14살에 첫 번째 회사를 세웠고 스타트업 5개를 매각했다. 최근에는 시가총액이 80억 달러가 넘는 브라질 결제 시스템 업체 스톤 파가멘토스Stone Pagamentos를 나스닥에 상장했다. 그는 35살이 되기 전에 이 모든 일을 해냈다.[53]

놀랄 것도 없이, 실리콘밸리의 여명기에도 형님들은 매우 중요했다. 인스타그램Instagram과 팔란티어 테크놀로지, 왓츠앱, 유튜브 등 2만 개 이상의 실리콘밸리 테크 기업들은 1957년 페어차일드 세미컨덕터Fairchild Semiconductor를 함께 세운 8명의 기업가와 연결되어 있다.* 실리콘밸리 상장 기업의 무려 70%가 창업 바이러스의 최초 감염자 '페어차일드'와 어떤 식으로든

---

* '8인의 배신자들'에 대한 이야기는 혁신 생태계에 시동을 거는 형님과 누님의 힘을 잘 보여준다. 1950년대 실리콘밸리는 트랜지스터(컴퓨터 프로세서)를 생산하는 수많은 허브들 중 하나에 불과했으며, 분명히 선두주자가 아니었다. 하지만 상황이 서부에 유리하게끔 빠르게 변했다. 벨 랩스(Bell Labs)에서 동료들과 트랜지스터를 발명한 윌리엄 쇼클리(William Shockley)는 1956년 캘리포니아 마운틴 뷰에 쇼클리 세미컨덕터 랩스(Shockley Semiconductor Labs)를 설립했다. 쇼클리 세미컨덕터 랩스는 실리콘으로 트랜지스터를 만들어낸 최초의 회사였다. 윌리엄 쇼클리는 컴퓨터 과학 발전의 중심지였던 동부 해안에서 일류 컴퓨터 과학자들을 대거 고용해 서부로 끌어들였다.

1957년 직원 8명이 쇼클리 세미컨덕터 랩스를 퇴사하고 페어차일드 세미컨덕터(Fairchild Semiconductor)를 설립했다. 8인의 배신자들로 불리는 그들은 셔먼 페어차일드(Sherman Fairchild)와 손을 잡았고 회사를 유명 트랜지스터 제조사로 키워냈다. 1960년대 초, 페어차일드는 아폴로 프로그램에 사용될 컴퓨터 부품의 생산을 도왔다. 그 뒤에 10년 동안 8인의 배신자들과 그들의 직원들 중 다수가 페어차일드를 떠나서 자신들만의 회사를 세웠다. (무어의 법칙의) 골든 무어(Gordon Moore)와 로버트 노이스(Robert Noyce)는 1968년 인텔(Intel)을 세웠다. 유진 클라이너(Eugene Kleiner)는 유명한 벤처캐피털 회사 클라이너 퍼킨스(Kleiner Perkins)를 공동 창업했다. 다른 직원들도 페어차일드를 떠나 AMD와 엔비디아(Nvidia)와 같은 반도체 회사를 설립했다. 돈 발렌타인(Don Valentine)은 역사적으로 가장 성공한 벤처캐피털 회사인 세쿼이아(Sequoia)를 설립했다.

연결된다.[54]

보다 최근 사례를 살펴보면, 페이팔 13인은 실리콘밸리의 성장을 견인하는 동력이 됐다. 그들은 페이팔 마피아라고 불린다. 페이팔 마피아에는 스페이스엑스와 테슬라, 솔라시티, 더보링컴퍼니 등 많은 기업을 창립한 일론 머스크, 페이팔 공동 창립자이고 후에 팔런티어 테크놀로지를 설립한 피터 틸, 옐프$^{Yelp}$ 공동 창립자 제레미 스토펠만$^{Jeremy\ Stoppelman}$, 페이팔 COO였고 링크드인$^{LinkedIn}$을 설립한 리드 호프먼, 페이팔 소프트웨어 설계자였고 옐프의 공동 창립자인 러셀 시몬스$^{Russel\ Simmons}$ 등이 있다.[55] 실리콘밸리에서 페이팔 마피아에 의해 창출된 가치는 300억 달러가 넘는다.[56]

요즘 실리콘밸리의 스타트업 생태계는 저절로 돌아가고 있다. 하지만 프런티어에서는 성공한 기업가들이 스타트업 생태계를 조성하는 데 여전히 촉매 역할을 하고 있다.

## 승수효과를
## 내다

파디 간도르, 헤르난 카자흐 등 형님들은 자신들의 스타트업을 성공적으로 키워내고 난 뒤에 일선에서 물러나지 않았다. 그들은 프런티어에서 스타트업 생태계와 창업 문화를 이끌며 자본과 멘토, 조언자, 후원자를 생태계로 끌어들이고 있다.

그들의 노력은 복합적이고, 그들의 영향력은 파격적이다. 인데버는 이런 현상을 '승수효과'라 칭한다.[57] 사업이 성공적으로 확장되면, 형님들은 차세대 기업가들을 후원한다. 형님들로부터 도움을 받은 창업자들은 그 다음 세대의 기업가들을 후원한다. 이렇게 앞 세대가 뒷 세대를 후원하면서 스타트업 생태계가 성장하고 창업 문화가 형성된다.

# 변곡점에
# 도달하다

어느 스타트업이 사업을 확장하고 엑시트할지를 예측하긴 쉽지 않다. 헤르난 카자흐는 나에게 창업 초기에 메르카도리브레가 성공하지 못할 것이라고 입에 침이 마르도록 말했다. 하지만 성공적으로 스타트업을 키워내는 혁신가들이 등장할 것이고, 그들은 다음 세대에게 영감을 불어넣고 창업할 수 있도록 힘이 되어줄 것이다. 이것이 다음 세대들이 훨씬 과감하게 창업에 도전할 수 있는 환경을 조성할 것이다.

중국을 살펴보자. 2010년 첫 번째 유니콘 기업이 등장했고 다섯 번째 유니콘 기업이 등장하기까지 5년이 걸렸다. 하지만 다섯 번째 유니콘 기업이 등장한 해의 바로 다음 해 유니콘 기업은 21개로 폭발적으로 증가했다. 그림 11-1처럼 인도나 영국, 라틴 아메리카에서도 중국과 유사한 일이 벌어졌다.[*]

---

[*] 이 그래프는 시장별 CB Insights에서 공개적으로 사용할 수 있는 데이터에서 얻었다. 매년 유니콘 기업의 총수는 예년의 유니콘 기업의 수에 그 해의 새로운 유니콘 기업의 수를 더한 것이다.

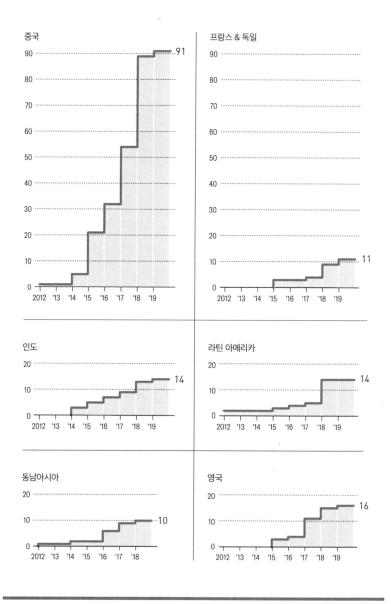

◆ 그림 11-1 10억 달러 이상의 가치를 지닌 스타트업의 지역별 누적수

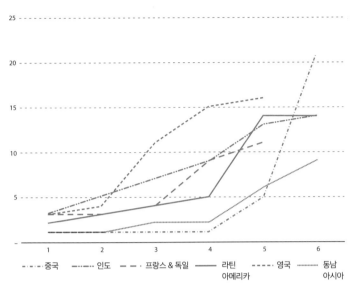

참고: 중국은 21번째 유니콘 기업이 등장한 시기를 기점으로 유니콘 기업이 폭발적으로 증가했고, 현재는 100개에 가까운 유니콘 기업을 보유하고 있다. 라틴 아메리카는 오랜 기간의 역사적 성공 이후에 비로소 유니콘 기업이 등장하고 성장하기 시작했다.

◆ 그림 11-2 포스트 변곡점을 앞당기는 유니콘 기업

전 세계의 스타트업 생태계를 살펴보면, 3~5명의 형님이 자신들의 스타트업을 엑시트한 뒤에 변곡점이 생기는 듯하다. 시장의 크기에 따라 조금 차이는 있지만, 3~5명이 임계질량이 된다(시장이 클수록 변곡점은 조금 늦게 나타난다). 데이터는 기업 가치가 10억 달러 이상인 기업들에 편중되어 있다. 그림 11-2는 지역별로 첫 번째 유니콘 기업이 등장한 연도를 기준으로 유니콘 기업이 어떻게 증가하는지를 보여준다.* 몇몇 신흥생태계

---

* 분석은 다른 요인 중에서도 평가 규모(유니콘 기업뿐만 아니라)의 범위, 시간 내 집중도, 지리적 근접도 등을 탐색하여 더욱 세분화할 수 있다. 이 아이디어는 아시아 파트너스의 공동 설립자인 닉 내시와의 논의에서 나왔으며, 아시아 파트너스가 중국과 인도에서 관찰했던 경향에 의거한다.

에서도 이와 유사한 패턴으로 변곡점이 나타나기 시작했다.

이런 현상이 나타나는 이유를 콕 집어서 설명할 수는 없지만, 3가지 가설이 존재한다. 첫 번째 가설은 대단한 성공 사례가 단 하나라면, 이례적인 현상이라고 치부하고 넘어가기 쉽다는 것이다. 다니엘 디네스는 유아이패스는 루마니아 스타트업 생태계의 별종으로 치부되곤 했다고 말했다. 특정 생태계에서 성공적으로 엑시트하는 스타트업이 몇 개 생겨나면, 그것은 곧 또 다른 스타트업들도 성공할 가능성이 있다는 방증이 된다. 이렇게 되면 타당성과 롤 모델의 힘이 커진다.

두 번째 가설은 자본과 인적 자원의 힘은 네트워크에서 나온다는 것이다. 앞선 기업가들의 영향력은 폭발적이다. 일단 임계질량에 도달하면 네트워크가 확장된다.

세 번째 가설은 인적 자본에 관한 것이다. 젤리비전 CEO 아만다 랜너트는 "시카고의 스타트업 생태계가 빠르게 변하고 있습니다. 최근에 수많은 성공 사례를 접했죠. 창업을 위해 시카고로 오는 사람들은 사업에 실패하는 경우 등 최악의 시나리오를 고민해야 합니다. 하지만 성공 사례가 많다면, 리스크는 줄어들죠. 고로 밀물이 모든 배를 띄우죠."라고 설명했다.[58] 많은 기업가가 자신의 스타트업을 엑시트시키기 위해서 다방면에서 활동하고, 그들의 활동은 해당 업계 전반에 지대한 영향을 미친다.

# 함께 초석을
# 놓다

프런티어 혁신가들은 생태계 조성에 적극적으로 참여한다. 그들은 FUN과 아이허브처럼 창업 문화의 기반을 닦고 조선 익스체인지와 스타트업 위켄드처럼 예비 창업자들을 교육한다. ALU처럼 창업에 필요한 기술을 예비 창업자들에게 가르치고, 헤르난 카자흐와 인데버처럼 차세대 기업가들의 창업 활동을 지원하고, 고글라와 FSUAC처럼 산업 기구를 만들어 생태계 인프라를 조성한다. 프런티어 혁신가들은 메르카도리브레와 마크툽, 카림처럼 자기 사업을 하면서 차세대 기업가들에게 기업가 정신을 가르치는 비공식적인 교육 기관이 되기도 한다.

지금까지 살펴봤듯이, 소수의 선택된 프런티어 혁신가들이 차세대 기업가들에게 든든한 형님 역할을 한다. 그들은 차세대 기업가들에게 롤 모델이 되고 자신들이 키워낸 기업에서 차세대 리더를 육성한다. 그들은 투자가이자 멘토, 후원자로서 스타트업 생태계에 환원한다.

하지만 형과 누나도 가족과 친구, 교사, 선한 사마리아인 등 자신들의 활동을 지원하고 지지해 주는 사람들이 없으면 성공할 수 없다. 이와 유사하게 스타트업 생태계 참여자들은 기업가들, 더 나아가 생태계 전체가 성공하도록 돕는 데 훨씬 더 다양한 역할을 한다. 12장에서 직원, 기업, 자선가, 정부 등 생태계 참여자들이 기업가들을 돕고 스타트업 생태계를 조성하기 위해서는 어떤 역할을 해야 하는지 살펴보자.

# 12

## 스타트업 하나를 키우는 데 온 마을이 필요하다

### 모두의 역할

# 스타트업 칠레 Start-Up Chile

스타트업은 자기 자신의 이익은 물론, 더 나아가 공익을 창출하며 국가 발전에 기여할 수 있다. 이러한 스타트업은 저 혼자 크지 않는다. 이를 위해 사회적, 국가적인 지원이 필요하다. 정부도 자국 발전을 위해 스타트업을 지원할 수 있다. 스타트업 칠레는 교환 학생과 해외 기업가를 자국으로 불러들여 발전의 화학작용을 촉진하려는 제도다. 칠레 정부는 스타트업에 무려 10만 달러의 자금은 물론, 무료 사무공간이나 세제 혜택을 제공하며 스타트업 생태계 조성에 박차를 가하고 있다.

전 세계의 많은 국가가 스타트업 생태계 조성을 최우선 과제로 삼고 있다. 정책 입안자들은 자국에서 혁신활동과 일자리 창출이 촉진되기를 바라고, 기업들은 현지 생태계의 발전에 기여하면서 낡은 프로세스를 다시 활성화하고 혁신적인 기술을 비즈니스 모델에 접목시키길 바란다. 사회단체와 자선단체는 혁신적인 솔루션을 활용하여 난해한 문제를 해결하고자 한다.

　11장에서 봤듯이, 프런티어 혁신가들은 선봉에서 자신들의 생태계를 조성해나가고 있다. 하지만, 그들만의 힘으로 스타트업 생태계를 조성할 수는 없다. 정부와 현지 기업가, 투자자, 사회 등 생태계를 구성하는 모든 영역이 스타트업 생태계를 조성하는 데 참여해야 한다.

　이번 장은 프런티어 혁신가들을 지원할 방안을 찾는 이들을 위해 마련됐다. 그들을 지원할 전략을 자세히 살펴보기에 앞서, 스타트업 생태계를 조성하는 전략과 관련하여 현재의 최고 개발모델부터 살펴보도록 하자.

# 스타트업 생태계 개발모델 빅3

스타트업 생태계 개발모델은 크게 3가지로 분류된다. 인풋 주도형 개발모델, 네트워크 중심 개발모델, 기업가 중심 개발모델이다. 지금부터 각 개발모델을 차례대로 하나씩 살펴보자.

## 인풋 주도형 개발모델

**인풋** 주도형 개발모델은 스타트업 생태계가 성공적으로 조성되는 데 필요한 조건에 주목한다. 세계은행<sup>World Bank</sup>은 정책 환경과 그 정책이 기업 활동에 미치는 영향을 기준으로 기업하기 좋은 국가 순위를 발표한다. 어떤 기구들은 더욱 종합적인 지표를 측정하고 분석하여 해당 지역의 사업 환경을 평가한다. 예를 들어, <OECD 기업가 생태계 진단 키트 OECD Entrepreneurial Ecosystem Diagnostic Toolkit> 지시문에는 채권 자본에 대한 접근성, 세금혜택, 현지 대학 졸업률, 통신과 기타 기반시설에 대한 접근성 등 측정 항목 57개가 담겨 있다.[1]

이와 유사하게 복합적인 수요 모델은 한 분야가 성장함에 따라 특화된 자원을 획득하는 데 있어 규모의 경제를 고려한다. 이 모델에 따르면, 규모 있는 분야에는 스타트업에 대한 이해도가 높은 전문 변호사, 벤처캐피털리스트, 공인 회계사가 존재할 가능성이 더 크다. 그들은 스타트업을 잘 성장시키면 스톡옵션으로 큰 수익을 얻을 수 있다는 것을 알고 있다. 스타트업 생태계는 갈수록 전문화된 서비스와 노동력, 기반시설, 지식을 공유하여 이런 자원을 확보하는 데 소요되는 고정비용을 줄인다.*

인풋 주도형 개발모델은 스타트업 생태계를 조성하는 특정 요소들의 중요도를 분류하고 현존하는 시스템이 얼마나 활발하게 움직이는지를 평가하다. 하지만 스타트업 생태계를 폭발적으로 성장시키는 마법을 설명해내진 못한다. 온라인 지도 플랫폼 맵퀘스트<sup>MapQuest</sup>와 글로벌 엑셀러레이터 테크스타즈<sup>Techstars</sup>를 세운 크리스 헤이블리<sup>Chris Heivly</sup>는 "생태계를 만드는 것이 올바른 재료를 찾는 것만큼 쉬웠다면 이미 모두가 그렇게 하지 않았을까요? 애석하게도 어디에나 스타트업 생태계를 조성할 수 있는 만능 전략은 없어요."라고 말했다.[2] 다시 말해, 인풋 주도형 개발모델은 어느 생태계는 선순환을 통해 성장하고 어느 생태계는 그러지 못하는 이유를 설명해내지 못한다.[3]

## 네트워크 중심 개발모델

두 번째 학파는 일부 스타트업 생태계에서 목격되는 선순환을 설명하기 위해서 **네트워크**의 역할을 탐구한다. 기술 기업가들은 사용자가 증가할수록 네트워크의 가치는 커진다는 네트워크 경제학을 잘 이해한다. 딱한 사람만의 힘이었다면, 페이스북은 지금처럼 엄청난 가치를 지닌 플랫폼으로 성장하지 못했을 것이다. 하버드 경영대학원 교수 마이클 포터<sup>Michael Porter</sup>는 네트워크 기반의 지역 혁신우위에 관한 이론을 개발했다. 그는 공급자, 정부, 경쟁자 등 다양한 활동 주체들이 상호작용함으로써 혁신

---

* 이 개념은 원래 앨프리드 마샬(Alfred Marshall)이 1890년에 출판한 저서 《경제 원리(Principles of Economics)》에서 처음 제안한 것이다. 그 후 경제 클러스터 이론을 내세운 마이클 포터 등 다른 사상가들에 의해 발전됐다. 마이클 포터의 논문 〈Clusters and the New Economics of Competition〉을 참조하라.

분야가 번창한다고 주장한다. 각자의 장점이 한곳에 모여 이익 클러스터가 형성되고, 이윽고 혁신 생태계가 등장한다는 것이다.[4]

네트워크의 가치는 아이디어와 성공 사례, 전략을 수평적으로 공유할 수 있는 생태계에서 나온다고 생각하는 이들도 있다. 저서《지역적 우위 : 실리콘밸리와 128번 도로의 문화와 경쟁Regional Advantage: Culture and Competition in Silicon Valley and Route 128》에서 애너리 색서니언AnnaLee Saxenian은 실리콘밸리가 최고의 스타트업 생태계로 부상할 수 있었던 배경을 설명한다. 30년 전 실리콘밸리와 보스턴 128번 도로 중에서 어디가 미국의 대표적인 혁신 생태계가 될지를 아는 이는 아무도 없었다. 당시 두 지역에는 비슷한 규모로 혁신 생태계가 조성되어 있었다. 또 두 생태계 모두 일류 대학교와 인접하여 우수한 인재를 확보하기가 쉬웠다. 애너리 섹서니언은 실리콘밸리가 세계 최고의 혁신 생태계로 부상할 수 있었던 결정적인 요인은 수평적인 네트워크 효과와 투명한 스타트업 문화의 결합이라고 주장한다.

실리콘밸리의 스타트업 문화는 (보스턴과 달리) 조직 안팎으로 정보를 수평적이고 평등하게 공유하는 것을 중요시했다. 그 결과, 정보를 폭넓게 공유하는 수평적이고 긴밀한 사회적 네트워크가 형성됐다. 유연한 노동환경이 실리콘밸리의 또 다른 강점이었다(예를 들어, 실리콘밸리에서는 고용 계약서에 불경쟁 조항을 강제할 수 없었다). 유연한 노동환경 덕분에 직원들의 이직이 자유로워 성공 사례가 자연스럽게 생태계 내에 널리 전파됐다. 실리콘밸리에선 기업과 기업 간의 정보 장벽이 높지 않았고 직원들의 자유로운 이동으로 강력한 네트워크 효과가 생겨났다(하지만 보스턴에서는 정보 공유가 수직적으로 이뤄졌다). 결국 실리콘밸리에서 경력을 쌓으며 풍부한 네트워크를 확보한 인재의 가치가 높아졌고, 실리콘밸리가 미국뿐만 아니라 전 세계를 대표하는 혁신 생태계로 부상하게 되었던 것이다.[5]

혹자는 지리적, 문화적 요소를 중심으로 형성된 네트워크에 집중했다. 저서 《신창조 계급The Rise of the Creative Class》에서 리처드 플로리다Richard Florida는 혁신은 엔지니어와 학자, 예술가가 주로 발휘하는 지적 창의성에서 나온다고 주장한다. 혁신가들은 새로운 아이디어에 관대하고 창의적이고 예술적인 활동의 경계를 확대시키는 것을 열린 마음으로 바라보는 사람들과 살길 바란다. 또한 그들은 다른 혁신가들과 함께 어울리며 살기를 바란다. 그러므로, 어느 지역에 관용과 개방성을 바탕으로 개인의 기술과 가치를 사회에 기여하는 사람들이 많을수록 현지 네트워크의 가치는 커진다. 이것이 임계점에 도달하면, 그 지역은 장기적인 경쟁 우위를 얻게 된다.[6]

네트워크 중심 개발모델은 스타트업 생태계를 지속시키는 요인과 어떤 생태계에서 장기적으로 경쟁 우위를 강화시키는 현상을 성공적으로 설명한다. 하지만 인풋 주도형 개발모델처럼 네트워크 중심 개발모델은 개별 교점이나 네트워크의 기반이 어떻게 그리고 왜 강력해져서 혁신 생태계가 되는지 설명해 내지 못한다. 하지만 일단 네트워크에 시동이 걸리면, 다시 말해, 사람과 기업을 잇는 연결 조직이 활성화되면 마법이 일어난다.

## 기업가 중심 개발모델

세 번째 개발모델은 앞서 언급한 마법이 일어나면 나타나는 효과를 탐구한다. 저서 《정글의 법칙The Rainforest》에서 빅터 황Victor Hwang과 그렉 호로윗Greg Horowitt은 혁신 생태계를 복잡한 유기체에 비유한다. 전통적인 정책 입안가들은 탈공업화를 주장하는 사람이 공장을 짓듯이 혁신 생태계를 개발하려고 한다. 하지만 빅터 황과 그렉 호로윗은 혁신 생태계는 유기적으로 개발된다고 주장한다. 혁신 생태계는 계획적으로 개발할 수 있는 것이 아니다.[7] 올바른 문화를 조성하고 기업가들이 성장하며 스스로 생태계를 만들어나가면서 혁신 생태계가 자연스럽게 생겨난다는 것이다.

《스타트업 커뮤니티Startup Communities》에서 벤처캐피털리스트 브래드 펠드Brad Feld는 볼더 이론을 제안했다. 기업가가 스타트업 커뮤니티를 이끌어야 한다는 것이 볼더 이론의 핵심이다. 정부와 학계, 기업, 투자자 등 외부 주체는 그들의 힘만으론 기업가 생태계를 움직일 수 없다는 것이다. 브래드 펠드는 스타트업 커뮤니티를 이끄는 기업가들은 자신들이 활동하는 지역에 장기적으로 책임감을 지녀야 한다고 주장한다. 동시에 스타트업 커뮤니티는 누구나 포용하고 커뮤니티의 일원으로 환영해야 한다. 혁신 생태계는 기업과 개인이 자유롭게 들락날락할 수 있는 곳이어야 하고 실험적 시도가 장려되어야 한다. 혁신 생태계는 성공 가능성이 있는 아이디어를 지원하고 기업가들이 실패를 빨리 털어낼 수 있도록 도와야 한다. 마지막으로 브래드 펠드는 스타트업 커뮤니티는 구성원들과 지속적으로 소통해야 한다고 주장한다.[8] 우리는 11장에서 이미 많은 기업가, 특히 '형님들'이 각자의 분야에서 생태계를 만들고 시동을 거는 모습을 자세히 살펴봤었다.

하지만, 기업가들도 아무것도 없는 진공 상태에서 생태계를 자신들만의 힘으로 만들 수는 없다. 다른 누군가의 도움이 절대적으로 필요하다. 그 '누군가'들이 창업에 기본적으로 필요한 인풋과 네트워크 등 소위 '판돈'을 마련하여 기업가들의 부담을 완화하고, 다양한 아이디어를 결합할 기회를 제공하고, 자본과 인적 자본에 대한 접근성을 넓히고, 기업가 친화적인 인프라와 규제에 투자하여 신흥생태계의 기업가들을 지원한다.

이번 장에선 지금까지 프런티어 혁신가들로부터 얻은 교훈을 기반으로, 기존 스타트업 생태계 개발모델에 기초해 프런티어의 모든 생태계 구축자에게 도움이 될 전략을 제안하고자 한다.

## 판돈을
## 제공하라

인풋 주도형 개발모델은 혁신 생태계가 자리 잡으려면 특정 재료가 필요하다는 점에서 옳다. 프런티어 혁신가들은 거시경제, 통화, 정치적 이슈 등 많은 장애물과 마주한다.

이 책에서는 경제적 요인과 그것을 극복하는 방안은 다루지 않을 것이다. 하지만 거시경제적 불확실성(인플레이션, 경제 성장 등)은 분명 기업가들의 리스크에 대한 관심과 리스크를 감수하는 능력을 떨어뜨린다. 통화 가치 평가절하는 자본 조달을 더욱더 어렵게 만든다. 정치적 변동성은 초기 단계부터 해외 시장을 공략하는 '본 글로벌' 등의 전략을 복잡하게 한다. 세계은행의 기업하기 좋은 국가 순위가 시사하듯, 기업 환경도 중요하다. 기업 환경이 부정부패나 독점을 통한 불공정 경쟁으로 가득하다면, 그것은 사실상 혁신에 대한 세금으로 작동한다.[9]

사법 체계는 중요한 혁신 촉매제가 될 수 있다. 기업가에게 적대적인 파산법은 기업가의 창업 의지의 싹을 아예 잘라버릴 것이다(어떤 지역에서는 지난 사업 실패로 생긴 부채가 기업가를 끝까지 따라 다닌다). 비슷하게, 유연한 노동법은 새로운 비즈니스 모델을 실험해볼 동기를 기업가에게 부여하고 상황에 따라 유연하게 비즈니스 모델을 조정할 기회도 제공한다. 모든 근로계약을 쉽게 파기할 수 없다면, 기업가가 필요에 의해 사업 방향을 바꾸기 어려워진다.[10]

6장과 7장에서 봤듯이, 인적 자본은 스타트업을 세우는 데 핵심적인 인풋이다. 그러므로 혁신 생태계에서 활동하는 주체들은 초등교육과 중등교육, 대학교육에 대한 투자를 최우선 과제로 삼아야 한다.

지역 내 혁신 생태계를 조성하길 바라는 정부와 규제 기관은 기업가들에게 이런 기본적인 환경부터 보장해 줘야 한다. 모든 것이 완벽할 필요는 없다. 하지만 혁신 생태계가 번창하려면 특정한 기준치는 맞춰야 한다. 브라질은 인플레이션과 고금리, 불안한 정치 환경이란 문제를 안고 있지만, 세계적인 핀테크 생태계가 조성되어 있다. 인도는 빈곤율과 인플레이션이 높지만, 벵갈루루에 세계적인 혁신 기술 생태계를 조성해 냈다. 브라질과 인도는 기업 환경의 안정성을 확보하고 적절한 규제 생태계를 마련하여 기업가들의 혁신 활동을 지원할 수 있었다.

당연하게도, 정부 규제 기관과 기타 혁신 생태계 참여자들은 안정성이나 교육 등 기업 활동에 필요한 최소한의 기본 여건을 마련하는 것보다 더 많은 일을 할 수 있다.

# 국제적 안목으로
# 세계를 공략하게 하라

우리는 이미 세계적으로 연결된 환경에서 활동하는 국제적인 배경을 지닌 기업가들이 현존하는 가장 흥미로운 기업들 중 일부를 탄생시키고 있다는 사실을 알고 있다.

생태계 조성자들은 이러한 '본 글로벌 트렌드'를 의미 있게 독려할 수 있다.

### 타가수분 기회를 마련하라

타가수분할 환경을 조성하는 것은 아주 쉬운 출발 지점이다.

이것은 교육 시스템에서 출발한다. 지역 학생들이 교환학생 프로그램이나 인턴십, 해외 취업을 목표하도록 독려하라. 이를 통해 학생들은 다른 국가의 또래집단과 소통하고 다른 문화를 경험할 수 있다. GDP 성장률과 해외 유학률 사이에는 상관관계가 존재한다.* 중국의 GDP 성장률은 2001년과 2017년 사이에 9%였고 동 기간에 미국에서 공부하는 중국인 학부생은 거의 20% 증가했다. 이와 유사하게 2001년과 2017년 사이에 베트남의 GDP 성장률은 6.5%였고 유학생은 15% 이상 증가했다.[11]

반대 현상도 나타난다. 타가수분이 부족하면 혁신이 억제될 수도 있다. 일본의 GDP 성장은 계속 둔화되어, 최근에는 매년 1% 미만에 꾸준히 맴돌고 있다. 이와 함께 일본은 과거 누렸던 기술 혁신의 명성을 점점 잃어

---

* 물론 이것은 상관관계일 뿐 인과관계는 아니다. 이를 견인하는 요인도 다양하고, GDP 성장도 투자를 위한 가처분 소득을 늘리기 때문에 국제 연구 속도에 영향을 미친다.

가고 있다.[12] 물론 여러 요인이 있겠지만, 학생들의 타가수분 역시 줄어드는 추세인 것은 아마 우연이 아닐 것이다. 2004년 일본은 8만 명이 넘는 학생들을 해외로 보냈다. 하지만 작년 일본의 유학생 수는 거의 40% 줄어들어서 5만 명을 살짝 웃도는 데 그쳤다.[13]

정부는 교환 학생과 해외 기업가를 자국으로 불러들여 역방향으로 타가수분을 촉진할 수 있다. 스타트업 칠레Start-Up Chile와 스타트업 브라질 Start-Up Brazil과 같은 프로그램은 전 세계에서 기업가들을 칠레나 브라질로 불러들여 창업하도록 권장하여 타가수분을 제도화한 정책이다. 스타트업 칠레는 스타트업에 무려 10만 달러를 지원하고 무료 사무공간 등 여러 가지 혜택을 제공한다.*

투자자들도 타가수분을 지원할 수 있다. 라틴 아메리카의 주요 벤처캐피털 회사인 카스젝 벤처스와 모나시스Monashees는 자신들이 투자한 기업들에 타가수분할 기회를 제공한다. 카스젝 벤처스는 스탠퍼드 경영대학원에서 일주일 동안 인턴십과 혁신 프로그램을 진행하고 모든 비용을 지원한다. 카스젝 벤처스가 투자한 기업들은 해당 프로그램을 통해 각 분야의 교수와 업계 전문가를 만난다. 모나시스는 매년 다른 혁신 생태계를 방문할 기회를 제공한다. 지금까지 모나시스가 투자한 기업가들은 중국, 이스라엘 등 많은 지역을 방문했다.

비영리 조직은 이러한 교환 프로그램을 지원하는 데 이상적인 조직 형태다. 벤처 포 아메리카Venture for America, VFA는 미국의 동부해안과 서부해안 그리고 중부지역을 연결하고자 한다. VFA는 티치 포 아메리카Teach for America의

---

* 기업들의 성과가 엇갈리고 있지만(프로그램이 끝난 뒤 다수가 떠났고 아주 소수만이 성장했다), 주최자들은 대체로 질적인 타가수분의 관점에서 그 이니셔티브가 성공적이라고 생각한다.

비즈니스 모델을 차용하여 피츠버그, 버밍햄, 세인트루이스 등 14개 도시의 혁신 기업과 함께 대학 졸업생들을 위한 인턴십 프로그램을 진행한다. 매년 수천 명이 해당 인턴십 프로그램에 지원하는데, 겨우 200명만이 기회를 얻는다. VFA 인턴십 프로그램을 마친 졸업생의 30% 이상이 새로운 도시에서 창업한다.[14] 회원제 비영리 기구인 C100는 캐나다의 기술 생태계와 실리콘밸리를 연결한다. C100는 주요 캐나다 기업가들에게 실리콘밸리 등 주요 혁신 생태계로부터 멘토링을 받고 자본을 조달하고 사업에 필요한 자문을 얻을 기회를 제공한다.[15]

타가수분은 외국에서 얻은 다양한 아이디어와 경험의 결합만을 의미하는 것은 아니다. 산업과 영역을 넘나들며 얻은 경험과 아이디어도 타가수분에 도움이 된다. 기업의 순환 근무제는 졸업생들이 조직에서 다양한 역할과 부서를 경험할 기회를 제공한다. 이와 유사하게 정부 펠로십은 외부 시각을 정부 정책에 반영하고 학생들에게 정부의 역할을 새로운 관점에서 바라볼 기회를 제공한다.

### 이민을 지원하라

이민은 전 세계적으로 혁신과 기업가 정신을 이끄는 동력이다. 미국에서 여러 명이 공동으로 스타트업을 세워 유니콘 기업으로 성장시킨 대다수의 경우, 공동 창립자 중에 최소한 한 명이 이민자다. 그리고 이민자의 창업 활동이 전체 창업 활동의 25%를 차지한다.[16]

그런데 놀랍게도 이민에 대한 미국의 태도가 적대적으로 변하고 있다. 이것은 미국 혁신 생태계의 무덤을 파는 꼴이다. 실리콘밸리의 혁신 선순환을 지속시키려면 자격을 갖춘 이민자가 기업가로 실리콘밸리에서 창업하거나 급성장하는 스타트업에서 일할 수 있어야 한다. 전 세계의 자격을 갖추고 훈련받은 간부들이 실리콘밸리에서의 창업을 고민한다. 이렇게 모든 것이 준비된 창업자들은 쉽게 자본을 조달하고 일자리를 창출한다. 그럼에도 미국은 반이민 정책을 도입했고 준비된 창업자들을 이민조건이 덜 까다로운, 기업가 비자 프로그램을 지닌 국가로 내몰고 있다.

엔젤리스트 AngelList(미국에서 스타트업이 투자자와 직원을 찾을 때 사용하는 주요 플랫폼)의 공개 채용 게시판을 살펴보면, 수만 건이 넘는 미국 스타트업 채용 공고를 확인할 수 있다. 그러나 이 중 겨우 10%에만 이민자가 지원할 수 있다.[17] 미국은 반이민 정책으로 기업들의 성장을 지연시키고 있으며, 그 결과 미래 일자리 창출 역시 방해받고 있다(나아가 세수에도 부정적인 영향을 미칠 것이다).

정부는 기업가들의 이민과 창업을 권장해야 한다. 미국은 정부 보조금으로 10만 달러 또는 벤처캐피털로 25만 달러를 조달한 기업가는 30개월 동안 미국에 머무를 수 있도록 하는 기업가 비자 프로그램을 되살려야 한다.[18] 다른 국가들은 이와 유사한 비자 프로그램을 이미 도입했고, 덕분에 기업가들이 해당 국가로 가서 창업하기가 수월해졌다. 기업가에게 유리한 비자 프로그램은 산업 발전도 촉진한다.[19]

민간부문도 이민을 지원할 수 있다. 언섀클드 벤처스 Unshackled Ventures가 대표적인 사례다. 2014년 설립된 언섀클드 벤처스는 초기 단계 스타트업, 특히 외국인 기업가들이 세운 스타트업에 주로 투자하는 벤처캐피털 회사다. 언섀클드 벤처스의 독특한 벤처 건설자 모델은 처음부터 기업가들에게 투자하고, 그들에게 완전한 이민과 고용 지원을 제공하며, 투자자와 고객들의 네트워크에 쉽게 접근할 수 있게 한다.[20] 지금까지 언섀클드 벤처

스는 6개 대륙 20개국 출신의 창업가들을 대상으로 30회 이상 투자했다.[21]

미국은 세계 인구 순위에서 인도와 중국에 밀려 3위로 추락했다. 몇 년 뒤에 인도의 벵갈루루에서 활동하는 엔지니어의 수가 실리콘밸리에서 활동하는 엔지니어의 수를 넘어설 것이다. 어떤 면에서 중국은 이미 미국과 동등한 위치에 올랐다. 2018년 중국에서 37개의 유니콘 기업이 탄생하면서 55개의 유니콘 기업이 탄생한 미국을 바싹 추격하고 있고, 벤처 투자에선 이미 미국을 앞질렀다.[22] 미국 예외주의*와 혁신 업계에서 실리콘밸리가 점유하는 독보적 지위는 이민에 기반을 둔다. 그리고 미국의 경쟁력은 전 세계로부터 우수한 인재를 받아들여야지만 지속된다.

각국 정부에 이민자 출신의 기업가들을 귀중하고 경쟁력 있는 자산으로 생각할 것을 추천한다. 수단과 방법을 가리지 말고 그들을 자국으로 불러들여야 한다. 그러지 않으면 그들을 다른 국가에 빼앗길 것이다. 작년에 실리콘밸리를 관통하는 101번 고속도로에 "H-1B 비자 발급에 문제가 있나요? 그럼 캐나다로 오세요!"라는 광고판이 걸렸다.** 아마도 전 세계 기업가들은 비자 문제 때문에 미국이 아닌 캐나다로 향할 것이다.


## 글로벌 도약대를 마련하라

초기 단계부터 세계 시장을 공략하거나 분산된 비즈니스 모델을 지닌

---

* 미국이 세계를 이끄는 강력한 리더십을 발휘하는 세계최고의 국가라는 뜻의 용어. 19세기 프랑스 사상가 알렉시스 드 토크빌(Alexis de Tocqueville)이 '미국의 민주주의'라는 책에서 미국과 러시아는 세계의 운명을 떠안을 예외적 국가라고 주장한 데서 유래됐다. -편집자 주

** H-1B 비자는 미국의 기업들이 특정 직무에 대해 일시적으로 외국인을 고용할 수 있게 해준다. 출입국 및 국적법에 의거해 발급된다.

스타트업은 즉흥적으로 사업을 확대하지 않는다. 그들은 전략적으로 인적 자본이 풍부하고 생태계 참여자들 간 긴밀한 네트워크가 형성된 혁신 허브를 도약대로 삼는다. 그래서 전략적인 정책 입안가들은 현지 시장을 더욱 매력적인 글로벌 시장으로 진출할 도약대로 만들어야 한다.

런던이 핀테크 스타트업에 인기 있는 지역이 된 이유는 이 도시가 유럽 전역으로 사업을 확장하기에 용이한 전초기지 역할을 하기 때문이다. 런던에는 혁신에 개방적인 중앙은행이 존재한다. 게다가 런던은 다른 유럽 국가들과 유사한 규제를 갖추고 있어, 기업들은 '여권'만 있으면 유럽 대륙을 여행할 수 있다. 그 결과 런던에서 벤처캐피털과 스타트업의 복합체가 발전했다. 런던이 금융 산업에 특화된 지역이란 점도 나쁘지 않았다(이 부분은 나중에 좀 더 자세히 살펴보도록 하자). 물론 영국이 잠재적으로 유럽 연합에서 탈퇴하고 유럽과 단절되면서 이런 장점들과 전문성은 사라지고 있다.

동남아시아의 혁신 허브인 싱가폴은 또 다른 사례다. 6억 명의 아시아 인구 중에서 1%도 채 안 되는 인구가 살고 있지만, 동남아시아 유니콘 기업 10개 중 4개가 싱가폴을 도약대로 삼아 글로벌 시장으로 진출했다.[23] 싱가폴이 동남아시아로 진출하기 쉬운 위치에 있기 때문이다. 가령, 세계적인 항공사 중 하나인 싱가폴 에어라인즈<sup>Singapore Airlines</sup>는 물리적으로 동남아시아 전역을 연결한다. 싱가폴에는 강력한 사법 체계와 교육 시스템이 갖춰져 있어서 창업이 유리하다. 그리고 싱가폴은 개방적인 이민정책으로 전 세계로부터 인재를 끌어당긴다. 스타트업 지놈<sup>Startup Genome</sup>의 <2017 글로벌 생태계 순위 보고서<sup>2017 Global Ecosystem Rankings Report</sup>>에 따르면, 싱가폴은 스타트업 인재 부문에서 실리콘밸리를 앞지르고 1위를 차지했다.[24] 마지막으로 싱가폴 정부는 전 세계 기업가들과 긴밀한 네트워크를 구축하고자 노력한다. 글로벌 이노베이션 얼라이언스<sup>Global Innovation Alliance, GIA</sup>를 출범시켜 기업가들이 방콕과 베이징, 독일, 도쿄, 뮌헨, 샌프란시스코 등 전 세계의 혁신 허브를 활용할 수 있도록 돕고 있다.[25]

두바이도 중동에서 런던이나 싱가폴과 유사한 역할을 한다. 두바이는 중동 스타트업들이 글로벌 시장으로 진출하는 도약대다. 아랍에미리트는 중동 스타트업 40% 이상의 본거지다. 지난 5년간 중동 스타트업 60개가 세계적인 기업에 매각됐는데, 대부분이 두바이에 소재한 스타트업이었다.[26]

정책도 두바이를 기업가들에게 매력적인 지역으로 만든다. 기업가들은 살 곳을 스스로 선택할 수 있다. 진보적인 가치, 저렴한 주거비용, 풍성한 문화 요인 등에 매력을 느낀 기업가들이 두바이를 선택한다.[27]

점점 많은 스타트업들이 분산 모델을 도입하고 있다. 생태계 조성자들도 이런 분산 모델을 지원하는 정책이나 프로그램을 제공할 수 있다. 에스토니아 정부의 전자시민권 프로그램은 극단적인 사례다. 전 세계 사람들은 전자시민권을 이용하여 에스토니아 정부로부터 신분증을 발급받고 자유롭게 전자상거래에 참여할 수 있다. 전자시민권을 발급받은 사람은 에스토니아에서 살지 않아도 EU회사를 설립하고 모바일 결제로 사업하고 165개국의 전자시민권자들로 형성된 글로벌 네트워크에 참여할 수 있다.[28]

# 인적 자본을
# 투자하라

인적 자본은 스타트업에 있어 생명선이지만, 스타트업이 인적 자본에 접근하기란 쉽지 않다. 생태계 조성자들이 스타트업에게 가장 큰 도움을 줄 수 있는 영역이 바로 인적 자본이다. 오바마 행정부의 전 상무부 장관이자 P33의 공동 설립자인 페니 프리츠커<sup>Penny Pritzker</sup>는 "혁신 생태계를 지원하려면 인재 파이프라인을 마련하는 데 집중해야 합니다. 생태계 전반에 걸친 긴밀한 협업과 이를 뒷받침하는 정책이 핵심이죠."라고 내게 말했다.[26]

대부분의 신흥시장에서 1세대 기업가는 이민자이거나 귀환자다. 그들이 외국에서 얻은 지식과 경험을 서서히 현지로 유입시키고 생태계가 성숙해지면 현지인들이 창업하기가 훨씬 수월해진다. 이렇게 다음 세대들이 자유롭게 창업하고 성공할 수 있는 생태계가 조성되려면, 현지 인재들에게 훈련과 교육의 기회가 보장되어야 한다. 스타트업에서 일할 뿐만 아니라 더 나아가 스스로 창업할 수 있는 환경이 조성되어야 하는 것이다.

생태계 조성자들은 이 부문에서 프런티어 혁신가들에게 큰 도움을 줄 수 있다. 기본적으로 현지 교육 시스템을 지원하고 지역 학교와 대학의 프로그램에 자금을 제공하는 데서 시작해, 나아가 정규 교육을 뛰어넘는 교육의 기회를 제공하는 것이다.

생태계 참여자들은 ALU나 현지 코딩 부트캠프와 같은 전문 기구를 지원할 수 있다. 수업료가 걸림돌이라면, 보조금을 지원하는 방안을 검토해볼 수 있다. 일례로, 호텔스닷엔지는 나이지리아의 숨겨진 최고의 인재를 찾는 훈련 프로그램을 운영하고 프로그램 참가자들에게 보조금을 지원한다. 또한 일반적인 기술 산업을 대상으로 훈련을 받을 수 있는 더 많은 기회를 제공할 수 있다.

인데버와 같은 단체의 멘토십 프로그램은 현지인들이 창업에 필요한 자원을 획득하는 데 도움이 된다. 리플웍스<sup>Rippleworks</sup>(암호화폐 스타트업인 리플<sup>Ripple</sup>과 크리스 라센<sup>Chris Larsen</sup>, 더그 갤런<sup>Doug Galen</sup>이 설립한 재단)와 같은 단체는 글로벌 스타트업과 사회적 기업가에게 각 분야의 전문가를 소개한다. 예를 들면, 리플웍스는 고객 서비스로 고민하던 졸라와 고객 서비스 전문가를 매칭했다.[30] 더그 갤런은 "수많은 투자기관과 비영리 기구가 혁신 교육과 역량 강화를 위해 노력합니다. 그들의 노력이 인재풀의 질과 규모를 개선하고 있죠. 그들의 노력이 결실을 보려면 수년이 걸릴 겁니다. 하지만 스타트업에는 지금 당장 인재가 필요합니다. 그래서 많은 기구가 실질적으로 인재 격차를 메우기 위해서 최선을 다하고 있습니다."라고 내게 설명했다.[31]

다양성 부족은 기술 산업에 나타나는 고질적인 문제이고 수많은 신흥 시장에서 유난히 심각하다. 쇼피파이와 호텔스닷엔지와 같은 프런티어 혁신 기업들은 이 문제의 해결책으로 기가 막힌 아이디어를 제시했다. 이처럼 정부와 기업, 비영리 기구에는 인재 파이프라인을 보다 포괄적으로 지원하고 여성과 소외된 공동체에 더 많은 기회를 제공할 기회와 의무가 있다.

# 낙타에게 먹이를
# 주는 방법

낙타는 척박한 환경에서 살아간다. 그들은 물과 음식을 먹지 않고도 며칠 동안 생존할 수 있다. 하지만 낙타도 생존하려면 자양분이 필요하다. 생태계 참여자들이 낙타 기업의 생존에 도움이 될 수 있다. 단, 잘 고민해서 과하지 않은 범위에서 도움의 손길을 내밀어야 한다.

알다시피, 많은 혁신 생태계가 자본에 굶주려 있다. 투자자들은 신흥시장에 나타나는 혁신 생태계를 지원할 수 있다. 예를 들면, 투자가들이 주도하는 라이즈 오브 더 레스트<sup>Rise of the Rest</sup>와 컴백 시티즈<sup>Comeback Cities</sup>와 같은 비영리 이니셔티브는 미국 중서부 지역에서 스타트업 생태계와 창업 기회에 대한 인식을 제고하는 데 도움이 된다.

미국 중서부의 드라이브 캐피털<sup>Drive Capital</sup>이나 라틴 아메리카의 카스젝 벤처스처럼 벤처캐피털 회사들은 자본이 부족한 생태계를 중심으로 투자 전략을 수립할 수 있다. 그리고 벤처캐피털 회사들은 새로운 투자 구조와 모델을 지속적으로 실험해야 한다(수익 공유형 모델, 에버그린 펀드 등이 있다). 유한 파트너(벤처펀드의 투자자)도 혁신 기업들을 지원해야 한다.

각국 정부에게도 해야 할 역할이 있다. 실제로 많은 혁신 생태계에서 정부가 벤처캐피털을 지원하면서 스타트업에 벤처캐피털 회사가 투자하기 시작했다. 이스라엘에서 요즈마 프로그램은 벤처캐피털 업계의 초기 발전을 이끈 주요 동력이었다. 히브리어인 '요즈마'는 '진취', '주도' 등으로 해석된다. 이는 이스라엘의 벤처캐피털 업계의 성과를 적절하게 보여주는 단어다. 이스라엘 정부는 신규 벤처캐피털 펀드에 40%에 달하는

8,000만 달러를 출자하여 요즈마 펀드를 조성하고 창업과 스타트업의 해외 진출을 지원했다. 그들의 말에 따르면, 나머지는 끝난 것이나 다름없었다. 벤처캐피털 투자는 6배 치솟았고 1990년대 5,800만 달러에서 현재 33억 달러에 이른다.[32] 미국에도 이와 유사한 사례가 있다. 1958년 초 소기업 투자공사Small Business Investment Corporation, SBIC는 전통적인 금융기관에서 자본을 조달할 수 없었던 리스크가 높은 소기업에 자본을 제공했다.[33]

재단과 다자간 기구는 자본 출처로서 활용도가 낮다. 재단은 기부금 일부를 프런티어의 기업가나 투자가를 지원하는 용도로 활용해야만 한다. 사회적 영향력을 중요시하는 임팩트 투자 모델은 특히 강력한 채널이다.

기업들도 전 세계적으로 스타트업에 투자하고 지원할 수 있다. 텐센트와 알리바바, 내스퍼스와 같은 기업들이 이를 증명했다. 미국에서 기업들이 쌓아둔 현금 유보금이 1조 9,000억 달러가 넘는다. 이 중에서 일부만 활용하여 지역 공동체에 재투자하면 많은 것이 바뀔 것이다.[34]

낙타 기업은 물웅덩이 주변에만 머무르지는 않는다. 물론 자본이 메마른 열악한 생태계에서 활동하는 기업가들을 위해 자본 조달에 따르는 어려움만이라도 완전히 없애주고 싶을 수 있다. 실제로 자본이 지나치게 너무 많다고 불평하는 기업가는 없다. 그러나 많은 사람이 설득력 있게 주장했듯이 자본 부족이 창업에 걸림돌이 될 순 있지만, 스타트업의 발목을 잡는 심각한 제약 요인이 되는 경우는 드물다.[35] 그보다 스타트업이 반드시 풀어야 할 난제는 지속 가능한 비즈니스 모델을 찾는 것이다. 낙타 기업의 장점은 지속 가능성과 회복 탄력성을 추구한다는 데 있다. 자본의 과잉은 오히려 낙타 기업들이 지속 가능성과 회복 탄력성을 갖추고 성공하는 데 방해가 된다. 그러므로 생태계 조성자들은 문제를 신중하게 진단하고 단계별, 분야별, 지역별로 빠진 것이 무엇인지를 파악하고 그에 맞는 솔루션을 마련해야 한다.

마지막으로 생태계 조성자들은 스타트업에 영원한 지원이 아닌 일시적으로만 도움을 제공해야 한다. 그들은 혁신 생태계 안에서 선순환이 시작되도록 돕고 우아하게 퇴장해야 한다. 그들의 지원은 장기적이지만 영원해선 안 된다. 예를 들어, 이스라엘의 요즈마 펀드에는 투자금을 회수하는 타임라인이 사전에 정해져 있다.

# 올바른 인프라를 제공하라

프런티어 혁신가들은 시장 형성에도 관여한다. 생태계 조성자들은 적당한 규제와 인프라를 제공하여 그들의 활동을 지원할 수 있다.

## 규제 유연성을 보장하라

생태계 조성자들은 혁신가에게 매력적인 규제 환경을 마련할 수 있다. 규제 기관은 본능적으로 만일의 사태를 모두 고려하여 미리 규제를 마련하고자 한다. 하지만 혁신 분야에서 비즈니스 모델이 어떻게 진화할지 예측할 수 있는 사람은 아무도 없다. 각종 규제로 처음부터 가능성의 문을 닫아버리면, 기업가들은 창의성을 제대로 발휘할 수 없게 될 것이다. 규제에 대한 보다 균형 잡히고 관대한 접근이 혁신 생태계의 조성을 촉진할 수 있다.

이런 맥락에서 싱가폴과 말레이시아, 영국의 중앙은행들이 도입한 규제 샌드박스*는 주목할 만하다. 핀테크 산업은 새로운 아이디어를 실험하기 어려운, 규제가 심한 산업이다. 규제 기관은 제한된 환경에서 스타트업들이 용인할 수 있는 수준의 리스크를 감수하면서 활동하도록 허락한다. 그리고 그들의 활동을 지나치게 규제하지 않기로 합의한다. 덕분에 샌드박스 안에서 스타트업은 자유롭게 자신들의 아이디어를 실험한다. 혁신적인 아이디어가 합의한 기간에 진화하면, 규제 기관과 스타트업은 미리부터 규제하는 대신에 함께 결과를 분석하고 리스크를 평가한다.[36]

각국 정부는 정책적으로 기업가들이 혁신적인 아이디어를 실험해 볼 수 있는 매력적인 샌드박스를 마련할 수 있다. 예를 들어, 르완다는 부패를 근절하고 기업가들의 창업 활동을 집중적으로 지원하여 사업하기 좋은 나라가 됐다. 그 결과, 전 세계적으로 스타트업이 르완다로 몰려들었다. 집라인Zipline처럼 많은 스타트업이 자신의 아이디어를 실험하기 위해서 르완다를 첫 번째 시장으로 선택했다. 참고로 르완다는 바빌론 헬스의 첫 번째 아프리카 시장이었다.


## 생태계 인프라를 지원하라

창조자들은 완전히 새로운 산업을 만들고 한꺼번에 다양한 비즈니스 모델을 마련해야 한다(예를 들어, 졸라는 R&D 조직, 금융 조직, 유통 플랫폼, 제조팀을 만들었고, 구아볼소는 은행 연계 플랫폼, 신용지수, PFM과 주력 상품을

---

* 새로운 제품이나 서비스가 출시될 때 일정 기간 동안 기존 규제를 면제, 유예시켜주는 제도. 심사를 통해 시범 사업, 임시 허가 등의 형태로 빠른 신제품 출시를 지원하고 문제가 있으면 사후 규제한다. '샌드박스'란 명칭의 어원은 어린아이들의 모래 놀이터로, 아이가 놀이하듯 다양한 아이디어를 자유롭게 펼칠 수 있게 한다는 의미이다. 영국에서 핀테크 산업 육성을 위해 처음으로 시행되었다. -편집자 주

동시에 개발했다). 이것은 전략적인 행보이고 기업에 차별성을 부여한다(애플은 직접 매장을 운영하여 상품 유통을 처음부터 끝까지 관리한다). 하지만 프런티어 혁신가들은 필요에 의하여 누구나 사용할 수 있는 수평적 인프라도 직접 조성해야 된다.

생태계 조성자들이 창업 활동에 필요한 수평적 인프라를 만들 수도 있다. 인도는 아드하르<sup>Aadhaar</sup>를 개발했다. 아드하르는 인포시스(벵갈루루 혁신 생태계의 핵심 '형님') 공동 창립자 난단 나일카니<sup>Nandan Nilekani</sup>가 공직에 몸담고 있을 때 개발한 범용 신분 확인 시스템이다. 아드하르는 13억 명의 인도 사람들에게 생체 정보를 기반으로 디지털 신분증을 제공한다. 아드하르가 제공한 디지털 신분증으로 인도 사람들은 정부로부터 혜택을 받고 은행 계좌를 개설하고 전화를 개통하고 신분을 증명할 수 있다.[37]

아드하르 플랫폼은 생태계에 귀중한 기본 인프라를 제공한다. 매트리모니에게 신분 인증 시스템은 굉장히 중요한 인프라였다. 매트리모니 창립자 무루가벨 자나키라만은 직접 막대한 자금을 투자하여 신분 인증 시스템을 개발해야 했다. 아드하르 플랫폼이 있었다면, 플러그인 시스템으로 쉽게 활용할 수 있었을 것이다. 인도 정부는 아이스퍼트<sup>iSPIRT</sup> 소속 기술 전문가들의 자문을 받아서 응용프로그램 인터페이스 인디아스택<sup>IndiaStack</sup>을 개발했다. 인디아스택은 아드하르 플랫폼을 플러그인 시스템으로 활용하여 신원을 인증한다. 이 덕분에 종이와 현금이 필요 없는 새로운 디지털 서비스를 이전보다 쉽게 제공할 수 있게 되었다.[38] 난단 나일카니는 이와 관련하여 다음의 비전을 제시했다.

목표는 디지털 공공재를 만드는 것입니다. 첫 번째로 대중에게 제공한 아드하르는 신원 인증 시스템이었습니다. 이어서 인도 국가결제공사<sup>National</sup> Payments Corporation of India가 아드하르와 호환되는 결제 네트워크 UPI를 출시했죠. 다음 단계는 데이터를 활용하여 대중의 권한을 강화하는 것입니다. 사람들이 데이터를 자신의 이익을 위해서 활용할 수 있도록 하는 것이죠. 이런 인프라들이 구축되면 마법이 일어날 겁니다. 모든 종류의 상품과 서비스가 재해석될 겁니다.[39]

기업과 재단, 정부도 생태계 인프라를 지원할 수 있다. 인적 자본과 관련하여, 지자체와 일부 기업이 공공재로써 호텔스닷엔지의 지원 프로그램을 지원했다. 국가적인 차원에서 해당 프로그램이 활용되면 스타트업은 전국에서 최고의 인재를 발굴하여 채용할 수 있고 취업 기회를 평등하게 많은 이들에게 제공할 수 있다.

## 생태계 지원 원칙 5가지

많은 생태계 조성자들이 나에게 자신들이 혁신 생태계를 조성하는 데 유용한 전략적인 조언을 해 달라고 요청한다. 혁신 생태계를 조성하는 전략을 마련하기는 쉬운 일이 아니다. 효과적인 전략을 마련하려면, 현지 강점, 역학구조, 시장 참여자 간의 관계에 대한 깊은 이해가 필요하다. 그래서 나는 그들에게 조언할 때 말을 아낀다. 대신에 길라잡이로 삼을 만한 몇 가지 원칙을 제시한다.

## 기업가를 중심에 두어라

성공한 스타트업은 항상 고객을 모든 것의 중심에 둔다. 생태계 개발도 마찬가지다. 혁신 생태계의 고객은 바로 기업가 혹은 창업자다. 특정 산업을 개발하거나 새로운 일자리를 창출하거나 사회적 문제를 해결하는 등 다양한 '고객'의 니즈를 충족시키면 추진력이 생겨 생태계가 자연스럽게 조성될 것이다. 하지만 혁신 생태계의 선순환을 일으킬 정도로 효과적이진 않을 것이다.

전 세계의 생태계 조성자들을 인터뷰하면서 나는 혁신 생태계 조성의 핵심 성공 요인은 기업가 중심적 사고임을 깨달았다(이것은 실패를 예측하는 요인이기도 했다). 기업가가 아닌 제3자가 혁신 생태계에 무엇이 필요한지를 결정하고 왜곡된 인센티브가 서서히 생기기 시작하면 그 성과는 최선에 훨씬 못 미친다. 인데버는 나이로비의 혁신 생태계를 분석하고 기부자와 개발금융기관Development Finance Institution, DFI, 기업이 제공하는 외부 자금이 지나치게 많다고 평가했다.[40] 나이로비에서 스타트업 30개당 기부금으로 자금을 조달하는 인큐베이터가 1개였다. 인데버 보고서에 따르면, 기부자는 테크 스타트업을 육성하는 이니셔티브에 자금을 지원하기 시작했고, 이로 인해 개인에게 소액 대출을 해주고 교육 서비스를 지원하는 현지 기관들이 비즈니스 모델을 재편하고 기업가 지원 프로그램을 출시하기 시작했다.[41] 이런 트렌드는 생산성이 낮은 영세사업자를 성공하게 하고, 스타트업을 성장시키는 것보다 기부자의 목표를 달성하는 데 최적화된 생태계만을 조성했다.

순조롭지 못한 출발이었지만 케냐 기업가들은 장기적으로 자신들만의 혁신 생태계를 조성하는 데 대단한 성과를 거뒀다. 하지만 나이로비 생태계와 벵갈루루 생태계를 비교하면 나이로비 스타트업 중에서 겨우 1%만이 100명 이상의 직원을 고용하는 대기업으로 성장한 것을 알 수 있다. 이는 벵갈루루 대비 6분의 1 수준에 불과하다.[42]

벤처캐피털 업계에서도 동일한 일이 전개됐다. 1990년대 후반 캐나다 정부가 조성한 노동자 연대 투자펀드와 납세자 연대 투자펀드는 규정에 따라 자본을 투자하는 스타트업의 종류와 투자 방식이 제한됐다.[43] 하버드 경영대학원 교수 조시 러너Josh Lerner는 노동자 연대 투자펀드가 다른 투자 자산과 비교했을 때 운용 실적이 나빴고 전통적인 벤처캐피털 투자 모델보다 실패 가능성이 크다는 사실을 발견했다. 노동자 연대 투자펀드는 기업가들에게 자본이 필요하지 않은 분야에 자본을 투자하고 있었다.

궁극적으로 기업가들이 중심이 되어서 혁신 생태계 개발을 주도해야 한다. 카우프만 재단Kauffman Foundation의 경험적 데이터와 마찬가지로 앞서 살펴본 브래드 펠드의 볼더 이론이 이런 철학을 지지한다.[44]

### '대박'도 노려라

많은 생태계 조성자들은 아주 초기 단계부터 스타트업을 지원하고 싶을 것이다. 그래서 새로운 스타트업이 늘어나거나 특허 건수가 증가하길 바랄 것이다. 이것은 혁신 생태계의 성공을 보여주는 지표다. 하지만 이런 지표들은 오직 **성공한 스타트업 활동**만을 보여준다. 스타트업이나 특허가 증가한다고 생태계에 활동하는 스타트업들이 성장할 것이란 신호는 아니다. 참고로 스타트업의 성장은 혁신 생태계의 성공 여부를 평가하는 핵심 지표다.

카우프만 재단은 4가지 지표를 알려주는 12개 기준을 이용하여 혁신 생태계를 평가하는 데 도움이 되는 보고서를 발표했다. 첫 번째는 밀도다. 밀도는 1,000명당 스타트업 수, 전체 고용에서 스타트업이 차지하는 비중, 특히 첨단 기술 분야에서 영역 밀도를 평가한다. 두 번째 지표는 유동성이다. 유동성은 인구 변화와 노동시장 재배치, 고성장 기업의 수 등을 평가한다. 세 번째 지표는 프로그램 연결성과 스핀오프 비율, 거래자 네트워크를 측정하는 연결성이다. 네 번째 지표는 경제 전문 분야의 수와 이동성, 이민자 비율 등을 측정하는 다양성이다.[45]

여기서 나는 다섯 번째 지표를 추가하고 싶다. 11장에서 집중적으로 살펴본 '형님들'이다. 스타트업을 성장시켜 엑시트에 성공한 기업가들의 수다. 어느 연구에 따르면 혁신 생태계의 60% 이상이 상위 3개 기업들에 의해서 조성됐다. 부에노스아이레스에서는 무려 80% 이상이었다.[46] 지금까지 살펴봤듯이 성공적으로 성장한 스타트업들은 혁신 생태계 개발의 선순환에 시동을 걸 수 있다.

## 장기적인 관점을 지녀라

로마는 하루아침에 세워지지 않았다. 스타트업 생태계도 마찬가지다. 실리콘밸리가 지금의 모습을 갖추기까지 무려 40년이 넘게 걸렸다. 이스라엘의 성공은 20년을 거슬러 요즈마 프로그램에서 시작됐다.

그러므로 창업 생태계를 조성하려는 사람들은 장기적인 관점을 지녀야 한다. 하나의 생태계를 개발하는 데는 선거 주기나 기업이나 재단 CEO의 임기보다 긴 시간이 필요하다. 성공에는 다음 세대에 지휘봉을 넘겨주는 과정이 수차례 필요하다.

## 협업하라

혁신 생태계는 타 생태계와 벽을 쌓은 채로 고립된 상태에서는 발전할 수 없다. 이해 관계자들로 구성된 공동체와 협업해야 한다. 인데버와 FUN, ALU와 같은 생태계 조성자들이 목표를 달성하려면 더 넓은 기업가 커뮤니티, 기업, 민간 및 비영리 부문과의 파트너십이 필요하다. ALU는 현장과 교육의 격차를 파악하고 그에 따라 교과과정을 수립하고 인턴십과 훈련의 기회를 마련하기 위해서 학생들의 미래 고용주들과 손을 잡았다. 그뿐 아니라 초기 프로젝트의 자금을 조달하기 위해서 자선가들과도 손을 잡았고 프로젝트를 확대하기 위해서 다양한 기업들과 협업했다. 마찬가지로, 인데버가 부리는 마법의 일부는 프로그램에 자금을 대고 스타트업을 멘토링하는 지역 경제계 리더들과의 깊은 협력이다.

## 창의력을 발휘하고 리스크를 감수하라

애석하게도 모든 지역에 효과적인 생태계 조성 전략이란 존재하지 않는다. 창업 생태계를 조성하는 것은 실험적인 행위가 수반될 수밖에 없다. 리스크를 감수하고 새롭고 창의적인 접근법을 시도해 봐야 한다. 모든 것이 성공하거나 성장하지는 않을 것이다.

실제로는 그 반대가 더 흔하다. 상대적으로 작은 규모로 행해지는 유기적인 활동이 대단히 효과적이다. 어떤 것은 성공하고 어떤 것은 실패할 것이다. 하지만 신속한 실험이야말로 성공할 모델을 찾는 데 대단히 중요하다.

# 무엇보다
# 너 자신에게 진실하라

프런티어에 혁신 생태계를 조성하고 성장시키는 여정은 실리콘밸리나 기타 선진국에서의 여정과는 다르다. 그러므로 프런티어는 "너 자신에게 진실하라."라고 말한 셰익스피어의 말에 귀를 기울여야 한다. 전 세계의 많은 혁신 생태계는 '실리콘 ○○'라는 이름으로 불린다. 뉴욕에는 실리콘 앨리<sup>Silicon Alley</sup>, 유타에는 실리콘 플레인<sup>Silicon Plains</sup>, 케냐에는 실리콘 사바나<sup>Silicon Savannah</sup>가 있다. 이것은 잘못되고 심지어 모욕적인 비유다. 사하라 사막 이남의 아프리카 지역을 총칭하는 실리콘 사바나는 자연스럽게 형성된 혁신 생태계를 설명하기 위해서 영어를 그대로 가져다 쓴 것이다. 하지만 이것은 아프리카 대륙 전체를 대표하지 못한다.[47]

세계 도처에 제2, 제3의 실리콘밸리를 만드는 것은 생산적인 목표가 아니다. 전 세계에 운영되는 성공적인 혁신 생태계는 다른 모습을 하고 있어야 한다. 그리고 다른 모습일 것이다. 지역마다 보유한 강점이 다르기 때문이다.

예부터 기술 산업은 다른 산업들과 전혀 관계없는 독자적인 수직 산업이었다. 금융 산업과 헬스케어, 산업, 기술 산업 등이 독자적으로 존재했다. 이런 세계에서 뉴욕이 금융 산업을 지배하고 퀘벡이 메이플 시럽 시장을 장악했듯이 실리콘밸리가 기술 산업을 지배할 수 있었다.

하지만 현재의 기술 산업은 수평적이다. 모든 기업과 모든 산업에 기술이 '내장'되어 있다. 지역 전문성은 현지 생태계 개발에서 핵심적인 역할을 해야 한다. 런던은 전 세계의 핀테크 산업을 주도한다. 오하이오의 콜럼버스는 농업과 제조업에 전문화된 미국 중서부 지역의 번창하는 혁신 허브가 됐다.

전 세계적으로 혁신 생태계에서 다양한 종류의 스타트업이 육성될 것이다. 일부는 헬스케어와 관련된 하위 영역에 집중할 것이고 다른 일부는 산업용 로봇 산업에 집중할 것이다. 현지 생태계가 지닌 강점들이 특화 분야를 결정할 것이다.

현지 생태계 조성에 기여하고 싶다면, 프런티어 혁신가들은 다른 지역의 혁신가들과는 다르다는 사실을 이해하고 인정해야 한다. 이들은 정치경제적 여건과 거시경제적 여건, 현지 생태계에 의해 결정되는 독특한 환경에서 활동한다. 모든 혁신 생태계에는 폭넓은 산업 환경과 함께 일련의 전문성도 반드시 반영되어야 한다.

그러니 실리콘 사바나라고 부르지 마라. 그냥 케냐라고 불러라.

# 미래는 프런티어에 있다

2018년 4월 10일 마크 저커버그는 미 상원위원회 청문회에 출석했다. 그는 페이스북 이용자의 데이터를 미국 대선과 관련하여 부적절하게 사용해 논란에 휩싸인 케임브리지 애널리티카와 관련하여 질문 세례를 받았다. 그는 미리 답변을 준비했고, 청문회에 출석하기 전에 예행연습도 마쳤다.

그는 예상 질문으로 페이스북의 해체에 대한 답변도 준비했다. 청문회에서 그 질문이 나오지는 않았지만, 그가 준비한 노트 메모는 전 세계 기술 산업의 현황을 강조하며 페이스북의 가치를 역설하는 것이었다. "페이스북 해체? 미국 기술 기업은 미국의 핵심 자산임. 해체하면 중국 기업이 강화됨."[1]

페이스북이 가장 걱정하는 것은 트위터, 링크드인, 스냅챗과 같은 미국 경쟁업체들의 추격이 아니었다. 페이스북의 경쟁업체는 전 세계에 존재하는 모든 기술 기업이다. 페이스북의 월 사용자 수는 무려 23억 명에 달한다.[2] 하지만 위챗이 그 뒤를 바짝 추격하고 있다. 월 사용자 수가 11억 명에 이르는 위챗은 빠르게 성장하고 있다.[3] 상위 20개의 기술 기업 중에

서 8개가 중국 기업이다. 10년 전에는 3개에 불과했다.[4]

기술 혁신은 전 세계적으로 일어나고 있다.

이름만 대면 누구나 알 만한 유명 기술 기업이 세계 도처에서 등장하고 있다. 스포티파이는 스웨덴 기업이고 웨이즈$^{Waze}$는 이스라엘에서 등장했으며, 알리바바는 중국 기업이다. 1990년대 테크 거품이 절정이었던 20년 전 실리콘밸리는 세계 혁신을 주도했었다. 여러 모로 혁신적인 기술은 실리콘밸리에서만 탄생했다. 하지만 많은 것이 변했다. 1990년대에는 세계 벤처 캐피털의 95% 이상이 미국에서 움직였지만, 현재 50%대로 줄어들었다.[5] 이런 변화는 앞으로 계속될 것이다. 혁신은 어디서든지 탄생할 수 있다.

세계는 실리콘밸리에서 멀어져 프런티어에 주목한다. 실리콘밸리에서 통하던 종래의 규칙들은 더 이상 의미가 없다. 최고의 기업가들이 보다 창의적이고 지속 가능하고 세계적이며 사회에 지대한 영향을 미칠 혁신을 다방면에서 실현해 가며 자신들만의 길을 개척하고 있다.

이 책을 읽고 다음의 5가지를 꼭 기억하길 바란다.


## 혁신은 글로벌하다


그동안 혁신의 성공 사례들은 오늘날의 실리콘밸리라는 유례없는 단일 시간과 장소, 특정 기업 유형에 집중되어 있었다. 오랫동안 혁신을 촉진하고 스타트업 생태계를 조성하는 원칙이 담긴 실리콘밸리 규정집은 우리에게 주어진 유일한 참고서였다. 하지만 실리콘밸리 규정집에 실린 원칙들이 전 세계에 통하진 않는다. 그리고 이제 실리콘밸리를 제외한 나머지 지역들은 정해진 틀에 맞추길 거부하고 있다.

실리콘밸리 규정집에 담긴 원칙들이 그 자체로 틀린 것은 아니다. 오히려 실리콘밸리에선 놀라울 정도로 효과적이다. 문제는 자산 경량화를 통해 상품을 생산하고 수단과 방법을 가리지 않고 성장만을 추구하는 전략은 생태계와 인프라가 잘 조성된 실리콘밸리에서만 효과적이란 점이다.

실리콘밸리와 대조적으로 내가 프런티어라고 부르는 나머지 지역들은 창업 활동이 거의 전무한 생태계부터 거시경제 불확실성과 정치적 리스크가 존재하는 시장에 이르기까지 넓고 광범위하며 다양하다. 그렇기 때문에 프런티어에서 스타트업을 설립하는 것은 실리콘밸리에서 스타트업을 설립하는 것과는 차원이 다른 모험이다. 이것이 실리콘밸리 규정집을 무비판적으로 받아들이는 것이 재앙으로 가는 지름길인 이유다. 오직 성장만을 추구하는 스타트업은 자본이 제한된 시장에서 그야말로 굶어 죽거나 예상치 못한 통화 리스크에 소위 뒤통수를 맞거나 수많은 난관으로 나자빠지게 될 것이다.

기본적인 전제를 제대로 이해하지 않고 단순히 실리콘밸리 규정집을 복사, 붙여넣기 해서 혁신 생태계를 조성하려는 행위는 무모하고 무지하다. 성공적인 프런티어 혁신가들은 무턱대고 실리콘밸리를 모방하려 들지 않는다.


## 새로운 혁신 모델이 등장했다

프런티어가 개발했고 채택한 새로운 혁신 모델은 전 세계 기업가들로부터 얻은 교훈에 뿌리를 두고 있다.

프런티어 혁신가들은 다방면으로, 의미 있게 혁신의 모범 사례를 다시 정의했다. 프런티어 혁신가들은 산업을 와해하기보다는 창출하고 생태계의 애로사항에 주목하면서 대중시장에 출시할 상품을 생산한다. 그들은 거리 주소 부여부터 새로운 금융 서비스와 헬스케어 솔루션 개발까지 시스템상의 사회 문제를 혁신적인 기술과 비즈니스 모델로 해결한다.

프런티어 혁신가들은 종종 자신의 비즈니스 모델을 성공시키기 위해서 수직적·수평적 스택을 직접 마련해야 한다. 이 때문에 프런티어에서 스타트업을 성공적으로 성장시키는 것이 실리콘밸리보다 훨씬 복잡한 것이다. 하지만 이것이 프런티어 혁신가들에게 경쟁 우위를 제공할 수도 있다. 프런티어 혁신가들은 맹목적으로 성장만을 추구하지 않는다. 그들은 그 무엇보다도 사촌인 유니콘 기업과 비교하여 지속 가능성과 회복 탄력성을 지닌 '낙타 기업'을 키워낸다. 더 커다란 거시경제적 리스크에 노출된 프런티어 혁신가들은 회복 탄력성에 집중한다.

종종 프런티어 혁신가들은 이민자이거나 귀환자이다. 그들은 풍부한 인생 경험에서 혁신 아이디어를 얻는다. 그들은 처음부터 세계 시장을 공략하고 나누어져 있는 지역 시장에서 기회를 조각조각 모아서 큰 기회를 만들어낸다. 그리고 전 세계의 최고 인재들을 활용해서 최정예 팀을 조직한다.

프런티어 혁신가들은 자신들의 기업이 사회 발전과 경제 발전에 크게 기여하길 바란다. 모든 사회적 기업이 스타트업은 아니지만, 대부분의 프런티어 스타트업은 사회적 기업과 공통점을 지닌다. 프런티어 스타트업은 실리콘밸리 스타트업보다 더 적극적으로 사회적으로 영향력을 미칠 수 있는 산업을 공략한다. 프런티어 혁신가들은 자신들의 상품이 발휘할 수 있는 영향력을 이해하고 있기 때문에, 빠르게 움직여 기존의 것을 파괴하기보다는 고객과 기업에 대한 리스크를 꼼꼼하게 관리한다.

한편, 프런티어의 투자자들은 벤처 금융을 혁신적으로 바꾸기 시작했다. 주요 참여자들은 에버그린 펀드, 수익 공유형 투자 모델, 투자결정의 자동화와 고객 투자자 등 새로운 벤처금융모델을 고안해 냈다.

마지막으로 프런티어 혁신가들은 생태계 조성자들이다. 그들은 적극적으로 창업 문화를 형성하고 예비 혹은 후배 기업가들에게 멘토가 되어주고 생태계에 필요한 인프라를 조성하고 인재를 육성한다. 이 모든 일을 자신들의 스타트업을 성장시키면서 해낸다. 일부는 생태계 개발 속도를 가속하고 선순환에 시동을 건다.


## 규정집이 아닌 전술집이다

종합적으로 살펴보면, 프런티어에서 얻은 모든 교훈은 프런티어를 넘어 전 세계 기업가들에게 새로운 전술집이 된다. 하지만 이것을 'A, B, C를 하면 Z가 된다'는 식의 성공 공식으로 여겨선 안 된다. 전술집은 말 그대로 예비 창업자들이 자신들의 성공 가능성을 최대한 높이고자 참고할 전술들을 모아놓은 참고서일 뿐이다. 그러므로 어떤 전술이 어떤 상황에 제일 효과적일지 스스로 판단하고 나머지는 과감하게 버릴 수 있어야 한다.

맥락이 중요하다. 브라질과 같은 지역은 거대한 현지 시장이 있으며 문화 색채가 강하다. 이런 곳에서는 현지 시장에 좀 더 집중해야 한다. 반대로 우루과이와 같은 지역에선 처음부터 역외 시장이나 세계 시장을 공략하는 것이 효과적이다. 벤처캐피털 생태계가 잘 조성되어 있고 스타트업이 많은 국가들은 자금 조달을 위해서 창의적인 방식을 거의 시도하지 않는다. 그들은 대체로 실리콘밸리 전략을 그대로 따른다. 토론토나 상하이와 같은 대도시는 기술 인재와 경영 인재가 풍부하다. 그래서 최정예 팀을 조직하는 것이 중요하지만, 프런티어에서처럼 시급한 일은 아니다.

이런 전략들은 서로 만나고 보강된다. 주로 산업을 창조하려면 대부분의 인프라와 생태계가 처음에는 부족하기 때문에 풀스택을 조성해야 한다. 창조자는 사회적 영향력을 행사할 수 있는 종합격투기 선수형 기업가다. 보강된 비즈니스 모델을 다수 보유한 낙타 기업은 창업 초기부터 세계 시장을 공략하고 풀스택을 조성하면서 회복 탄력성을 키울 수 있다. 때때로 이런 트렌드들은 서로 다른 방향으로 나아간다. 예를 들어, 분산 전략을 활용하면 현지에 최정예 팀을 조직할 필요가 사라질 수 있다.

그렇다고 실리콘밸리 전략을 완전히 폐기해선 안 된다. 실리콘밸리는 여전히 고객 중심 상품 개발모델, 창의적인 디자인 사고와 상품 진화 모델에서 최고의 전략을 배울 수 있는 유일한 곳이다.

상대주의는 프런티어 혁신의 핵심이다. 전술집에서 얻은 일부 교훈은 다른 스타트업 생태계에 바로 적용될 수 있을 것이다. 하지만 어떤 생태계는 혁신가들이 채택하는 특정 전술을 불편해하거나 도전적으로 느낄 것이다. 이것은 자연스러운 현상이다. 모네가 그린 수련의 어느 한 부분만 봐서는 인상파를 이해하기 어렵다. 한 걸음 물러서서 전체 그림을 봐야 한다. 종합적으로 보면, 프런티어 혁신가들이 쓴 새로운 전술집에 담긴 전략들은 스타트업을 설립하는 것에 대하여 실리콘밸리 규정집보다 더 현실적이고 유연하며 진화된 접근법을 제시한다.

## 실리콘밸리를 모방하지 마라

프런티어에 생기 넘치는 혁신 생태계를 조성하려면, 정책 입안자와 규제 기관, 재단기관, 투자자, 대기업 등 모든 참여자가 해야 할 역할이 있다. 실리콘밸리를 복제해선 안 된다. 이 책에서 살펴본 전략을 참고하여 행동 방침을 마련하고 프런티어 전술집을 기본으로 프런티어 혁신가들을 지원해야 한다.

예를 들면, 타가수분 이니셔티브를 지원하는 것은 스타트업 생태계들을 하나로 연결하는 데 도움이 된다. 현지 교육 시스템을 개선하고 친이민 정책을 도입하고 훈련 프로그램에 투자하면 현지 인재 생태계를 유지하고 성장시킬 수 있다. 적절한 법률 및 규제 시스템을 육성하는 것은 혁신과 스타트업 창업을 촉진할 것이다. 수평적으로 인프라를 조성함으로써 스타트업의 설립과 운영에 따르는 비용과 리스크를 줄일 수 있다. 그리고 혁신가들과 손을 잡고 책임감 있게 벤처 금융 생태계에 시동을 건다면, 선순환이 생길 수 있다.


## 실리콘밸리는 재충전이 필요하다

프런티어 혁신가들은 필요에 의해서 자신들만의 전술집을 쓰고 있다. 척박한 생태계에서 살아남아 번창하기 위해서다.

전통적인 실리콘밸리 기업들은 호시절에 번창한다. 하지만 호시절은 영원히 지속되지 않는다. 2008년 10월 주요 벤처캐피털 회사 세쿼이아 캐피털은 <호시절이여, 편히 잠드소서$^{RIP\ Good\ Times}$>란 제목으로 포트폴리오에 포함된 기업들에 프레젠테이션을 하며 금융 위기를 예견했다. 세쿼이아 캐피털이 내린 결론 중 하나는 CEO들이 지속 가능성과 회복 탄력성을 최우선으로 추구해야 한다는 것이었다.[6]

지난 10년은 역사적으로 가장 장기적인 강세장 중 하나였기에 자본과 낙관론이 풍부하다. 후기 단계 스타트업은 성층권을 뚫을 정도로 높은 가치평가를 받고 있고 기업 공개를 미루면서 성장에만 집중하고 있다. 동시에 실리콘밸리 일대에서 극단적으로 경제 불평등이 심화되고 노숙자가 증가하고 있으며, 기술 기업들은 비윤리적인 행위로 비난을 받고 있다. 간단하게 정리하자면, 이제 더 이상 실리콘밸리는 지금까지 해오던 방식대로는 혁신의 한계를 넘어서지 못할 것이다.

아마존과 넷플릭스 등 많은 최고의 스타트업들이 침체기에 설립됐다.[7] 한 이론에 따르면 이런 현상이 나타나는 이유는 사람들이 쓸 돈이 부족해서 기업가들이 보다 효율적으로 기업을 설립할 수밖에 없는 시기였기 때문이라고 한다(그리고 직장을 다니는 사람들은 기업가 정신을 강요받고 있다).[8] 현재의 행복감에 젖어 실리콘밸리는 이런 사실을 잊어버렸다. 이를 기억하고 교훈을 얻고자 한다면, 실리콘밸리 생태계 참여자들은 프런티어와 프런티어 혁신가들이 채워나가는 전술집을 참고해야 한다. 그것은 실리콘밸리가 무엇이 작동하는지 되돌아보고 너무 늦기 전에, 어떻게 하면 더 지속 가능한 다음 버전으로 진화할 수 있는지 생각해 볼 기회를 제공할 것이다.

모든 순환이 그렇듯이, 언젠가는 벤처캐피털이 다시 고갈될 것이다. 2001년 9.11테러와 2008년 금융위기 이후처럼 오직 탄탄한 기업들만이 살아남았을 때, 유니콘보다 사막에서 살아가는 낙타가 장기적으로 더 훌륭한 혁신의 마스코트라는 사실을 다시 떠올리게 될지도 모른다.


## 미래는 프런티어에 있다

이제 전 세계적으로 거의 모든 나라에 스타트업 커뮤니티가 존재한다. 물론 향후 몇 년간 실리콘밸리는 세계 최고의 스타트업 생태계와 혁신 허브의 위치를 고수할 것이다. 하지만 이제 더 이상 실리콘밸리는 혁신의 유일한 탄생지가 아니다.

전 세계적으로 운영되는 혁신 생태계는 그 발달 정도가 다르다. 대부분 신흥시장의 혁신 생태계는 유아기 수준이다. 미국의 과거 제조업 중심지는 쇠퇴하거나 고통스러운 과정을 통해 다시 탄생할 것이다. 최고의 혁신 생태계는 다른 혁신 생태계에서 얻은 교훈을 활용할 것이고 현지 시장의 강점과 자산, 니즈가 뭔지를 고민할 것이다.

몇몇 시장에서 선순환이 이미 이루어지고 있다. 성공한 스타트업에는 멘토와 엔젤 투자자, 훈련된 혁신가들이 함께 한다. 하지만 대부분의 프런티어 생태계에선 이러한 선순환이 일어나길 기다리는 것만으로 충분하지 않다.

영국 시인 러디어드 키플링Rudyard Kipling은 "오, 동은 동이고 서는 서이니, 동과 서는 결코 만나지 않으리"라고 했다. 하지만 혁신은 전 세계로 나아가고 있다. 동과 서는 서로에게서 배울 것도 함께할 것도 많다. 지금이야말로 동과 서가 함께 만들어내는 실로 거대한 기회를 잡을 때다.

비록 전 세계 벤처캐피털의 절반이 여전히 미국으로 흘러들어 가지만, 변화의 물결이 차올라 전 세계를 덮치기 시작했다.[9] 프런티어에는 개발도상국과 신흥국가를 통틀어 64억 명 이상이 살고 있으며, 이는 전 세계 인구의 85%에 달하는 수치다. 심지어 이것은 선진국에 있는 프런티어에서 활동하는 인구는 포함되지 않은 수치다.[10]

프런티어의 혁신 생태계가 본격적으로 움직이면 어떤 일이 일어날지 알고 싶다면, 중국을 보면 된다. 10년이라는 기간에 중국은 세계에서 두 번째로 큰 기술 혁신 생태계로 성장했다. 그리고 중국에서는 단연코 실리콘밸리보다 더 다양한 혁신 기술이 배출된다. 그 범위는 헬스케어와 운송과 같은 경제 영역까지 아우른다.[11]

벵갈루루, 시카고, 상파울루, 싱가폴 등 많은 지역이 혁신 허브로 떠오르고 있다. 전 세계적으로 거의 500개의 혁신 생태계가 존재하고 이곳에서 많은 스타트업들이 활동하고 있다. 자금 조달 방식이 더욱 민주화되고 실리콘밸리 이외의 지역에서도 자유롭게 자금을 조달할 수 있게 된다면 어떤 일이 일어날지 상상해 보라.

상전벽해와 같은 거대한 변화가 서서히 다가오고 있다. 실리콘밸리 밖에서 많은 기업가가 혁신을 주도한다. 그들은 성공하기 위해서 실리콘밸리의 규칙을 뒤엎고 재해석하기를 반복하면서 그 누구보다 앞서 혁신을 이뤄내고 있다. 그러면서 그들은 이 새로운 게임의 전술집을 쓰고 있다. 세계를 바꿀 혁신의 중심지로 남아 있으려면 실리콘밸리 기업가들은 이 책에 등장하는 프런티어 혁신가들과 그들이 써 내려가는 전술집을 본받아야 할 것이다.

## 감사의 글

옛말에 "빨리 가고 싶으면 혼자 가고, 멀리 가고 싶으면 같이 가라."고 했다. 나의 곁에서 함께 달려 준 많은 이들의 응원이 있었기에 이 책이 세상에 나올 수 있었다. 때론 그들은 내가 결승선을 통과할 수 있도록 앞서 달리며 나를 이끌어줬다.

무엇보다도 아내 쉬어 로웬 라자로 Shea Loewen Lazarow 에게 고맙다고 말하고 싶다. 아내가 있었기에 나는 이 책을 쓸 수 있었고 끝까지 마무리할 수 있었다. 책을 쓰는 과정은 고된 마라톤과 같았다. 그 여정에서 아내는 든든한 동반자, 치어리더, 후원자 그리고 생각을 나눌 파트너이자 편집자가 되어줬다. 한마디로, 그녀가 없었다면 나는 이 책을 끝낼 수 없었을 것이다.

끝까지 든든한 지지를 보내준 가족에게도 감사하다. 먼저 어머니께 감사드린다. 어머니는 어린 내게 생각을 체계적으로 정리하는 법을 가르쳐 주셨다. 모든 질문에 대해 체계적으로 해답을 찾을 수 있었던 것은 모두 어머니의 가르침 덕분이다. 이 책뿐만 아니라 내가 하는 모든 일을 응원해 준 형제와 아버지에게도 감사드린다. 값진 피드백을 해준 삼촌 폴과 함께 항상 응원해 준 모든 가족에게 고맙다.

나의 연구팀은 이 책을 완성하는 데 대단히 중요했다. 마야 로레이 Maya Lorey 는 아이디어를 나누기에 좋은 파트너였고 대성공한 스타트업의 영향력과 다양성의 힘과 같은 핵심적인 주제에서 생각의 폭을 넓히는 데 많은 도움을 줬다. 니아 니라칸티<sup>Nihar Neelakanti</sup>는 유통과 마케팅 전략을 수립하는 데 값진 조언을 해줬다. 자료 수집에 많은 도움을 준 맥스웰 해리슨<sup>Maxwell Harrison</sup>, 줄리아 턴불<sup>Julia Turnbull</sup>, 루실 프라카시<sup>Rushil Prakash</sup>, 줄리 후쿠나가<sup>Julie Fukunaga</sup>, 페이지 프레스톤<sup>Paige Preston</sup>, 샌디 린<sup>Sandy Lin</sup>에게도 감사의 마음을 전한다.

캐롤 프란코<sup>Carol Franco</sup>는 나를 믿고 하버드 비즈니스 리뷰 프레스<sup>Harvard Business Review Press</sup>라는 좋은 출판사와 일을 할 기회를 마련해 줬다. 그녀와 그녀의 남편 켄트 라인백<sup>Kent Lineback</sup>은 《스타트업 웨이브, 델리에서 상파울루까지》에 대한 독자들의 반응을 미리 가늠할 수 있도록 훌륭한 사운딩보드가 되어줬다. 이렇게 큰 도움을 준 두 사람에게 너무나 감사하다.

하버드 비즈니스 리뷰 프레스와 일할 수 있어서 너무나 영광이었다. 먼저, 담당 편집자 제프 케호<sup>Jeff Kehoe</sup>에게 고마움을 전한다. 나에게 끊임없이 조언을 해주고 이 책의 콘셉트에 대해 귀한 의견을 아끼지 않았으며 내가 탐구하는 주제의 틀을 잡고 시장에서 어떻게 포지셔닝할지에 대하여 길잡이가 되어줬다. 편집을 도와준 앨리신 잘<sup>Alicyn Zall</sup>, 멋진 표지를 만들어준 스태파니 핀크스<sup>Stephani Finks</sup>, 마케팅을 책임진 에리카 헤일만<sup>Erika Heilman</sup>, 론칭 전략에 대해 조언을 아끼지 않은 멜린다 메리노<sup>Melinda Merino</sup>, 출판 과정의 길잡이가 되어준 앨리슨 피터<sup>Allison Peter</sup>, 원고를 교열해 준 벳시 하딩어<sup>Betsy Hardinger</sup>와 카렌 팔머<sup>Karen Palmer</sup>를 포함해 하버드 비즈니스 리뷰 프레스 전 직원에게 아낌없는 응원과 지지를 보내준 것에 감사하다고 말하고 싶다.

셀 수 없이 많은 친구와 동료가 이 책을 이끄는 핵심 아이디어들을 형성하는 데 도움을 줬다. 미들베리 국제연구소<sup>Middlebury Institute for International Studies</sup>의 유웨이 쉬<sup>Yuwei Shi</sup> 교수와 함께 글로벌 기업가 정신에 대한 수업 자료를 준비하면서 이 책의 기반이 되는 초기 이론들을 정립하기 시작했다. 벤처캐 피털 산업의 행동강령인 카우프만 스튜어드십 선언Kauffman Stewardship Pledge 등 다양한 프로젝트를 함께 진행한 닉 내시Nick Nash는 지식을 겨룰 좋은 상대 였고 그의 회사인 아시아 파트너스Asia Partners는 귀중한 연구 자료를 공유해 줬다. 초대 글로벌 기업가이고 스토리텔링 분야를 개척한 크리스 슈로더 Chris Schroder에게도 고맙다고 말하고 싶다. 그는 이 책과 출판 과정에 대해 조 언을 아끼지 않았고 원고를 제일 먼저 읽으며 아이디어를 제공했다. 혁신 생태계 개발을 이끌고 있는 브래드 펠드와 그의 인데버팀도 감사하다. 마 지막으로 토론상대이자 갑자기 떠오른 아이디어를 자유롭게 공유할 수 있는 파트너이자 전략가인 오스틴 아렌스버그Austin Arensberg와 마크 메라스 Mark Meras에게도 경의를 표한다.

많은 사람이 시간을 내서 원고 전체와 일부분을 읽고 귀중한 조언을 해 줬다. 제이 헤리스Jay Harris, 키스 데이비스Keith Davies, 톰 베리Tom Barry, 크리스 비 시코Chris Bishko, 마크 팔머Mark Palmer, 산제이 와글Sanjay Wagle, 알렉스 바키르Alex Bakir 에게 특별히 감사의 마음을 전한다.

수많은 사람이 아이디어를 나와 공유하거나 교훈을 얻을 만한 이야기 를 해줄 사람들을 소개해줬다. 이와 관련하여 알리 하시미Ali Hashmi, 뷰 세일 Beau Seil, 빌 드레이퍼Bill Draper, 캐서린 체니Catherine Cheney, 크리스 시한Chris Sheehan, 크 리스 예Chris Yeh, 댄 애리얼리Dan Ariely, 엠마누엘 스마다Emmanuel Smajda, 에토레 릴 Ettore Leale, 제스퍼 말콤슨Jasper Malcolmson, 케이트 코낼리Kate Connally, 롭 랄카Rob Lalka, 에드 스미넷Ed Sminett, 데이비드 델 세르David del Ser, 맬리스 카라로Maelis Carraro, 니 코 클라인Niko Klein, 패트릭 맥케나Patrick McKenna, 산구 델Sangu Delle, 실 모놋Sheel Mohnot, 러스 시겔만Russ Siegelman, 정황Zheng Huang에게 고마움을 전한다. 나의 카우프만

펠로<sup>Kauffman Fellows</sup> 학생들, 특히 시드 모프야<sup>Sid Mofya</sup>, 달톤 라이트<sup>Dalthon Wright</sup>, 제레미 야프<sup>Jeremey Yap</sup>, 댄 아벨론<sup>Dan Abelon</sup>에게도 고맙다고 말하고 싶다.

혁신에 대한 관점을 형성하는 데 지대한 영향을 준 오미디야르 네트워크의 동료들에게도 감사하다. 특히 나를 오미디야르 네트워크로 불러 글로벌 혁신 세계에 몰입할 기회를 준 아주나 코스타<sup>Arjuna Costa</sup>에게 특히 감사하다. 그에 대한 감사의 마음은 영원할 것이다. 오미디야르 네트워크의 나머지 동료들은 내가 이 길을 걸어가는 동안 중요한 조언을 아낌없이 해줬다. 틸먼 에흐벡<sup>Tilman Ehrbeck</sup>, 제니 존스턴<sup>Jenny Johnston</sup>, 아나미트라 뎁<sup>Anamitra Deb</sup>, 피터 레이블리<sup>Peter Rabley</sup> 등 수많은 이들이 나와 함께 했다. 캐세이 이노베이션<sup>Cathay Innovation</sup> 동료들은 내가 유럽과 중국의 스타트업 생태계에 눈뜰 수 있도록 도왔다. 데니스 배리어<sup>Denis Barrier</sup>, 밍포 카이<sup>Mingpo Cai</sup>, 사이먼 우<sup>Simon Wu</sup>에게도 고맙다.

브래큰 바우어 프라이즈<sup>Bracken Bower Prize</sup>와 맥킨지앤컴퍼니, <파이낸셜 타임즈<sup>Financial Times</sup>> 팀, 특히 도미닉 바튼<sup>Dominic Barton</sup>과 앤드류 힐<sup>Andrew Hill</sup>에게도 고마운 마음을 전한다. 브래큰 바우어 프라이즈를 수상하면서 이 책을 집필할 용기를 낼 수 있었다. 그러지 않았으면 시작할 엄두도 내지 못했을 것이다. 이 책을 집필하는 내내 전폭적인 지지를 보내준 브래큰 바우어 프라이즈의 모든 관계자들도 고맙다. 특히 나의 친구 스콧 하틀리<sup>Scott Hartley</sup>, 아이린 선<sup>Irene Sun</sup>, 메흐란 굴<sup>Mehran Gul</sup>에게 고맙다고 말하고 싶다.

이 책을 위해 인터뷰를 허락해준 250여 명의 기업가와 투자자, 생태계 조성자에게도 감사하다고 말하고 싶다. 안타깝게도 그들이 들려준 많은 이야기 중에서 아주 작은 부분만을 이 책에 담을 수 있었다. 시간을 내서 스타트업 생태계에 대한 진지한 생각을 들려준 그들에게 고마운 마음을 전한다. 그들이야말로 이 책의 근간이다.

　마지막으로 성별에 상관없이 모든 프런티어 혁신가에게 고마움을 전한다. 지금 하고 있는 도전에 감사하고 한 번에 한 가지씩 도전하여 세상을 바꿔나가고 있어서 감사하며 우리가 더 큰 꿈을 꿀 수 있도록 영감이 되어줘서 고맙다.

# 찾아보기

## ㄹ

## ㅁ

ㅂ

ㅅ

## ㅊ

## ㅋ

## ㅌ